**Imágenes de la nación**

JOSEFINA FERNÁNDEZ
ALEJANDRA NIEDERMAIER
BEATRIZ E. SZNAIDER

# Imágenes de la nación

**Límites morales, fotografía y celebración**

Fernández, Josefina
  Imágenes de la Nación: límites morales, fotografía y celebración / Josefina Fernández ; Alejandra Niedermaier ; Beatriz E. Sznaider. - 1a ed. - Buenos Aires : Teseo; Biblioteca Nacional, 2012.
  320 p. ; 20x13 cm. - (Investigaciones de la Biblioteca Nacional)
  ISBN 978-987-1867-22-6

  1. Ensayo. 2. Ciencias Sociales. I. Niedermaier, Alejandra  II. Sznaider, Beatriz E. III: Título.
  CDD 301

© Biblioteca Nacional, 2012

© Editorial Teseo, 2012

Buenos Aires, Argentina

ISBN 978-987-1867-22-6

Editorial Teseo

Hecho el depósito que previene la ley 11.723

Para sugerencias o comentarios acerca del contenido de esta obra, escríbanos a: **info@editorialteseo.com**

**www.editorialteseo.com**

Director de la Biblioteca Nacional: Horacio González
Subdirectora de la Biblioteca Nacional: Elsa Barber
Director de Cultura: Ezequiel Grimson
Área de Investigaciones: Cecilia Larsen
Área de Publicaciones: Sebastián Scolnik
Diseño de tapas: Alejandro Truant
Ilustración de tapa: Daniela Ruggeri

# ÍNDICE

Presentación ..................................................................................9

**Los límites morales de la nación.
Una visita al Buenos Aires de 1880-1930
a través de las revistas científicas
y culturales de la época.** *Josefina Fernández* .......................13

**El privilegio de la fotografía.** *Alejandra Niedermaier* ......165

**Del Centenario al Bicentenario:
el concepto de nación en avisos institucionales
sobre el 25 de Mayo.** *Beatriz E. Sznaider* ...........................243

# Presentación

En el año 2010 la Argentina festejó su bicentenario, produciendo distintas intervenciones respecto de los modos de rememorar, las narraciones históricas y las tradiciones culturales. En ese marco, la Biblioteca Nacional convocó a un concurso de becas de investigación para proyectos destinados a relevar el fondo patrimonial de la institución, con relación a las representaciones y querellas de la nación. Un jurado integrado por Gisela Catanzaro, Jorge Lafforgue y Eduardo Rinesi seleccionó cinco investigaciones para ser realizadas.

En este libro publicamos tres de los trabajos resultantes de esos proyectos, que articulan la lúcida reflexión con la pesquisa erudita. Configuran un modo de conmemorar que comprende la celebración articulada con la crítica y el pensamiento. Al indagar las formas de representar la nación lo hacen con el cuidado del arqueólogo que trata las huellas del pasado y con la pasión del que interroga los núcleos diversos de la identidad nacional.

Josefina Fernández, en "Los límites morales de la nación", interroga esa identidad desde las imágenes que permiten discutir las operaciones de homogeneización y aquello que resulta excluido en ellas. Se trata, como el título del ensayo lo indica, de una interrogación desde los límites desde los que se puede percibir lo que resta en cualquier configuración de identidad. Fernández analiza revistas culturales y científicas publicadas entre 1880 y

1930, siguiendo minuciosamente la afirmación de los dispositivos familiares, de los modelos de mujer y de formas establecidas de la sexualidad. También, y a contrapelo, va siguiendo la emergencia de las rupturas, las amenazas y los resquebrajamientos, en los cuales aquellas afirmaciones fracasan: la pobreza, la desigualdad, las sexualidades disidentes, la prostitución, los movimientos contestatarios.

En "El privilegio de la fotografía", Alejandra Niedermaier elige como punto de partida la mirada de los viajeros que llegan a la Argentina durante los festejos del Centenario. Viajeros como Enrico Ferri, Anatole France, Vicente Blasco Ibáñez, Jules Huret, Genaro Bevioni, Georges Clemenceau, Adolfo Posada, Jean Jaurès, dejaron relatos e imágenes del país que visitaban. Niedermaier entreteje esos textos con registros fotográficos realizados contemporáneamente a sus estadías. Fotos de los edificios, los paseos, las personalidades y los acontecimientos locales que los viajeros narraron. Álbumes celebratorios destinados al extranjero, postales, fotografías circulantes en la ciudad, imágenes tomadas por estudios fotográficos, son recuperados como testigos y huellas de los intentos de configurar una identidad argentina.

Beatriz Sznaider, en su artículo "Del Centenario al Bicentenario: el concepto de nación en avisos institucionales sobre el 25 de Mayo", compila y analiza las publicidades y los avisos que empresas, organizaciones y gobiernos publicaron en los periódicos, cada año, a propósito de la celebración de la Revolución de mayo. Ese recorrido histórico le permite comprender las transformaciones de las imágenes a las que se asoció aquella fecha, que van desde los cuerpos viriles al capital nacional, del campo a la ciudad, del pueblo a la república. En la mutación de las coyunturas se va estabilizando una iconografía patriótica, que atraviesa los símbolos nacionales y se enlaza, en todo momento, con la vida cotidiana. Los avisos institucionales, al ser espacios de autoafirmación política del Estado, resultan particularmente fructíferos para indagar los distintos niveles del concepto de nación.

Estos trabajos exhiben, en sus singulares abordajes, la multiplicidad de investigaciones posibles respecto de las representaciones nacionales. Y a la vez exigen al lector la atención permanente acerca de su condición histórica y la auscultación inteligente de sus sordas grietas.

Biblioteca Nacional

## Los límites morales de la nación. Una visita al Buenos Aires de 1880-1930 a través de las revistas científicas y culturales de la época

*Josefina Fernández*

## Introducción

Quienes vivieron en la Argentina de fines del siglo XIX y principios del XX, particularmente en el Buenos Aires de entonces, formaron parte de una sociedad convulsionada, sacudida por movimientos profundos y permanentes, de esos que no dejan las cosas como están. Una peculiaridad importante acompañaba este proceso: sus protagonistas eran plenamente conscientes del momento que estaban viviendo.

En pocos años, la ciudad se había transformado al punto de tornarse irreconocible. El "humilde pueblo de quinto orden" de hace no mucho tiempo era ahora una "gran metrópoli". Para dar testimonio de este cambio la revista *Caras y Caretas* llamaba la atención sobre un acontecimiento pronto a ocurrir: ¡Buenos Aires está a las puertas de completar el millón de habitantes![1] Tomando en cuenta los nacimientos netos y el porcentaje de los que se quedan en la ciudad respecto de los que llegan del extranjero, en septiembre de 1905 la ciudad tendrá 999.551 habitantes, y en octubre, probablemente el 12 de ese mes, advierte el semanario, llegará al mítico número de un millón. Menos de cien años atrás la población de la ciudad apenas alcanzaba los 40.000 habitantes, cifra equivalente al número de inmigrantes que ahora se radican anualmente

---

[1] "¿Cuándo tendrá Buenos Aires 1.000.000 de habitantes? ¡12 de octubre de 1905! Monumento a Garay", *Caras y Caretas*, año VIII, núm. 347, Buenos Aires, 27 de mayo de 1905.

en Buenos Aires. Entre la inmigración y los nacimientos netos, Buenos Aires suma unos 58.000 habitantes al año,[2] un crecimiento "de los más extraordinarios que presenta la historia", solo sobrepasado en el mundo por Chicago y la fuerza de atracción de su industria.

Este Buenos Aires en transformación escenificaba de forma ampliada un fenómeno que se extendía, con diferentes intensidades y características, en todo el país. En 1816 su población se estimaba en 400.000 habitantes, cien años después alcanzaba los 8.000.000. La inmigración que establece su residencia llega, en los primeros años del siglo XX, a 160.000 personas anuales, provenientes de diferentes lugares del planeta.[3] Como pocas veces, la cantidad representa cualidad. No son solo personas las que se suman, sino también lenguas, costumbres, ideologías, estrategias de vida... que inundan la vida cotidiana y se transforman en un problema político de primer orden.

En contraste con la tranquilidad en la que vivían los antepasados recientes, ahora la ciudad perturba con sus ruidos ensordecedores. Luis García retrata, en un poema picaresco, el bullicio que trae consigo el progreso de la ciudad: la sirena de los barcos que llegan al puerto, el pregón de los vendedores ambulantes, el timbre de las bicicletas, el ruido de los talleres, los gritos, estrépitos y jadeos, tienen a todos desconcertados. Es un bullicio sin significado, carente de un orden que permita interpretarlo, hostil para muchos: "El que no es sordo sufre un berrinche / y huye a su casa rápidamente / mientras dice: –seguramente / con el progreso crece el bochinche. / Y no hace falta malicia / para que piense cualquier nacido: / –No ha de chocarnos que con el ruido / la voz no se oiga de la justicia".[4]

---

[2] "Los progresos de Buenos Aires", *Caras y Caretas*, año IX, núm. 430, Buenos Aires, 29 de diciembre de 1906.

[3] "Los progresos de Buenos Aires", ibíd.; "El alma de Buenos Aires 1816-1916" (firmado por Levellier Roberto), *Caras y Caretas*, año XIX, núm. 927, Buenos Aires, s/f, 1916.

[4] "Los ruidos de Buenos Aires" (firmado por Luis García), *Caras y Caretas*, año IV, núm. 156, Buenos Aires, 28 de septiembre de 1901.

Fig. 1. "La naturalización de los extranjeros", *Caras y Caretas*, 1912.

Quienes habitan Buenos Aires no solo son conscientes de las transformaciones que viven, también saben que se está forjando un país a partir de la heterogeneidad y los conflictos que ellos traen consigo. La tarea de inventar una nación es la de dar algún significado a estos ruidos, imponer un orden a este escenario perturbador. También puede ser vista como la creación de una identidad y unos valores comunes entre quienes provienen de historias y costumbres diferentes. Una nación, reza esta extendida concepción, surge cuando una élite se muestra capaz de difundir y celebrar sus valores dentro de la cultura del Estado. No obstante, la construcción de una nación puede ser vista bajo una lente distinta: la de la imprescindible relación que ella mantiene con la alteridad, con lo otro, lo diferente que ella necesita para organizar una imagen estructurada del conjunto que traza los límites de lo nacional. En este caso, ese otro no es el extranjero en sí mismo, parte constitutiva de la ciudad; es el *extranjero moral* que se crea cuando se trazan las fronteras de un mundo en el que las voces suenan algo menos perturbadoras.

### Los Ruidos de Buenos Aires (fragmento)

Tiempos felices los que pasaron,
en que tenían como principio
los habitantes del municipio,
que de este mundo ya se marcharon
evitar todo lo que en la vida
por cualquier causa fuere molesto
y lo pasaban, pensando en esto,
en una siesta no interrumpida.

Hoy ¡qué contraste! desde que el brillo
del sol naciente la ciudad dora
con insistencia perturbadora
nos deja sordos el organillo;

su pregón lanzan los vendedores;
tocan el timbre las bicicletas;
pasan los músicos-afiladores;
ya es la sirena que con voz bronca
anuncia el barco que llega al puerto;
ya forma parte del desconcierto
lo que retumba, rechina o ronca,
y se nos entran por los oídos;
jadeos, músicas, voces, porrazos,
gritos, estrépitos, campanillazos,
murmullos, dianas, choques y aullidos.

El que no es sordo sufre un berrinche
y huye á su casa rápidamente
mientras dice:
–seguramente
con el progreso crece el bochinche.
Y no hace falta mucha malicia
para que piense cualquier nacido:
–No ha de chocarnos que con el ruido
la voz no se oiga de la justicia. [...]

Luis García, "Los ruidos de Buenos Aires", *Caras y Caretas*, año IV, núm. 156, Buenos Aires, 28 de septiembre de 1901.

Las caricaturas retratadas indican la nacionalización de diferentes costumbres y tradiciones, su incorporación dentro de los límites que están definiendo la nación. Las características asociadas popularmente a otras nacionalidades se traducen a una nueva cultura en un proceso que, en un comienzo, no puede ser sino torpe y superficial, pero que –se espera– genere con el tiempo una segunda o "tercera" naturaleza. El extranjero inmigrante, español, francés, alemán, judío o ruso es incorporado dentro de estos límites; pero no todos ellos, ni siquiera todos los nativos, serán habitantes reconocidos de la ciudad o "ciudadanos".

Unos pocos años antes de que el caricaturista dibujara estos retratos, más precisamente en 1904, Joaquín V. González presentaba al Congreso de la Nación el proyecto de Ley Nacional del Trabajo que contaba con un título específico: "De los extranjeros". En él se dejaba claro que el país se iba a construir con el aporte de extranjeros, pero también que no cualquier extranjero debía ser aceptado en estos suelos. En el Artículo 6º, el proyecto establecía la exclusión de quienes pretendieran entrar en el territorio nacional y "se hallasen en alguna de las categorías siguientes":

> 1ª Idiotas, locos, epilépticos y los que hubiesen sufrido ataques de locura durante los cinco años anteriores a su llegada al país.
> 2ª Enfermos atacados de enfermedades repugnantes o contagiosas.
> 3ª Los mendigos de profesión, los indigentes y demás que sólo deban constituir una carga para la beneficencia pública.
> 4ª Los que hubiesen sido condenados por estafa, bigamia o delitos infamantes.
> 5ª Las prostitutas y las personas que procuren traer prostitutas u otras mujeres o niñas con el fin de dedicarlas a la prostitución.

Estas categorías ensayan la separación entre lo nacional y lo extranjero, pero las líneas de exclusión que establecen lo nacional no se definen –obviamente– por el origen o procedencia: son de carácter "moral". Las nuevas fronteras diferencian lo normal, lo "nuestro", de lo otro, lo abyecto, a través de discursos, prácticas e instituciones que definen al idiota, al loco, al epiléptico, al enfermo repugnante, al mendigo e indigente, al infame y a la prostituta, y prescriben su tratamiento. Las normas e instituciones encargadas de tratarlos forman parte central del trazado de la nación.

Sin embargo, las categorías con las que Joaquín V. González buscaba diferenciar extranjeros de nacionales también se estaban elaborando para definir fronteras dentro de la población ya radicada en el país. Ellas, con sus conflictos y transformaciones, servían para convertir el bullicio de la ciudad en algo inteligible, trasladando muchas voces disonantes a los márgenes de la nación. Voces que, sin embargo, no dejaron de hacerse sentir filtrándose y desbordándose a través de los pliegues de la densa red de prácticas e instituciones que se preparaban para apresarlas.

En este ensayo me propongo explorar estos esfuerzos por definir los límites que ordenan las voces de una nación en construcción. El período de tiempo del que me ocupo comprende los años 1880-1930, décadas en que el Estado-Nación argentino se consolida luego de una larga experiencia de modernización; el ámbito geográfico es el del epicentro de ese proceso: la ciudad de Buenos Aires. Mi punto de entrada es estrecho y limitado, pero –deseo– también revelador. Se trata de las revistas culturales y científicas de la época. He pasado largas horas desempolvándolas de los estantes de la Biblioteca Nacional, familiarizándome con ellas para descubrir a qué podrían conducirme. En el anexo adjunto las revistas, las notas y los artículos consultados. Reconozco que mi estrategia de trabajo fue bastante heterodoxa. En lugar de anticipar hipótesis muy definidas y precisar el contexto histórico e ideológico en el que el material fue producido a través de bibliografía secundaria, "me dejé llevar por ellas" hasta que fueron dibujándose algunos tópicos en los que centré mi atención, dejando otros de lado. A partir de allí acepté el diálogo que proponían las voces dormidas por el tiempo, redoblando la búsqueda para convocar otras perspectivas, otras notas, otras revistas que –según encontraba– tenían algo que decir. Por momentos me vi perdida ante un material que se muestra infinito cuando se toma conciencia de los límites que imponen los plazos, otras ocupaciones y las condiciones de acceso a las viejas y ajadas hojas que guardan esas voces. Pido disculpas a otros investigadores que han trabajado estos temas con mayor rigurosidad que la mía; ellos son parte de mi formación y como tales estuvieron presentes.[5] Sin embargo, preferí no hacerlos partícipes a través de citas y referencias explícitas para concentrarme de manera más frontal y –si se quiere– ingenua en el diálogo con mis interlocutores. También pido que se acepte otra limitación de este trabajo: la selección de los tópicos que discute. Abordo tres de ellos y dejo muchos otros fuera que, confieso, no han cesado de perseguirme para cobrarse venganza.

El primer tópico que fue configurándose en mis lecturas refiere al temor a la desvinculación social. La imagen de los barcos en el puerto, de los que bajaban grandes contingentes de inmigrantes, que para sorpresa de muchos no respondían a las ideas que se tenían del europeo civilizado y civilizador, parece haber asustado a los habitantes de la ciudad. Si en la pueblerina ciudad de Buenos Aires se podía saber con poco esfuerzo quién era "este", preguntando quién era su padre, de quién era hijo, o esposa, o hermano, o dónde trabajaba, las marcas de presentación de los recién llegados eran mucho más difíciles de descifrar y poco servían para decidir cómo actuar con ellos. El gran número de hombres jóvenes y solteros y de mujeres solas de costumbres desconocidas que comenzaron a dar

---

[5] Entre tantos otros, y restringiéndome solo a nuestro país, quisiera mencionar a Donna Guy y sus trabajos sobre la prostitución en Argentina; a Dora Barrancos y sus estudios sobre el feminismo en la historia de nuestro país; a Francine Massielo, sobre el género en la definición de las identidades nacionales; a Jorge Salessi, sobre las prácticas higienísticas y criminológicas en la Argentina de fines del siglo XIX; a Juan José Sebreli, sobre la homosexualidad; y a Pablo Ben, sobre las masculinidades plebeyas en el Buenos Aires de aquel entonces. Estos autores brindan abundantes perspectivas para explorar los procesos de exclusión / identificación vinculados a las identidades no normativas.

vida a suburbios, bares, fiestas y cafés conciertos, parece haber completado la perplejidad de los que ya estaban, azuzando debates que las revistas recogen. Frente a este cuadro social desconocido y perturbador, habitado por personas sin historia y lazos que conservar, el matrimonio y la familia se erigen como dispositivo central de vinculación por su capacidad creadora de lazos sociales que hacen del mundo algo más inteligible en medio de la convulsión. Los discursos culturales, las instituciones y prácticas que se movilizan para instalarlo como tal, constituyen, en mi lectura, una política fundamental para el trazado de los límites dentro de los cuales se organiza la sociedad y puede reafirmar su identidad frente a los otros, los desvinculados, que pueblan o están muy próximos a lo que Eusebio Gómez llamó el cuadro de la "mala vida" porteña. No solo el punguista, el estafador, el proxeneta o la prostituta, no solo el expendedor de bebidas o el encargado del hotel, la partera y la curandera, sino también el hombre solo y las mujeres sin marido pertenecen a este otro contra el que la sociedad busca reafirmar su identidad. El matrimonio regula los deseos, legitima los placeres y permite que sepamos quién es cada quién, pero los discursos y prácticas que lo construyen se ven desbordados en el momento mismo de su instauración. Los vínculos que establece, y que la sociedad busca –muchas veces con violencia– reafirmar, son contestados desde dentro por sus propios partícipes, y desde fuera, por la desigualdad social que erosiona las condiciones materiales de vida de las familias populares. También aparece cuestionado por aquellos cuyas vidas niegan la integración a una sociedad que no se sabe adónde lleva, y atrás de la cual quién sabe si vale la pena correr. Las figuras del atorrante y la del soltero se conjugan en las revistas con las de quienes protestan contra la opresión del matrimonio y con la cuestión social, para recordarnos que cualquier trazado de límites siempre es ambiguo, y que las fronteras sociales son siempre terreno de disputa.

El segundo tópico que se fue dibujando con nitidez a través de las lecturas, las fichas, las revisiones y los reordenamientos del material es la inmovilización de la mujer en el hogar y el cuidadoso tallado de la imagen de lo femenino hasta en el más fino de sus detalles. Si la ausencia de un hogar expone a las mujeres al destino, apenas evitable, de la prostitución, el peligro que acompaña sus rebeldías y su incipiente protagonismo es el de la pérdida de su femineidad. El temor a la "virilización" de la mujer, acompañado de escándalo moral o transmutado en irónico humor, puebla las revistas consultadas. El encanto de lo femenino solo crece y se expresa en el cuidado silencio del hogar. El más preciado tesoro que una nación debe proteger se encuentra allí, amenazado por la pobreza y la necesidad de trabajar. La misma idea de protección social encuentra aquí una baza donde afirmarse. Un salario justo es el que permite a las mujeres permanecer en el abrigo del hogar atento al jugueteo de los niños. Sin embargo, estos límites se ven también desbordados por vidas rebeldes y movimientos contestatarios que pugnan por abrir otros horizontes para las mujeres. Su presencia en ocupaciones "masculinas", el reclamo por una educación que no esté organizada en torno a lo doméstico, la reconfiguración de las costumbres y las modas, la reivindicación del derecho a participar en la vida pública, desordenan las particiones organizadas en torno al género para redistribuir las "partes" que la nación destina a varones y mujeres. Una agenda feminista, con difíciles relaciones con "lo femenino", se filtra sin pedir permiso a través de los pliegues de las instituciones de una sociedad que reacciona asustada, nostálgica y, frecuentemente, indignada ante la irremediable pérdida de su "tesoro".

Finalmente, un tercer límite se revela con fuerza cuando una se deja conducir por algunas revistas, e incluso por el silencio –no menos revelador– de otras: el de las sexualidades disidentes. Ni las más rebeldes de las rebeldías se atreven a cruzarlo. Están allí, todos lo saben, pero no se debe hablar de ellas. Sus ceremonias, sus fiestas, sus amores, su desprejuiciado mundo de placeres, seducciones y conquistas, sus vidas obscenas, clandestinas, a veces torturadas, transcurren fuera de las murallas de la ciudad. A veces se las integra al "cuadro de la mala vida", otras se las encierra en los consultorios, transmutadas en psicosis delirantes que requieren atento estudio. Están también en la mirada vigilante de pedagogos, comisarios y jueces que escudriñan las instituciones –escuelas, cuarteles, hogares, hoteles– para prevenir epidemias, y en las cárceles, o mejor, en el manicomio nacional. Encerrarlas o arrojarlas a un afuera tranquilizador no es, sin embargo, tarea sencilla. Sus historias se convierten en comentarios de vereda y llegan a las páginas de las revistas. Su aparición en los carnavales apenas se disimula entre el jolgorio y los disfraces. Sus muecas burlonas se adivinan en los registros clínicos cuyo lenguaje neutro y riguroso suele perder la compostura en la silenciosa batalla que libra contra ellas. Hasta este discurso médico muestra fisuras que las revistas especializadas se apresuran a cerrar. Imposible negar la perturbadora presencia de sexualidades desafiantes que hacen ostentosa manifestación de sí mismas. Los muros que no logran ocultar su presencia entre nosotros, los argentinos.

No sé si mi objetivo, pero sí mi expectativa, es la de haber dado otra oportunidad de expresarse a estas voces conflictivas a través del diálogo que les propuse en torno a los límites que procuraban establecer y rebasar. Muchas otras voces y muchos debates, como dije, fueron obviados en este ensayo. Menciono solo dos de ellos. Uno es el que se expresa en torno a "la cuestión social", del que solo hago algunas referencias fragmentarias en relación con algunos de los tópicos abordados. Mi única coartada es que tratarlo me hubiera llevado demasiado lejos de donde había logrado llegar y, muy probablemente también, lejos de mis capacidades. El otro es el de la trata de mujeres. Las voces que el material encierra respecto de este tópico conmueven por su contundencia, y lamento no haber podido darles un lugar. Otros lo han hecho mucho mejor de lo que yo hubiera podido de haberlo intentarlo. Esas mujeres son, por un lado, la figura extrema de la desvinculación. Se les quita toda filiación con su origen y se les quita también la posibilidad de establecerla a su llegada. Esta es la condición y la forma de constituir y garantizar su esclavitud. Pero es también una figura extrema de la desvinculación, organizadamente producida por quienes se encuentran "de este lado" de la frontera para colocarlas no "del otro lado", sino en "ningún lugar".[6]

---

[6] Permítaseme solamente desempolvar una entre tantas otras historias silenciadas. En abril de 1878 la noticia de un horrible crimen ocupa la tapa de los diarios de Buenos Aires. Juan Penen, un hombre mancillado en su honor, había acuchillado a su infiel mujer con siete puñaladas en el *tramway* del paseo Caridad, cerca del Petit Versailles. Este honrado comerciante de origen francés sospechaba que Juana Biotti, su esposa de 19 años, le engañaba con un conocido. Fingiendo un viaje le deja una nota firmada por el sospechado amante citándola en ese café. Cuando Juana concurre a la cita se encuentra con Penen y, sintiéndose descubierta, huye corriendo hasta subirse al *tramway* en donde su esposo, obnubilado por el honor herido, intenta acabar con la vida de su mujer. Tal el relato de la prensa seria de la época que *"atenuó de tal modo el crimen del 23 de Abril, que la pública simpatía acompañó decididamente al marido ofendido, harto disculpado por la pasión de los celos, y la mujer, herida gravemente, era señalada con el dedo como uno de esos ángeles malos que para su perdición se atraviesan al hombre en su camino"*. El periódico del que proviene esta cita, *El puente de los suspiros*, dedicado a denunciar las redes de trata de mujeres, cuenta la verdadera historia detrás de las noticias. Juan Penen es un "traficante de blancas" que había esclavizado a Juana Biotti, entre otras mujeres. Ya la había vendido tres veces a distintos rufianes y no era la primera vez que ella intentaba escapar. El periódico reconstruye con detalle la historia y las vinculaciones de Penan, y el desgraciado trajinar de Juana, que logra sobrevivir. En las primeras notas sobre el caso, pide la

Asumo estas limitaciones y exclusiones con la expectativa de encontrar lectores que compartan conmigo el interés de continuar la irreverencia de quienes, antes como ahora, contestan los límites que excluyen y reprimen la posibilidad de vivir de otras maneras.

## 1. Los ciudadanos y los otros

Fig. 2. "Dios te la depare buena", *Caras y Caretas*, 1920.

La afirmación de la nacionalidad en el tumultuoso mundo de una ciudad invadida por extraños que se

---

intervención a la justicia, alerta a la prensa sobre el engaño en el que han caído, solicita la intervención de los poderes públicos para combatir casos como este. Los números siguientes muestran a los editores luchando contra los defensores de la moral nacional: los diarios "serios" continuaron insistiendo con su versión, el juez interviniente jamás tomó declaración a Juana, el fiscal demandó al editor de la revista, Penan fue dejado en libertad luego de una admonición del comisario y Juana Biotti vive todavía escondida evitando la muerte. *El puente de los suspiros*, Buenos Aires, varios números, mayo / junio de 1878.

renuevan todos los días requiere de mecanismos de afiliación y exclusión. ¿Quiénes forman parte del nosotros inicialmente confuso y quiénes se agrupan en las categorías que se alojan más allá de las murallas que nos definen? Bajo distintos tópicos y con diferentes tonos, las revistas de la época no dejan de abordar esta cuestión. He aquí algunos de ellos.

### Extranjeros de su propio terruño: malvivientes y prostitutas

"Todas las grandes ciudades albergan en su seno á una clase de individuos que hacen del vicio, considerado éste en la más compleja acepción del concepto, su medio ordinario de vida. Clase heterogénea, constituida por sujetos desvinculados del organismo social, y que es llevada a una vida de continua rebelión contra la ley y las buenas costumbres, contra la justicia y el orden público, contra todas las condiciones requeridas para la convivencia".[7] "Horda extranjera en su propio terruño", acotaría José Ingenieros comentando el trabajo de Eusebio Gómez.[8] Está claro que la frontera que permite llamarlos "extranjeros" no es la que define sus distintas procedencias, sino una frontera "moral", su dedicación al vicio como forma de vida y su rebelión contra las buenas costumbres. Es este límite el que circunscribe el territorio de la "mala vida" que se extiende más allá de la nación y contra la cual esta se recorta.

Este territorio tiene sus personajes y formas de vida que, como un remolino, arrastran a los desprevenidos y los transforman en extranjeros. El hombre de campo que llega a la ciudad es fácil presa del proceso de degradación

---

[7] Gómez, Eusebio, "La mala Vida en Buenos Aires", *Archivos de Psiquiatría y Criminología*, año VI, 1907, p. 431.

[8] Ingenieros, José, "La mala vida", *Archivos de Psiquiatría y Criminología*, año VII, 1908, p. 513.

moral al que conduce la mala vida. Eusebio Gómez lo retrata teatralmente:

> Y qué rápidamente se operan estas mutaciones del carácter en el campesino, ayer honrado y laborioso, que vienen a sentar sus reales en la metrópoli. A veces, el mismo día de su llegada ya recibe la enseñanza. Como siempre viene con algún dinero no falta un amigo que se brinde para **hacerlo pasear**. Esa misma noche van al café concierto, espectáculo que deslumbra al recién llegado, el cual, en el primer momento, quiere alejarse, porque la música, las canciones obscenas, los aplausos tan calurosos como inconscientes de los espectadores, la atmósfera caldeada, saturada de humo y de vapores de alcohol, lo marean y lo trastornan. Pero en el momento en que va á proponer la retirada á su gentil **ciccerone**, ve aproximársele una mujer incitante, una camarera, que lo invita á beber, que le dice frases galantes y le mira con ojos procaces. La camarera es posiblemente la querida (**gravita ó garavita**) del acompañante, que vive de ella, y ya ha visto la seña insinuante de su **canfinflero**, que le indica que le puede **spiantar el vento** (robarle la plata). Y la sirena se desempeña a las mil maravillas, segura del poder de sus encantos; le invita á beber más, y nuestro hombre acepta, y bebe, y sigue bebiendo, hasta que influido por el alcohol y bajo el imperio de la sugestión erótica, excitado en su apetito lujurioso, ya no es más dueño de su voluntad. Y quiere comprar el amor de aquella mujer; y le ofrece dinero, más dinero, todo el que lleva consigo [...] y la camarera acepta, «**porque ha sido simpático y porque tiene capricho con él**». Y al día siguiente, el honrado campesino, el mismo que hasta entonces sólo había pensado en la honesta lucha por la vida, ya no quiere buscar trabajo, ya no piensa en el taller con el cual soñaba imaginándolo más halagador que el pedazo de suelo ajeno que regaba con el sudor de su frente; y quiere vivir la vida alegre del café-concierto, donde hay mujeres, música, alcohol, todo lo que hace amable una existencia.[9]

---

[9] Gómez, Eusebio, Ibíd., pp. 434-435.

El lenguaje lunfardo con el se introducen los personajes delata la influencia de la inmigración. Junto con la gente laboriosa que se ha integrado a la ciudad llega una proporción de malvivientes, profesionales y "auxiliares del vicio y del delito", que pueblan y dan vida y fuerza a este ambiente. "Buenos Aires, lo mismo que toda la República –cita Gómez al Comisario José Rossi– abierta de par en par a quien quiere venir a ella, recibe por fuerza, dentro de la corriente migratoria normal, buena parte de la escoria antisocial de los demás países".[10] Punguistas, falsificadores, escruchantes y shacadores son profesionales del delito, huidos de otros centros donde son ya demasiado conocidos por la policía.[11] Son auxiliares del vicio y el delito aquellos vinculados al *alcoholismo* (el pulpero, el director del café concierto, el destilador de licores y el falsificador de bebidas); a la *satisfacción de instintos carnales* (el *kaften*, el empresario del prostíbulo, el propietario o la propietaria de casas de citas, el procurador o la procuradora de mujeres, las prostitutas y los invertidos); al *robo* (el entregador, el cambalachero, el prestamista, el ave negra); al *amor* (las "parteras de cosas secretas", las adivinas y curanderas); al *juego* (los dueños de las casas de *sport*, del *stud*, de los garitos, ruletas, casinos); y al soporte de todas estas actividades (el posadero y el dueño del café que alberga a todos ellos y permite el desarrollo de sus costumbres).[12]

---

[10] Gómez, Eusebio, ibíd., p. 437.
[11] Gómez, Eusebio, ibíd., p. 437. Se trata de distintos tipos de ladrones profesionales. Predominio del delito en la raza latina.
[12] De Veyga, Francisco, "Los auxiliares del vicio y del delito", *Archivos de Psiquiatría y Criminología*, año III, 1904, pp. 289-313. El "*kaften*" es el mercader de esclavas blancas; el "cambalachero" es quien compra y vende los productos del robo; el "ave negra" es el abogado especializado en defender y liberar delincuentes.

No solo el laborioso e ingenuo hombre de campo suele quedar atrapado en estas redes, sino también el inmigrante honesto que, por debilidad de carácter o por patologías congénitas –según reza esta interpretación–, pasa a engrosar las filas de los viciosos antisociales o, incluso, la de los auxiliares de los vicios y delitos que dan forma al mundo de la mala vida. Ya las razas latinas, mayoritarias en las corrientes migratorias, tienen una elevada proporción de delincuentes en relación con la anglosajona y la germana.[13] Si a esta predisposición se le suma el poder de un ambiente capaz de corromper el carácter de los honestos, se tiene en marcha el germen que corroe los límites de una nación que lucha por existir. La sociedad necesita de dispositivos que le permitan diferenciar los ciudadanos de la "horda de extranjeros en su propia tierra" y fortalecer las fronteras que los separan. Uno de estos dispositivos, y uno central, es el de la regulación matrimonial.

### El matrimonio como "vínculo moderador" de los placeres rebeldes

El matrimonio, esa "llama que arde poco a poco, sin calentura, sin delirio", es considerado como uno de los principales dispositivos generadores de lazos sociales. En efecto, vincula a hombres y mujeres generando responsabilidades mutuas que brindan un marco para el ejercicio de la sexualidad y la moderación de las costumbres. El matrimonio establece límites frente al desorden de los placeres y la vida sin normas.

> Mientras más casados haya, menos crímenes habrá. Regístrese la horrorosa estadística criminal y se encontrarán cien

---

[13] Moyano, Gacitúa C., "La delincuencia Argentina ante algunas cifras y teorías. Consideraciones generales", *Archivos de Psiquiatría y Criminología*, año IV, 1905, pp. 162-184.

solteros condenados por un padre de familia. El matrimonio hace al hombre más virtuoso y más sabio. El padre de familia no quiere avergonzarse delante de sus hijos y teme dejarles el oprobio por herencia.[14]

El soltero, por el contrario, no tiene hogar, habita en los sitios del vicio que lo alejan de la moralidad social y le permiten dar rienda suelta a "predisposiciones mórbidas" que conducen a "trastornos ruinosos en las distintas esferas de la organización individual".

> "Excrecencia parasitaria en el seno de la familia", el soltero habita la calle, la taberna y el prostíbulo en donde se destruyen sus vínculos con la "vida colectiva".[15]

Llegado a un cierto punto, incluso el matrimonio resulta un "vínculo moderador demasiado frágil" para estas personalidades.

La preocupación que se manifiesta en las revistas científicas y culturales de la época no es abstracta. El censo de 1895 mostraba que de los 448.000 mayores de 14 años que vivían en Buenos Aires, el 42% (190.000) eran solteros. Entre los varones esta proporción llegaba casi al 50% (120.000 personas), mientras que entre las mujeres la proporción de las solteras era de cerca del 35% (109.000). El resto eran viudos (7% de mujeres y 3,5% de varones).

> No debe llamar la atención el exceso de varones solteros sobre las mujeres del mismo estado civil, si tenemos en debida cuenta el número considerable de extranjeros que en la flor

---

[14] *Caras y Caretas*, Sección Páginas Literarias, año XVIII, núm. 897, 11 de diciembre de 1915. Se trata de una recopilación de frases en defensa del matrimonio. La que lo describe como "llama que arde de a poco" se atribuye a Michelet.

[15] Rodríguez, Fermín, "Influencia del estado civil sobre el suicidio en Buenos Aires", *Archivos de Psiquiatría*, año IV, 1905, p. 389.

de su edad y sin obligaciones de familia llegan diariamente a nuestras playas en busca de bienestar y de fortuna.[16]

La ausencia de lazos de familia del varón inmigrante le priva de la influencia disciplinadora del hogar, y "en posesión de la más amplia libertad", se entrega a la satisfacción de sus deseos en un medio social con amplias oportunidades para hacerlo. El problema se agrava cuando esta situación se convierte en un modo de vida y se transforma la soltería en una aspiración. El soltero recalcitrante desarrolla una fobia al matrimonio que se reafirma en los fútiles encuentros que multiplican su sentido de éxito personal y comienzan a horadar el yo:

> Sin más preocupación que las que a su persona se refieren, hay en el soltero recalcitrante una especie de fobia matrimonial que como todos los terrores que en el ser humano tienen por objeto a sus semejantes, lleva consigo cierta ligera hipertrofia del yo; la víctima del delirio de las persecuciones discierne, no sin cierta lógica, que algo debe valer cuando se le persigue, asociando así, poco a poco, a su delirio primitivo el secundario de grandeza. Del mismo modo el que mira con horror al matrimonio, el que huye de la mujer creyéndose expuesto a nupciales tentaciones, concluye por imaginarse objeto de las ambiciones femeninas y, como más de uno que conocemos, por estar convencido que sólo él, el irresistible, podría constituir la dicha del bello sexo sin distinción de edades ni aún de estado civil.[17]

El fluir descontrolado de los placeres estimula las peores acciones y destruye de a poco las disposiciones más básicas a la sociabilidad que están en la base de la ciudadanía, retrotrayendo al individuo a sus instintos más primitivos. La integración al cuadro de la mala vida junto

---

[16] Rodríguez, Fermín, ibíd., p. 386.
[17] Rodríguez, Fermín, ibíd., p. 389.

a delincuentes y prostitutas es la alternativa a la completa destrucción de la personalidad, que cuando se vuelve contra el otro, conduce al crimen, y cuando se vuelve contra sí mismo, al suicidio.

> El que sin vínculos y obligaciones [...] se dirige a la taberna en busca de placer para sus sentidos rudimentarios, solo encuentra en ella la tentación del juego, el estímulo a las peores acciones o la caricia del alcohol que, si no le doblega hasta hacerle caer dormido sobre sus propias inmundicias, despierta en él los instintos de una bestialidad atávica, haciéndole esgrimir contra los otros el arma que a menudo da la muerte al inocente, cuando no la vuelve contra sí mismo en un relámpago de impulsión irresistible.[18]

Sobre este fondo extremo de destrucción del yo y de la sociedad se destaca la importancia del matrimonio como sostén de personalidades capaces de ejercer la ciudadanía y conformar una nación sana.

> Para la mayoría de los casos, el matrimonio hubiera sido un verdadero freno; la prueba más terminante de su benéfica influencia como medio preventivo contra la enfermedad, el crimen y el suicidio nos es dada, por una parte, por la mayor longevidad de los casados, y por la otra, por observación de autores de notas, quienes han notado el aumento de una y otra forma de impulsividad anormal casi paralela a la disminución de los matrimonios, no solo en Francia sino también en Alemania, Inglaterra, Bélgica e Italia.[19]

Hipertrofia del yo, desenfreno sexual, suicidio y crimen son consecuencias de la negación del lazo social moderador de la personalidad que constituye el matrimonio. La soltería recalcitrante es una de las rutas que conducen,

---

[18] Rodríguez, Fermín, ibíd., p. 390.
[19] Rodríguez, Fermín, ibíd., p. 390.

fuera de los límites de la nación, a la mala vida, en alguno de los retratos de su galería de personajes.

Esta idea del valor del matrimonio como constructor de lazos sociales que establecen límites y defensas contra la corrupción de las costumbres, la destrucción de las bases morales de la ciudadanía y piedra angular de la organización de una nación, aparece también en lenguajes menos cientifizantes en otras revistas de la época. El periódico obrero *El Unionista* no duda en definir el matrimonio como "piedra angular del edificio social", y a la soltería masculina, homologada al celibato, como un comportamiento que conduce a la corrupción de la sociedad.[20] Ya avanzado el primer cuarto de siglo, la revista *Providencia Femenina*, asumiendo los problemas de erosión de la legitimidad social del matrimonio, planteados por la infidelidad y el adulterio, argumenta su defensa en términos de un ideal cuya realización siempre es imperfecta. Un ideal, sin embargo, con efectos muy concretos sobre la organización de la vida social: "Nadie ha sido aún capaz de sustituirlo sin que sobreviniera el caos".[21]

## Putas, inútiles o esposas. Las mujeres y el abismo de la soltería

Para el autor del artículo en *Archivos de Psiquiatría* comentado en el apartado anterior, el matrimonio es también un dispositivo fundamental de moralización de la mujer. La afiliación de la mujer al orden social tiene en el matrimonio su eslabón central y casi exclusivo. Puede discutirse la pertinencia de otras formas de participación social, pero ellas pierden valor si esta no existe. La maternidad misma,

---

[20] "La madre", *El Unionista. Órgano de la clase obrera*, Buenos Aires, 18 de enero de 1878.
[21] "El matrimonio", *Providencia Femenina*, núm. 6, Buenos Aires, 8 de julio de 1930.

contribución fundamental de la mujer al crecimiento del país, carece de valor si se realiza fuera de esta institución. La soltería, por ello, equivale a desamparo. La sexualidad, cuando no se ejerce en el matrimonio, conduce a la mujer al exilio social, y en ese destierro la maternidad representa la "coronación de sus miserias"

> Feliz aquella que logra inspirar el amor que termina en una unión consagrada por la ley civil y por la Iglesia: por lo común costea un abismo a la que se siente atraída en virtud del ascendiente que sobre ella ejercen las incitaciones de orden sexual. A veces cae en él y de su unión ilegítima nace el hijo que completa su corona de miserias.[22]

En este exilio, pocas alternativas existen a la prostitución y la vida libertina que representa para las mujeres el equivalente funcional al delito en los hombres.[23] El matrimonio es el lazo que las protege de las miserias que las habitan.

Pero la mujer que no cruza el umbral del matrimonio, aún antes de perderse en la miseria a la que la llevan pasiones sin límite, es ya un peso para la sociedad. La alternativa a la *gravita*, la prostituta del café concierto, o la querida, es la solterona, presentada por algunas revistas femeninas como la "mano muerta" de la sociedad, las "pensionistas del hogar", condenada a una existencia que, no por silenciosa, es menos execrable que la libertina.

---

[22] Rodríguez, Fermín, ibíd., p. 393.
[23] De Veyga, Francisco, "El espíritu y el alcance de la obra de Lombroso", *Archivos de Psiquiatría*, año V, Buenos Aires, 1906, p. 264. De Veyga señala que "la prostitución representa en la mujer un equivalente de lo que es el delito en el hombre, esto es, que en el acto de la prostitución y en la forma de vida que lleva la mujer que la ejerce se traduce un estado de delincuencia similar a la del hombre actuando en sus propias esferas delictuosas".

[Las solteronas] no tienen personalidad, ni por lo tanto vida propia. La tutela del hogar de otros, sea de la familia o de la comunidad de hospedaje pesa sobre ideales e iniciativas como una loza. La convivencia con espíritus rutinarios, con gustos plebeyos, con temperamentos mediocres ahoga en las solteronas que así viven cualquier innovación física o moral.[24]

Sobre este telón de fondo, la preocupación de las familias por evitar el abismo de la soltería aparece en revistas del momento convertida también en caricatura. Con resuelta ironía, *Caras y Caretas* recoge los versos de un padre acongojado por la ímproba tarea a la que le enfrenta su numerosa prole femenina. En su "Conferencia sobre soltería", el personaje reclama, ante las dificultades de casar a tantas hijas, un impuesto al celibato. El peligro que la soltería representa para la patria y para los propios varones se añade como argumento que rodea la curiosa propuesta:

[...] El parlamento impondrá, si es sensato,
impuesto espantoso al celibato.
Hay que casarse pronto,
aquel que no se case será un tonto,
un desgraciado ilota,
un pobre mentecato,
un hombre sin honor y un mal patriota.

Tengo, lo que mi indignación explica
las hijas grandes y la casa chica.

No olvidéis que al soltero le mira,
prevenido el mundo entero,
y lo de que "el buey suelto bien se lame"
es una cosa infame,
digna de un sanguinario bandolero.

---

[24] "Las solteronas", *Femenil*, año II, núm. 28, Buenos Aires, 22 de marzo de 1926, p. 26.

Así dice, con rabia,
la mayor de mis hijas que es muy sabia.

Nunca fue el matrimonio un sacrificio,
ya que más bien redunda en beneficio
de los hombres. Sentencia tan profunda
la repite a menudo la segunda.

Todo el que no se casa da en el vicio
y es un ser peligroso e inservible
y, según la tercera, aborrecible.

Consultad sin temor vuestra conciencia
y daréis el gran paso.
Os pido que me oigáis con deferencia,
pues, de no hacerme caso,
¿de qué me va a servir la conferencia?

La mujer que se casa con ternura
cuida a su compañero, le entretiene,
consolarle procura
y le inculca las reglas de la higiene.
La cuarta de mis hijas lo asegura.

El hombre solo, cuando llega viejo,
al mirarse en el espejo
suele darse el mismísimo demonio
y murmura, frunciendo el entrecejo
–"¡para mí está vedado el matrimonio!"

A viejos llegan todos al instante
y, como cuando el solterón recalcitrante,
su poca edad pretexta, da lástima,
según la interesante opinión de la quinta y la sexta.

Pensando en la importancia del asunto,
hay que casarse al punto,
evitándose penas y dolores
y disgustos sin tasa.

He acabado, señores,
les ofrezco mis hijas y mi casa.[25]

El matrimonio, alternativa entonces a la vida viciosa, a la inexistencia social y también "solución económica", es la manera en que las mujeres evitan "hundirse en el abismo de la soltería".[26] De las revistas se desprenden prescripciones para la vida de las mujeres en el matrimonio orientadas a garantizar su perdurabilidad. *Caras y Caretas* complementa la irónica y desesperada caricatura de la preocupación del padre por casar a su prole, con recomendaciones que una madre da a su hija en la víspera del matrimonio:

> Debes procurar conformarte con los gustos de tu marido hasta que consigas traerle a los tuyos, si los crees mejores; no hieras nunca de frente un hábito adquirido; los recursos de tu corazón te darán el medio de combatir sin afectación y con éxito. Pídele consejos no impongas los tuyos nada de porfía ni obstinación en una idea; cediendo a su marido, la mujer del hogar triunfa; nada tampoco de desconfianza ni de celos que son la víbora. [...] Primero tú eres demasiado linda para eso, y segundo, toda mujer puede mantener a su marido cerca de ella. Sí y mil veces sí es tan fácil a la mujer, aún a la mujer fea, hacerse amar! La táctica es: "ser coqueta y conocer el arte de agradar a su marido". Pero hay que entenderse, la coquetería es un arma tanto más peligrosa cuanto que es de mucho poder; es preciso usarla, no abusar de ella. El gran error de muchas mujeres consiste en creer que deben hacer uso de la coquetería hasta el casamiento y abandonarla luego. Yo sostengo que debe ser lo contrario [...] La mujer debe tener de su persona un excesivo cuidado: este punto es de los importantes. Hay que hacerse cargo de las debilidades humanas y una de éstas es la necesidad de la

---

[25] "Conferencia de Solteros", *Caras y Caretas*, núm. 1148, Buenos Aires, 2 de octubre de 1920.
[26] "Maternidad conciente", *Providencia Femenina*, núm. 4, Buenos Aires, 24 de junio de 1930.

ilusión; en una palabra hay que ser la mujer y la amiga del marido. Para ti, querida niña, continúo diciendo: levántate temprano, activa y alegre; la alegría de la mañana se esparce por todo el día. Ocultemos en cuanto sea posible nuestras miserias, no es esto hipocresía, sino discreción [...] Deja libertad a tu marido en las reuniones pero a la vuelta que tu sonrisa sea más acariciadora y tu mirada más dulce. Hija mía, te doy estos consejos en secreto aprovéchalos como si salieran de ti misma; [...] yo no tengo el amor propio del autor.[27]

De manera menos irónica, los consejos se reproducen en revistas femeninas. Las siguientes máximas de comportamiento para esposas son un ejemplo del tipo de economía matrimonial que ellas prescriben para preservar su función reguladora y su capacidad de afiliación de la mujer a la sociedad:

Código de la esposa
1.1.1. Proporciona los gastos según requiere el propio balance, y si es verdad que también las mujeres pueden hacer deudas, tú trata de no verte obligada a ello, por haber gastado todo el dinero que tu esposo suele darte.
1.1.2. Sé amable y de buen humor al almuerzo, si quieres que tu esposo sea alegre y amable en la comida.
1.1.3. No cuentes historias interminables.
1.1.4. Evita, cuando llegue tu esposo, de exponer hechos lúgubres y contarle tus pequeños contratiempos. Él se mostrará más atento si te ve soportar las pequeñeces con optimismo.
1.1.5. No mires con envidia el traje o el sombrero "decnier cri" de tu vecina y acuérdate de que un traje sencillo, pagado al contado, vale tanto como diez de seda.
1.1.6. No entretengas a tu esposo contándole aventuras de tus vecinos o de tus amistades.

---

[27] "Consejos a una hija en la víspera de su matrimonio", *Caras y Caretas*, Sección para la familia, año 5, núm. 217, Buenos Aires, 29 de noviembre de 1902.

1.1.7. No sigas la moda, cueste lo que cueste, y limítate a ponerle solo lo que mejor te siente.
1.1.8. No sacrifiques la cocina a los atavíos. Una costilla bien preparada, es más agradable que un rico traje o que una prenda.
1.1.9. Domina tu curiosidad y no mires en los bolsillos de tu esposo.
1.1.10. Cuando tus hijos comentan alguna tontería, evita exclamar: "sois el verdadero retrato de vuestro padre".
1.1.11. Si tu esposo te confía algún disgusto, no vayas a contárselo a tu mejor amiga.[28]

## Violencia, impotencia y deseo: las intervenciones médico-legales sobre el matrimonio

*Archivos de Psiquiatría* presenta al matrimonio como institución garante de la salud de una población sacudida por una inmigración carente de lazos sociales y caracterizada, en razón de su origen, como propensa al delito y capaz de alimentar el desarrollo de ambientes que lo alienten. El matrimonio traza fronteras entre modos de vida que se establecen en los márgenes de una sociedad que se está organizando, pero que amenazan con su degeneración. Debe proporcionar al ciudadano un medio que fortalezca su organismo (vía método euténico) y que actúe sobre la colectividad tomando como base la herencia (método eugénico), controlando la reproducción de aquellos que ponen en riesgo la raza y la patria.

Los que tienen la obligación de velar por que nuestra República se pueble con hombres sanos y útiles a la comunidad, deben abordar estos problemas fundamentales legislando en consonancia con el progreso social y científico. [Se debe]

---

[28] "Código de la esposa. Crónica Femenina", *Modas y Modelos. Revista Argentina. Única en su género*, Sección Atavíos Elegantes, año 1, núm. 7, Buenos Aires, 18 de septiembre de 1924.

impedir que su única base (el matrimonio) sea el sentimentalismo apasionadamente fomentado, puesto que, en el fondo, palpita un factor de incalculable valor social que debe oponer valladar infranqueable a las bastardías que originan aspiraciones personales perniciosas.[29]

La centralidad del matrimonio como organizador de instintos, que, descontrolados, devienen en la disolución del yo y de la sociedad, no es solo un objeto preferido por el discurso moralizante de las revistas científicas y culturales. Es también materia de prácticas médico-legales que trazan con fuerza las fronteras que debe mantener aun legitimando la violencia que las sostiene. La fuerza del vínculo matrimonial no se asienta en un "sentimentalismo apasionadamente fomentado", sino en relaciones de autoridad y poder que son sostenidas por un complejo dispositivo de intervención institucional. La subordinación que traduce el código de la esposa, que la madre transmite a la hija, se entretejen con las intervenciones judiciales, médicas y policiales cuando esto resulta necesario. *Archivos de Psiquiatría* reproduce *in extenso*, y bajo el título "Sobre el cumplimiento de los deberes matrimoniales", la sentencia del Juez en lo Civil Ernesto Quesada ante una denuncia de una esposa contra su marido por abuso sexual. El relato judicial da cuenta del tratamiento de los hechos por parte de las instituciones públicas que intervienen y el efecto central pretendido: el reforzamiento del vínculo marital. He aquí su descripción a partir de extractos de la sentencia:

Resultando:
1º Que la menor A. O. casada en 26 de Julio ppdo. con C. C., se presentó en 6 de Agosto último pidiendo se le nombrase curador, se decretase sus separación personal y su depósito en casa de un cuñado, a consecuencia de peligrar su vida

---

[29] *Revista de Criminología*, Buenos Aires, 1925, p. 459.

por el abuso matrimonial que hacía su esposo y también por el abuso de la bebida, a lo que se accedió, [...].

3º Que, realizado el juicio verbal de referencia, C. desconoció los motivos que invocaba su esposa para ausentarse del hogar y entonces reprodujo su petición de que la mujer fuera reintegrada a aquel; la esposa manifestó cuáles eran los motivos y actos de violencia que le habían obligado a abandonarlo por culpa de aquel; su curador confirmó lo expuesto por la O. y dada la gravedad de los cargos se decretaron las medidas probatorias, y [...] el reconocimiento pericial de ambos cónyuges, por los médicos de los tribunales.

Y considerando:

1º Que la base de la acción está en lo dispuesto por el artículo 210 del Cod. Civil, según el cual los tribunales, con conocimiento de causa, pueden eximir a la mujer a la obligación de habitar con su marido, donde quiera que éste fije residencia, cuando de su ejecución resulte peligro para su vida.

A este respecto debe observarse que el acta de fs 12 demuestra: a) que la esposa afirma que, al casarse se encontraba con su menstruación y, a pesar de pedirle a su marido que la respetara, éste abusó de ella tanto por la vía natural como por la vía anal, con tal violencia que pasó los tres primeros días en un grito, hasta que, a causa de sus desmayos y sufrimientos intervino la Asistencia Pública y, a pesar de las súplicas al marido, éste continuó violentándola por ambas vías, produciéndose una inflamación tan grande que era necesaria una separación, y, sin embargo, a pesar del estado de postración en que se encontraba, aquel volvió a abusar de ella con violencia por ambas vías; b) que el marido a su vez, ha convenido en que "por exceso de cariño" ha andado por las diferentes vías, pero que "su miembro no era desproporcionado y solamente se trataba de los inconvenientes de los primeros días".

2º Que tanto del informe médico legal, y de los informes de la Asistencia Pública y de la Policía, como también de la declaración prestada por el Dr. Reibel no resultan comprobadas las afirmaciones que dieron motivo para que antes de entablarse la demanda por divorcio se decretase la separación provisoria y personal de los esposos y el depósito de la mujer en casa honesta, que autoriza, en caso de urgencia, el art. 223 del Código Civil.

Respecto de la prueba, cabe observar: a) que el informe de la Policía confirma la exactitud de lo aseverado por la esposa en cuanto a que esta requirió la intervención del comisario "porque le era insoportable la vida matrimonial a causa de que su esposo abusaba demasiado de su carácter de tal y que, con ese motivo, se encontraba enferma"; b) que la declaración del médico Dr. Reibel, confirma que, llamado por la esposa quien se quejaba de dolores, al examinarla, observó que "estaba con la menstruación"; c) que la Asistencia Pública, atribuyó "la dolencia que aquejaba a la enferma, a accidentes histéricos producidos por disgustos de familia"; d) que los médicos de los tribunales declaran que "el miembro del marido es normal sin que su volumen o longitud sean exagerados" y que, "en cuanto a la O., nada presenta en sus órganos genitales, ni en el ano, que hagan presumir siquiera alteraciones por traumatismos o violencias en el acto del coito o en otra forma".

3º. Que deduciéndose del presente considerando la inexactitud de los cargos revelados por la O., que confirma su curador en el acta de fs 12, es incuestionable que, la solicitud del marido para que se obligue a la mujer a que vuelva al hogar marital es procedente.

4º. Que el Art. 210 del Cod. Civil n/c es terminante al respecto y establece que la mujer está obligada a habitar con su marido donde quiera que fije su residencia y si faltase, puede aquel pedir las medidas judiciales necesarias, salvo que los tribunales con conocimiento de causa pueden eximir a la mujer de esta obligación cuando de su ejecución resulte peligro para su vida.

5º. Que si bien C. ha contestado que ha andado por ambas vías (la natural y anal) no puede darse a esta confesión otro alcance que el de haber rozado externamente la parte anal desde que en el informe médico se arriba a la conclusión categórica que las condiciones sexuales de ambos esposos se encuadran en lo normal y nada hace sospechar que el coito pueda ser perjudicial a la vida o la salud de la O.

Por todo ello y de conformidad con lo dictaminado por el ministerio de menores en lo fundamental, se resuelve que la O., vuelva al hogar marital en el término de cuarenta y ocho horas, bajo apercibimiento de lo que haya lugar por derecho y hágase saber a la depositaria.[30]

La intervención que convoca a la asistencia pública, la policía, la medicina y la justicia no solo desestima la denuncia de la violencia sexual, sino también la reubica en la figura del incumplimiento de los deberes matrimoniales. La actitud de la mujer y sus síntomas se explican en términos de "accidentes histéricos producidos por disgustos de familia". Se admiten los hechos pero se los considera legítimos en el marco del vínculo marital que consiente este tipo de "disgustos de familia". La sentencia que ordena el regreso de la mujer al hogar en pocas horas refuerza el propósito de la intervención pública: fortalecer la solidez de ese vínculo por sobre cualquier otra consideración.

El homicidio "pasional", situación extrema de violencia en la pareja, también recibe, si no legitimación, al menos un marco de inteligibilidad legal que opera como atenuante del acto. En efecto, ocupa un lugar distinto según se encuentre dentro o fuera de los límites que traza el matrimonio. Esto es lo que muestran con claridad dos sentencias recogidas y comentadas en los mismos archivos. En una de ellas, presentada por el Dr. Rodolfo Aragón, Juez del Crimen de la Provincia de Santa Fe, se trata el caso de un joven que acuchilló a su concubina por celos. El engaño y los celos de la pareja no son considerados como circunstancia atenuante del crimen porque no hay unión matrimonial sino concubinato. El homicida recibe, por ello, la condena

---

[30] Quesada, Ernesto, "Sobre el cumplimiento de los deberes matrimoniales", *Archivos de Psiquiatría y Criminología*, año VI, 1907, pp. 219-222. Para facilitar la lectura se han eliminado las constantes referencias a las fojas del expediente.

máxima de reclusión. He aquí el argumento del fiscal que el juez acepta en su sentencia:

> Que el señor Agente Fiscal, en su escrito pide se tenga a Villa (el homicida) como reo del delito de homicidio, previsto por el art. 17, Cap. I, Inc. 1ro, ley núm. 4189 y se le imponga en su máximum la pena que dicha disposición señala, porque aún aceptando como cierta la causa que según él lo impulsó al crimen (los celos), no puede servirle ella de atenuante, por tratarse de una mujer a la que no estaba unido por matrimonio legítimo.[31]

Cuando el homicidio se comete en una pareja unida formalmente, la mirada de la justicia asume otra forma. Tomás De Veyga, Juez del Crimen de la Ciudad de Buenos Aires, publica bajo el título "La responsabilidad penal en los crímenes por alucinaciones de celos" la sentencia aplicada a un esposo asesino, obsesionado por los celos. En este caso, el victimario no es condenado a prisión, sino que aun descartándose un estado de locura, es enviado a un hospicio. Si bien admite "que en el acto de disparar el arma no se encontró en estado delirante o en uno de esos momentos en que una perturbación mental puede acarrear la irresponsabilidad", se aceptan todos los atenuantes que se excluyeron del caso anterior: las "ideas de celos y resentimientos hacia su esposa", "su cariño evidente hacia ella", "la rapidez y manera con que requirió y se entregó a la autoridad ante el daño causado".[32] El acto que se juzga adquiere una naturaleza diferente en uno y otro caso por el peligro que entraña. El engaño y su correlato, los celos hacia la mujer, no dañan un vínculo social importante en el concubinato, pero sí amenazan al matrimonio, usina moral

---

[31] Aragón, Rodolfo, "Los celos en el concubinato", *Archivos de Psiquiatría*, 1907, p. 328.

[32] De Veyga, Tomás, "La responsabilidad penal en los crímenes por alucinaciones de celos", *Archivos de Psiquiatría*, 1906, pp. 213-216.

de la nación. De allí que puedan considerarse atenuantes que hagan socialmente comprensible el homicidio. Por otra parte, el castigo al concubino no solo sanciona el asesinato, sino también la relación no matrimonial que mantenía.

La fuerza regulatoria que la institución médico-judicial otorga al vínculo matrimonial se muestra también en tres casos en los que se solicita la anulación por causa de impotencia sexual del marido. En el primero, se entrecruzan argumentos diferentes entre los integrantes de la pareja. El marido pide la nulidad por incompatibilidad de caracteres, la mujer aduce que su carácter es producto de la impotencia sexual de su esposo. El deseo sexual de la mujer es definido por el marido como "exaltación ninfomaníaca de la cónyuge debido a un histerismo herotómano insaciable" y a "apetitos carnales crecientes" que derivan en una condición patológica. Para el juez que dicta la sentencia, dicho deseo es considerado irrelevante. La definición médico-legal de impotencia que habilitaría la disolución del vínculo es restrictiva y nada tiene que ver con el deseo. Ella debe ser "absoluta, manifiesta y anterior al matrimonio".[33] En el segundo caso, el juez concede la nulidad solicitada por la mujer con el consentimiento resignado del marido y el apoyo de las familias. La impotencia sexual, en este caso, no está vinculada a la realización del coito –que sí era posible– sino a la improbabilidad de procrear. Si bien en otros casos se reconoce que la maternidad no es el único fin del matrimonio, su imposibilidad es considerada causa suficiente para su nulidad.[34] Matrimonio y maternidad forman parte del mismo dispositivo creador de lazos sociales moralizantes. Esta idea se refuerza en el tercer caso, una presentación del marido

---

[33] Quesada, Ernesto, "Nulidad del matrimonio por impotencia sexual", *Archivos de Psiquiatría*, 1903, pp. 143-148.
[34] López Bancalari, J. y Caride, J. J., "Informe médico legal. Nulidad de matrimonio por impotencia", *Revista de Criminología*, año XVII, núm. 97, enero-febrero de 1930, pp. 173-179.

solicitando el divorcio sobre la base de un "nuevo concepto de impotencia sexual" asociado a la maternidad misma. La ausencia de deseo sexual, en sí misma desestimada como causa de disolución del vínculo, cobra fuerza únicamente por estar relacionada con una condición patológica de la mujer que carece del "noble deseo de la maternidad", constitutivo de la feminidad como tal. El marido, un abogado que se representa a sí mismo, argumenta:

> El elevado y noble deseo de la maternidad, lejos de constituir un fin de su existencia, le merece la más decidida repugnancia. Esta aspiración que constituye la base misma de la vida femenina, que es rasgo noble y esencial de su sexo, es desconocida para ella. Más aún mi esposa considera con un temor delirante la posibilidad de ser madre y ha concluido por abandonar su hogar, en circunstancias que más adelante relataré a VS y mirarme con repulsión a causa de mi legítimo deseo de ser padre. [Ella] no se pregunta si podrá cuidar a sus hijos, si sabrá desempeñar sus deberes de madre, si podrá soportar el dolor que le causan sus enfermedades; esta sería la forma afectivo-positiva que presentan por lo general los escrupulosos delirantes y abúlicos. En ella, la forma afectiva es negativa y arriba a un razonamiento de justificación francamente egoísta, tras el cual se disfraza, en apariencia por lo demás para el entendido en psicología, un verdadero delirio escrupuloso cuya significación trataré de exponer a VS en el curso del escrito [...] mi esposa es impotente para el coito. Sus órganos sexuales no le impiden realizarlo y creo que están bien conformados, pero lo indudable, lo evidente es que si la causa de su impotencia no reside en los órganos, es una causa de origen cerebral [...]. Todas estas manifestaciones coinciden: mi esposa es impotente para el coito normal, y para la moral, como para la ley, como para el matrimonio, no hay más coito que ése de manera que mi esposa es impotente y ello no puede ser más evidente por desgracia [...]. A mi esposa le falta el sentimiento de la maternidad, el sentimiento de la comunión marital y el estímulo del placer sexual pues padece de anafrodisia; no

es cariñosa, ni siquiera tienen la noción determinante del deber derivado de un lazo libremente contraído. Destituida de tales instintos y sentimientos, lo que ya es perfectamente patológico, mi esposa solo tiene la conciencia de sí misma.[35]

## Divorciémonos

La vinculación entre organización nacional, matrimonio y los límites que este traza entre el ciudadano y su hogar, por una parte, y el delincuente y la prostituta, por el otro –con todos los lugares de tránsito entre ambos– no dejó de ser cuestionada y desbordada en los discursos y las prácticas sociales que las revistas registran. De hecho, el debate sobre el divorcio es prácticamente contemporáneo a la sanción de la Ley 2393 de Matrimonio Civil en el año 1888. El primer proyecto de divorcio es presentado por Juan Balestra en la misma época y es rápidamente rechazado. Este permitía el divorcio vincular –no solo la separación de personas– en casos de adulterio, condena efectiva por actos criminales –sobre todo cuando tenían por objeto al cónyuge–, incitación a la prostitución de la esposa o de las hijas, locura, abandono y "mala vida" o alteración de las costumbres. En el año 1902 Carlos Olivera retoma el proyecto de Balestra y su propuesta llega incluso a tratarse en el recinto del Congreso sin llegar a conseguir los votos necesarios.

El debate se instala tempranamente y se extiende en diferentes ámbitos sociales y políticos.[36] La misma revista *Archivos de Psiquiatría* recoge las conferencias que Enrique

---

[35] Baires, Carlos, "Nuevo concepto de impotencia sexual como causa de divorcio", *Archivos de Psiquiatría*, 1909.
[36] El siguiente intento de ley de divorcio se realizará en el año 1922, cuando se presentan dos proyectos de ley de divorcio, uno del diputado Leopoldo Bard y otro del diputado Antonio de Tomaso. En la letra de ellos se introduce el divorcio con disolución de vínculo. Luego del tratamiento y la aprobación en la Comisión de Legislación General de la Cámara de Diputados de la Nación, el devenir de la propuesta es el mismo que en los casos anteriores y no prosperó.

del Valle Iberlucea dicta en el Centro Socialista Femenino en defensa de la ley de divorcio. Iberlucea comienza su argumentación desmontando primero los argumentos científicos y morales. La discusión del matrimonio no es ni económica, ni moral, tampoco religiosa. En rigurosa clave socialista argumenta que el desarrollo de los medios de producción están modificando las formas de familia tal como las conocemos, y –esta vez en una rigurosa clave materialista– afirma que el sentido moral se hereda; si bien puede ser influido por el ambiente, son la constitución fisiológica y el sistema nervioso los que delimitan el alcance de esta influencia. El divorcio no provocará ninguna corrupción de las costumbres de la sociedad. La discusión, sostiene, debe salir de este terreno y colocarse en un plano histórico y político, "positivo y científico". La evolución de la sociedad tiende inexorablemente hacia:

> una forma de unión sexual mucho más libre que ahora, una forma de organización de la familia mucho más real de lo que es hoy, una forma en que los cónyuges tendrán libertad para separarse el día que deje de cumplir uno de ellos las obligaciones que nacen del contrato o cuando desaparezcan esas fuerzas que mantienen unidos los espíritus y los corazones (aplausos).[37]

Estas formas de vínculo marital –y la legislación divorcista que nos acerca hacia ellas– no solo no traen consigo el colapso moral de las sociedades –como se ha visto en otros países como Francia–, sino que, en el caso de la Argentina, traerán grandes beneficios. En primer lugar, la reparación de una situación antinatural de injusticia contra la mujer:

---

[37] Del Valle Iberlucea, Enrique, "Fundamentos científicos del divorcio", *Archivos de Psiquiatría*, 1902, pp. 392-408 y 469-489.

Ellas, reducidas a soportar los malos tratamientos, el desprecio, las infamias de sus maridos, a vivir contrariando las leyes de la naturaleza, so pena de soportar un yugo deprimente y repugnante, ¿qué pueden hacer hoy para cambiar su miserable situación? ¿Qué ley respetuosa de las exigencias de la naturaleza, puede libertarlas de ese yugo? ¿Qué remedio tienen para poner fin a sus miserias? Nada hay que las proteja, porque la separación de cuerpos si pone fin a una situación lastimosa, mantiene un vínculo que no puede ser violado; y ella, aparte de producir consecuencias desastrosas para la sociedad, impide el cumplimento de funciones naturales, es una cadena que ata a la mujer a la desgracia, o si quiere romper los eslabones de ésta, un instrumento para su perdición.[38]

También una ley tal contribuirá significativamente a la construcción de la nación:

[Si] la influencia extranjera es beneficiosa para el país, debe ser tema de política social la adaptación de nuestras leyes a aquellas de los países de donde provienen los extranjeros que habitan Argentina, porque [la institución del divorcio] la tienen admitida los países con los cuales mantenemos relaciones económicas, financieras y científicas; porque muchísimos extranjeros que aquí viven están familiarizados con ella, porque al contraer la unión conyugal en su patria, sabían que la ley les concedía el medio para disolver esa unión en caso de que fuera desgraciada, y aquí se encuentran privados de este remedio, amenazados de una esclavitud sexual en esta tierra, a la que dan su trabajo, la savia de su vida; por que es necesario armonizar nuestras leyes con los usos y las costumbres de estos hombres, para evitar que busquen fuera de la ley lo que ésta no les da.[39]

Por ello, el divorcio, sostiene Iberlucea, "no es contrario a la estabilidad de la familia, [sino que] va a consolidar los

---

[38] Ibíd.
[39] Ibíd.

elementos extranjeros para fundirlos con los elementos nacionales y crear de esta manera el alma argentina".[40]

Las revistas culturales registran y promueven este debate. El fantasma de la disolución de la familia por la permisividad con los divorcios se agita para avivar el debate local. La "mujer nueva" ataca en Estados Unidos a la familia, combatiendo la indisolubilidad del matrimonio, y es responsable de su destrucción manifiesta en las estadísticas de disminución de los casamientos, el aumento de los divorcios y la baja en el número de nacimientos. Mientras que hasta hace un tiempo la mujer divorciada era una mujer depravada, hoy las costumbres han cambiado y ella es más atractiva que una mujer casada.

> ¿Qué quedará entonces a la mujer? Le quedará, dicen, el amor libre, en pro del cual se está haciendo una activa propaganda, no ya solamente en América, sino hasta en la severa Inglaterra. [...] Seguramente la legislación que rige el matrimonio de muchos países y sobre todo el nuestro, no es muy perfecta ni muy justa para con la mujer. Y una ventaja positiva del movimiento feminista es la de haber puesto en discusión una institución que hasta hace poco era considerada y que se considera todavía como intangible. La discusión es como la tumba: toma, pero no devuelve nunca. [...] Hoy en día el matrimonio ha sido atacado con demasiada violencia para que pueda salir ileso de la lucha. Felizmente tiene todavía raíces suficientemente fuertes y vivaces en nuestras costumbres para que no se pueda todavía predecir su próxima muerte. No lo matarán pero sí lo reformarán; y nosotros perdonaremos gustosos a la mujer nueva el mal que está haciendo en este período de crisis con defender la aberración del amor libre; acordándonos tan solo de las justas y santas reivindicaciones que pretende conseguir y que tarde o temprano conseguirá.[41]

---

[40] Ibíd.
[41] "La mujer moderna" (firmada por Scipio Sighele), *El sol del domingo. Semanario artístico literario*, núm. 59, Buenos Aires, 8 de noviembre de

En nombre de una causa justa, la mujer está destruyendo algo que será difícil reparar y cuya ausencia solo añoraremos cuando nos falte. La respuesta aparece en el número siguiente con una fuerte crítica a la representación de la mujer que solo adquiere existencia social en la subordinación al marido en el matrimonio.

> La representación social de la mujer depende del hombre; la señora de Fulano, se dice, la viuda de Mengano, es una propiedad que dura después de la muerte. Cuando soltera solamente arrostrando la maledicencia puede hacer vida independiente, si salir sola a la calle le es permitido [...] Cuando casada, su deber la obliga a no tener más voluntad que la de su esposo, se la compadece si este es un malvado, pero se le exige implacablemente sumisión y obediencia. [...] las faltas del esposo son calaveradas sin importancia, las de la mujer crímenes sin perdón. Según la moral [...] que sigue en vigor en lo relativo al matrimonio, no ya el adulterio consumado, sino la sospecha de que puede cometerlo la mujer, merece una sangría suelta, porque como dice el médico de su honra, las manchas en el honor solo con sangre se lavan. En efecto, toda la educación que entre nosotros se da a la mujer va encaminada a hacerla más que compañera, sirviente del hombre. Nada o muy poco que pueda serle útil a ella. [...] La soltera pobre cuando se queda huérfana o la mujer de la clase media poco acomodada, cuando muere su esposo, no tiene más que dos caminos, la miseria o la perdición.[42]

Las voces recogidas en las revistas femeninas también se animan a cuestionar el prestigio de la familia y la sacralidad social del matrimonio:

> Las relaciones entre el hombre y la mujer obedecen a las leyes generales de la mecánica. En el "flirt" predomina la fuerza

---

1899.

[42] "La mujer moderna" (firmada por Zeda), *El sol del domingo. Semanario artístico literario*, núm. 59, 18 de diciembre de 1898.

de atracción; en el noviazgo, la fuerza de atracción está ya equilibrada con la de la repulsión. Sólo en el matrimonio es esta última fuerza la que vence de una manera descarada.[43]

La aceptación resignada del discurso feminista sobre la independencia y la autonomía de la mujer se acepta como una verdad que se impone por el peso mismo del progreso. El feminismo alienta, a través de la literatura y la expansión de la educación, nuevas expectativas en las mujeres que ya no aceptan la violencia y la subordinación institucionalmente legitimadas por el vínculo matrimonial. Aun así, el reconocimiento de este "concepto del feminismo" no se realiza sin una cierta nostalgia por la pérdida de vínculos que esta subordinación garantizaba.

> Según éstas [las novelas] tengo entendido que nuestras abuelas esperaban en la sombra gris del hogar la llegada del elegido. Aguardan pacientemente en una especie de quietud religiosa, el anillo y el hombre desconocido que llevarían, esa palabra misteriosa por la que ellas abandonarían las dulzuras familiares que durante toda su juventud habían limitado su aspecto físico y descripto la curva de sus almas. El terror hacía presa de ellas ante el temor de que las temibles sílabas que formaban el apellido del amado pudieran no tener la armonía de su nombre virginal, pero el orgullo de apellidarse como su marido, de transformarse realmente en la mitad de un ser querido, les reportaba otro sentimiento completamente diferente. Hoy día, la generalidad de las jóvenes espera con un poco menos de paciencia la llegada del elegido. Con menos emoción religiosa se preparan a recibir el anillo nupcial y a tomar un nombre nuevo. Un gran número de las jóvenes modernas quieren constituirse una existencia independiente; ellas no pueden soportar el sentirse esclavas de un amo, aunque ese amo sea el más cumplido y atento de los esposos. Este concepto del feminismo no me incomoda.

---

[43] "Charla Semanal", *Crónica femenina. Modas y Modelos. Revista Argentina. Única en su género*, año I, núm. 10, Buenos Aires, 9 de octubre de 1924.

Los tiempos están llenos ya, de arrodillamientos cándidos o de penas sentimentales que constituían los románticos amores del pasado. Vivimos en la era de los siglos de la fuerza. Los seres solos, conducen su vida, como mecánicos poderosos. Los planes de la escena del mundo son organizados diferentemente. El hombre construye su existencia así como la mujer la suya. Estas tienen un único fin: el confort.[44]

Pero la discusión sobre el matrimonio también transcurre por vías más prácticas. Uruguay fue el primer país sudamericano en el que se que obtuvo una ley de divorcio causal. Promulgada el 26 de octubre de 1907, el país no solo pudo resistir a los intentos de derogación, sino que incluso, con el tiempo, amplió sus alcances. A diferencia de otros países que también lograron leyes similares –como Guatemala y Colombia–, la ley uruguaya establecía que se podría conceder el divorcio por adulterio de la mujer –en todos los casos– o del marido –cuando este se produce en la casa conyugal o con escándalo público–, por tentativa de uno de los cónyuges de acabar con la vida del otro, por actos graves de violencia, por injurias graves y frecuentes, y por los malos tratos del marido. La modificación del código civil del año 1913 determinó que el divorcio podía producirse "por la sola voluntad de la mujer", es decir, sin tener que dar cuenta de causal alguna.

---

[44] "Algo sobre el feminismo moderno" (firmado por Fucchansky, Jorge), *Crónica femenina. Modas y Modelos. Revista Argentina. Única en su género*, Sección Futilezas, año I, núm. 12, Buenos Aires, 23 de octubre de 1924.

Fig. 3. "Intercambio de 'productos'", *Caras y Caretas*, 1912.

Al otro lado del río, en Argentina, se escucha decir que el mayor contingente de juicios por divorcio en Uruguay proviene de Buenos Aires. Seguramente era una práctica corriente cruzar y obtener el divorcio en el país vecino. El humor de *Caras y Caretas* refleja esta situación retratando al uruguayo religioso acercándose a Buenos Aires para bautizar a sus hijos e invertir su dinero, al tiempo que las parejas porteñas se acercan a Montevideo para obtener su divorcio.

Frente a este fenómeno interviene la administración de justicia exigiendo la certificación del domicilio como condición para validar el acto administrativo. *Archivos de Psiquiatría* del año 1913 deja constancia de ello:

> El caso se ha repetido con relativa frecuencia. Los esposos interesados en obtener el divorcio en la forma absoluta que aquella ley les acuerda (la Uruguaya), fijan su domicilio

—condición indispensable para que prospere la acción— en la República Oriental y el juicio se tramita sin mayores dificultades. Una sentencia reciente llamada a sentar jurisprudencia ha establecido que no procede la demanda de divorcio cuando el matrimonio se ha celebrado en la República Argentina y el marido tiene en ella su domicilio.[45]

En una breve nota del año 1912, titulada "Divorciémonos", la revista *Caras y Caretas* presenta la posición de divorcistas y antidivorcistas. Para los primeros, el aumento en el número de divorcios (alrededor de 120 entre 1907 y 1908, y de 500 en 1912) no es alarmante, "la sociedad no peligra en su base".[46] Para los segundos, los números ocupan un lugar secundario; en realidad, "un solo caso de disolución del hogar es un golpe asestado al prestigio de la familia, como institución social, un peligro para la sociedad".[47]

## Atorrantes y arrabaleros

El matrimonio y la familia, con los vínculos que ellos producen, son también cuestionados por una figura predominantemente masculina que puebla las calles de la ciudad y ocupa un lugar importante en las revistas de la época: el atorrante. *Caras y Caretas* recoge el testimonio de un visitante extranjero que lo describe y compara con otras figuras equivalentes de otras ciudades del mundo. Se trata de hombres que abandonan la familia y vagan por

---

[45] Silva, M., "La ley del divorcio en Montevideo", *Archivos de Psiquiatría*, 1913, p. 763.
[46] "Divorciémonos", *Caras y Caretas*, año XV, núm. 714, 8 de junio de 1912. J. Joumet tranquiliza a la comunidad respecto al acechante número de divorcios en la región. El autor muestra que los matrimonios pasaron de 6.432 en 1901 a 13.113 diez años después. 9 de cada 1.000 habitantes están casados. Esto se explica en términos de la prosperidad económica existente en Argentina.
[47] "El matrimonio en auge", *Caras y Caretas*, año XV, núm. 714, 8 de junio de 1912.

las calles luego de romper los vínculos que los ataban a la sociedad. Por momentos se los describe como vencidos, los que quedan al costado del remolino del progreso porque no pudieron resistir la fuerza impetuosa de su furia. Sin embargo, muchas veces se los muestra como críticos silenciosos de una sociedad que se niega a asumir su verdad: la fatuidad de todos sus esfuerzos y la impostación de su vana moralidad.

> La América es un espacioso y corriente río, por donde bogan las muchedumbres de todas las nacionalidades, buscando la gloria de la fortuna; y la Argentina es un brazo colosal de ese río americano; y Buenos Aires tiene la impetuosidad de un furioso remolino. En ese remolino de Buenos Aires flotan los hombres de audacia, de presa y de voluntad. Pero ciertos hombres no pueden resistir la fuerza del remolino, y se apartan a un lado. Son los vencidos. En el argot del país tienen un mote particular: se les llama atorrantes. [...] El cheminaux francés es quien más se le asemeja; pero este vagabundo de los caminos de Francia incurre con frecuencia en el robo o la rapiñería campestre, en tanto que el atorrante no roba ni perjudica a las huertas y gallineros. Tampoco pordiosea. [...] Es un ser inofensivo, sin igual en los anales de la antropología, digno de un esmerado estudio psicopático: es un caso de degeneración social que merecía tratarse cariñosa y detenidamente. [...] La vida rápida y febril de Buenos Aires ha parido su tipo monstruoso del atorrante. La vida es demasiado rápida, demasiado cara; el ambiente tritura a los individuos, los espolea y los pone anhelantes: el que no posee resistencia cae en el surco, se restituye a Europa o viene a vegetar en los bajos fondos sociales. Pero el atorrante no quiere restituirse a su patria remota: hasta la fe en su patria se ha desvanecido. Tampoco quiere abandonarse en brazos de la Fatalidad, como la hoja seca en otoño. Tiene el abandono, la resignación y la dulzura de la hoja seca. En medio de sus greñas y sus barbas hirsutas, los ojos azules miran con la vaguedad del que se encuentra al otro lado de los fenómenos. Ha encontrado la raíz del problema. Sabe todo cuanto sabía Diógenes; que todas las cosas son mentiras.[48]

---

[48] "El atorrante" (firmada por Salaverría, José M.), *Caras y Caretas*, año V, núm. 178, 1 de marzo de 1902.

Mingo, el nermano mayor de la cotradia, en pose para CARAS Y CARETAS, a la entrada de su hotel.

Fig. 4. "El atorrante 'Mingo'. Los tipos del arrabal", *Caras y Caretas*, 1916.

El atorrante representa una figura que no debe confundirse con la del pobre y el mendigo. Su modo de vida es el resultado de una decisión. Fabio Carrizo, citando a Francisco De Veyga, los caracteriza del siguiente modo:

> Gentes que más bien por desabrimiento de la vida, por voluntad, abandonan los halagos y comodidades que pueden brindarles sus recursos o sus familias y se retiran a un paraje solitario a llevar una existencia exenta de las molestias que pueden producir en su organismo las exigencias de la vida diaria.

El arrabal, allí en los muros del ferrocarril, entre Palermo y el río, es el lugar de vivienda de estos atorrantes que han renunciado a matrimonios, familias y a todas las galas con que se los pretende vestir.

> Junto a los juncales y sobre el mullido césped (sic), han edificado su población que ostenta los grises gallardetes de la rebelión de unos hombres que protestan de lo que hemos dado en llamar mala situación. Viven libres. Comen cuando pueden. No sienten los odios que envenenan a los hombres arrastrados por ingentes egoísmos. Para ellos la Constitución es amplia. Y el Derecho importa lo que puede importar la voluntad individual de cada uno de ellos. Piensan oponer su resistencia de exóticos a orillas de una ciudad enloquecida por cien vértigos, para no dejarse oprimir por sus humillaciones, no sintiendo sus necesidades, cada día más crecientes. [...] No desperdician ocasiones fáciles de adquirir unos centavos haciendo una changuita cómoda y con dignidad. De otro modo, su desenfado sufriría un considerable desmedro, poco en armonía con la altura del gesto.[49]

Entre los varios tipos de atorrantes está aquel que, cansado de las rutinas familiares, "decide un día dejarse llevar por la bohemia y abandona el hogar por un tiempo".

---

[49] "En contrapunto con la crisis. Tipos del arrabal", *Caras y Caretas*, año XIXI, núm. 910, s/f, 1916.

Este tipo de atorrante llega a convertirse en una figura destacada en las revistas culturales que, a su manera, también se mofan de las operaciones de integración moral que tienen por eje la familia y al matrimonio. La figura de Martín Goycoechea Menéndez, el "atorrante lírico", puede tomarse como manifestación ejemplar de este fenómeno y de los discursos que se anudan en torno a él.

El elogio que *Caras y Caretas* le dedica ante la noticia de su muerte es digno de consignar. Lo describe como "vagabundo encantador"; "de existencia febril, inquieta, extraña, salvaje, loca"; "espíritu repleto de mentiras deliciosas y terribles, bárbaras, feroces y altivas"; "amigo de gente nefaria, de diputados y ministros", compañero de menesterosos y poetas (Leopoldo Lugones, Rubén Darío). Lo que define su vida es el ejercicio de la libertad frente a los límites. Sin familia ni hogar, sin trabajo fijo ni relatos verdaderos sobre sí mismo, su vida errante no se deja apresar por ninguna ciudad ni país. Su misma muerte, un relato tampoco comprobable, es presentada como una transgresión de los límites.

Es posible que su muerte no sea nada más que otra mentira suya. O, tal vez, lo contrario. Quizás no satisfecho con la extensión del orbe, la tierra parecióle pequeña para su ambición de golondrina. Y quiso recorrer cielos extraños.[50]

## 2. ¡Mujeres, sean mujeres!: el género desordenado

"Y estoy convencida y quiero llevar tal convencimiento a vosotros (los del sexo masculino) que la mujer no es cobarde, como se la cree y hace, la falsa idea que se asusta de un ratón, debe desaparecer; por mí se decir, que he tenido

---

[50] "Un atorrante lírico" (firmado por Soiza Reilly, Juan José), *Caras y Caretas*, año IX, núm. 419, 13 de octubre de 1906.

ratones vivos en la mano, y por cierto que he examinado sus orejas, he observado poseen dos pabellones auriculares, el interior mucho más fino y delicado; y tal observación prueba mi tranquilidad; muchos hombres no harían otro tanto".[51]

Fig. 5. "La devolución de las cacerolas", *Caras y Caretas*, 1907.

---

[51] "Las amazonas modernas", *Caras y Caretas*, año XVII, núm. 818, 6 de junio de 1914.

La tarea de construir una nación se asocia, en las revistas culturales y científicas de la época, con la imposición de un orden y el trazado de límites que las instituciones y sus discursos producen como efectos una y otra vez reiterados y, también, una y otra vez desbordados. El vínculo matrimonial y familiar es la frágil barrera contra el delincuente y la prostituta, equivalentes generizados de aquello contra lo cual se construye la comunidad nacional. Sin embargo, la soltería, las costumbres disipadas y el atorrantismo no son los únicos peligros que erosionan sus límites.

*Crónica Femenina* es una revista con secciones dedicadas a la moda, al hogar, a la vida social de las mujeres de la época. En los pliegues de esta agenda en apariencia fútil, confiesa la misma revista, se tratan cuestiones graves para la nación. Una de ellas, central en su línea editorial, es el peligro de la desaparición del "encanto de lo femenino". "Nuestra época –escribe el autor de una de sus notas– es una temible crisis de uniformidad y en ese caos moral y sentimental se amenaza hacer desaparecer la única poesía que aún subsiste: la mujer".[52] La nota discute con adversarios identificados sobre aquellas "sacerdotisas de este nuevo culto" feminista que, persuasivamente, nos aseguran que "las mujeres valen hoy día, otra cosa que 'la charla de los salones, el gran barrido de la casa y el zumbido alrededor de una taza de te'" y que "más vale ganarse la vida que seguir esa educación de perro sabio que se daba a las niñas hace algunos años".[53]

Sin duda que la mujer debe ser instruida, argumenta el autor, pero no a costa del peligro que hoy tiende a generalizarse en la sociedad: "El abandono de la vida familiar y la orientación de las mujeres hacia las ocupaciones viriles y las carreras liberales".[54] La nación produce sus extranjeros

---

[52] "Costumbres Femeninas" (firmado por Fucchansky Jorge), *Crónica Femenina*, Sección Futilezas, año I, núm.13, 30 de octubre de 1924.
[53] *Crónica Femenina*, ibíd.
[54] *Crónica Femenina*, ibíd.

con los que convive en su territorio, pero también delimita con claridad a los propios y les otorga sus lugares. Moviliza a sus hombres a través de "ocupaciones viriles" y resguarda a sus mujeres en la íntima penumbra de sus hogares. Fuera de este, su ámbito, ellas pierden "su encanto particular, esa virtud secreta que la[s] coloca tan alto en nuestra imaginación, en nuestros deseos...".

> En efecto ¿qué es el encanto sino el claro-oscuro de un ser, el resplandor inconfeso de un tesoro en la penumbra? La belleza misma sale de puertas cerradas, de ensueños y de largos silencios. Ella no es más que la traducción de una magnífica ociosidad, intelectual y física. Las mujeres sin reserva casi nunca quedan bellas. A fuerza de distribuirse en palabras ellas quedan sin ser miradas.[55]

La mujer desmovilizada, alejada del trabajo, de la palabra y de la luz del día, he aquí otro límite que define el nosotros y lo diferencia de lo extraño. Límite también frágil, desbordado por mujeres que no se mantendrán quietas, resignadas al lugar que se les asigna. Sus grietas despiertan un cierto pánico moral frente al desorden de los géneros; amenazan contra la feminidad que ellos construyen: el peligro presente y acechante de la "virilización" de la mujer.

### Ser dueña de entregarse por completo: el derecho de la mujer al encierro en el hogar

El feminismo no es el único responsable de este desorden. La pobreza y la injusticia, que acompañan la turbulenta modernización de la sociedad, arrancan a las mujeres de sus hogares y las arrojan a los talleres y las fábricas, las más de las veces en condiciones deplorables. Es la ausencia del varón sostén de la familia, o sus magros ingresos, lo que

---

[55] *Crónica Femenina*, ibíd.

las obliga a dejar el hogar para ir a trabajar o invadirlo con el trabajo a domicilio.

> En los hogares pobres, a cuyo sostenimiento no basta el salario del hombre, la mujer y los hijos deben optar entre la labor de la fábrica y la que se realiza en la casa. La primera ofrece el inconveniente de la dedicación constante, de la dependencia del patrón o del jefe o capataz y el abandono completo de las labores domésticas. La segunda, presenta a la ventaja de una independencia relativa, la desventaja de la retribución mezquina, de la jornada imprecisa, pero siempre larga, y de la ausencia de elementos primordiales para la salud del organismo: luz, aire, sol y la imposible observación de preceptos higiénicos. En habitaciones pequeñas, que sirven, por lo general, de dormitorio, comedor y taller, trabajan las mujeres obreras que dan el mayor porcentaje a la tuberculosis, a la anemia, al histerismo. La labor excesiva, por lo común de costura, unida a los quehaceres de la casa en un medio malsano, llevan fatalmente a ese resultado.[56]

En todo caso, el trabajo no solo destruye el "encanto femenino", también saca a la mujer del lugar en el que ella debe estar.[57]

> Comprobar el trabajo de la mujer, no creo que pueda ser motivo de regocijo para nadie. Cuando la mujer de un hogar emplea su energía en uno u otro trabajo, es que ese hogar –de ordinario sucede así, por lo menos– sufre y tiembla; es que en ese hogar falta la fuerza fundamental y su derrumbe

---

[56] *Caras y Caretas*, núm. 731, 6 de octubre 1912.
[57] *Crónica Femenina*, año I, núm. 25, 22 de enero de 1925. "Entonces, mirando el asunto bajo su punto de vista práctico, pero considerándolo como un asunto 'humano', no deja de ser doloroso el comprobar que lo más caro de la mujer: la feminidad, precisamente desaparezca en esos duros trajines que significa el trabajo brutal del taller o de la fábrica. [...] Arrebatada desde muy temprana edad de su hogar, la mujer pierde ese encanto que emana de la frescura de la misma belleza dejada sobre la máquina de coser o tras el mostrador de enormes tiendas".

le acecha. El producto del trabajo de una madre, de una esposa o de una hermana, es siempre el último recurso con que se cuenta para el sustento, y solo se recurre a él cuando la miseria azota y el hambre allana todo obstáculo de sentimiento.[58]

Fig. 6. "Mujeres: ¡sean mujeres!", *Caras y Caretas*, 1906.

Esta es una de las rutas a través de las cuales las mujeres ingresan en la agenda de la "cuestión social". Mejorar la condición obrera es cosa de moralidad pública y, para muchos, preservarla equivale a evitar este "último recurso" que deja a la familia sin su "fuerza fundamental" y priva

---

[58] *Caras y Caretas*, año XXI, núm. 1015, 16 de febrero de 1918.

al hombre del encanto de sus tesoros, que solo brillan en la penumbra de la intimidad del hogar.[59]

En este marco, comienzan a dibujarse los principios que anticipan el carácter que muchos años después asumirá el desarrollo de la seguridad social. Es necesario proteger el ingreso del varón trabajador sostén de la familia para limitar el recurso al trabajo femenino. Un testimonio de estas ideas –compartidas por otras corrientes ideológicas– es el que brinda la revista *Archivo Social*, órgano del Secretariado Nacional de la Unión Popular Católica Argentina. El salario obrero no solo debe ser un simple resultado de las leyes de la economía, sino también de leyes morales superiores: "El padre de familia debe ganar, con su trabajo y mediante el precio de este trabajo, lo que ha menester para sustentar a su familia [...] Lo contrario sería una monstruosidad social".[60] El concepto de "salario familial", que da nombre al artículo, se presenta como una piedra fundamental de la doctrina social cristiana y se recoge como programa de acción de las mujeres católicas. La enunciación de dicho programa se basa en la proclama de sindicatos católicos franceses.

> 1º Que el sistema de salario familial, o subvenciones suplementarias proporcionadas a las cargas de familia, se introduzca en la apreciación del monto de los salarios de base donde quiera que hasta ahora se tenían en cuenta exclusivamente las necesidades individuales.
>
> 2º Que las cajas de compensación sean organizadas en todas las industrias.
>
> 3º Que de esta manera sean alentadas las familias y los padres que cumplen con todos sus deberes y aceptan las cargas y molestias que de ellos resultan.

---

[59] *Don Quijote moderno*, 8 de diciembre de 1904. "Todo cuanto se haga por el mejoramiento de las clases obreras, se hará en beneficio de la moral pública y de la seguridad social".

[60] "El salario familial", *Archivo Social. Revista Quincenal Documental*, año I, núm. 9, 10 de septiembre de 1920.

4º Que las asociaciones profesionales católicas se esfuercen por desarrollar entre sus miembros el sentimiento del valor y de la misión social del padre de familia, y del interés moral, patriótico y social que habría en que la madre de familia pudiera consagrarse a su tarea natural, y quedar en el hogar para cuidar y educar a los hijos.[61]

La base doctrinal y el propósito central de este programa dejan claro el orden de género que asegura y el lugar que la nación debe asignar al hombre y a la mujer:

> Proteger la familia, sostenerla, fortalecerla, desarrollar su vida, asegurarle un techo, mantenerla a través de las generaciones a fin de que cada cual conozca sus alegrías y goces; he aquí nuestro propósito, nuestro ideal. Lo proclamamos bien alto: nuestro ensueño, que no se ve hoy día realizado, que lo será quizás mañana no es el de identificar a la mujer con el hombre sino devolver a la mujer a su función natural, tan grande, tan noble, como la del hombre, pero distinta de la de él como distintas son sus naturalezas. Es la mujer dueña de entregarse por completo a su hogar, a su vocación de madre y de esposa.[62]

### Entre manejar la escoba y empuñar las riendas

No es solo la cuestión social la que desdibuja los límites del género, también lo es la insolencia de la "mujer moderna" que, sin darnos cuenta, ha comenzado a salir de su casa para ir a los talleres y las fábricas asfixiantes, y también para desempeñarse en "ocupaciones viriles y profesiones liberales" que los varones creían reservadas para ellos. Con el desparpajo provocador que suele permitirse disfrutar la revista *Caras y Caretas*, sus editores enfrentan

---

[61] "El salario familial", ibíd.
[62] "El salario familiar", ibíd.

a lectores y lectoras al espejo de su propia realidad mirado a través de experiencias lejanas.

> En las calles [de Londres] se ven las mujeres vendiendo periódicos y baratijas; jovencitas que sirven de mensajeras de continental o de telégrafos; cocheras y chauffeurs; en los almacenes, en los bureau, en las oficinas del estado, sobre todo en correos y telégrafos, el mayor número de empleados son mujeres y se las encuentra de igual modo en todas las profesiones, en todas las fábricas y en todas las industrias.[63]

La constatación provocadora necesita también ser legitimada. No está en peligro la nación, la mujer puede seguir siendo lo que es.

> No se crea, por esto, que la mujer inglesa es el tipo de las mari-macho y abandona el hogar. En pocas partes se rinde mayor culto a la familia y a los goces puros de la casa. Al lado de todos los centros de cultura superior para las mujeres, que tienen acceso a casi todas las carreras, están las escuelas de cocina y de menaje, con un número de alumnas proporcionalmente superior al de los demás países.[64]

Los títulos de los artículos, sin embargo, no dejan de jugar con el pánico que producen estos cruces de fronteras cada vez más frágiles. "Las mujeres invaden las profesiones de los hombres", titula la revista una breve nota que muestra, nuevamente en Inglaterra, a una mujer herrera forjando una pieza con destreza y oficio.[65]

---

[63] "Las sufragistas triunfan", *Caras y Caretas*, año XIX, núm. 919, 13 de mayo de 1916.
[64] "Las sufragistas triunfan", ibíd.
[65] "Las mujeres invaden las profesiones de los hombres", *Caras y Caretas*, núm. 709, 4 de mayo de 1912.

Fig. 7. "Las mujeres invaden las profesiones de los hombres", *Caras y Caretas*, 1912.

*Caras y Caretas* anticipa para Argentina el nacimiento de una "burocracia femenil" que modificará la cotidianeidad del servicio público; otras revistas dan testimonio del avance de las mujeres sobre ocupaciones en la marina mercante, la abogacía, la administración pública, los bancos y oficinas comerciales.[66] Del otro lado de la provocación insolente habita el escándalo por el desdibujamiento de las

---

[66] "La burocracia femenil", *Caras y Caretas*, año III, núm. 99, 25 de agosto de 1900. "Indudablemente, hace camino en el país la feliz iniciativa de emplear a las mujeres en aquellas labores de oficina que son armónicas con el decoro y capacidad del sexo. [...] La primera oficina pública que ha tomado la iniciativa es la del Registro Civil. Hace quince días nombró a una señorita para escribiente, y hoy ya tiene tres [...] El intendente señor Bullrich llegará un día con que se verá asediado por las recomendaciones para empleo de señoritas, y aun cuando no lo desee, las oficinas se transformarán en verdaderas tertulias en que la flirtation estará a la orden del día". Ver también: *Providencia Femenina*, núm. 10,

marcas de género que la sociedad desea seguir esculpiendo sobre las mujeres y el desdén frente a quienes pretenden modificarlas. Es lo que se deja ver en la nota, con mofa, ante el fracaso de las aspirantes a cocheras en las pruebas de aceptación:

> El bello sexo no se resigna a manejar la escoba o el plumero, y escala pescante del coche de plaza y empuña las riendas y hace chasquear el látigo [...] pero se ha chasqueado a ella misma [...] demostrando no estar al corriente ni sobre los trayectos más sencillos, ni en materia de guiar, virar, atalajar, etc., etc.[67]

Persiste, sobre todo, el alerta en torno al peligro del abandono que la mujer está haciendo del hogar y sus tareas. Las "madres modernas" no están ya dispuestas a sacrificar sus éxitos sociales por el cuidado de sus hijos y, en algunos países, comienza a extenderse la costumbre de entregarlos al cuidado de otra mujer.[68] Estas prácticas no se han instalado todavía en el país pero el peligro no está lejos de "nosotros". Las mismas fuerzas que vemos en Europa están desordenando las cosas aquí. El diálogo que

---

12 de agosto de 1930; *Caras y Caretas*, núm. 709, 4 de mayo de 1912; *Caras y Caretas*, núm. 711, 18 de mayo de 1912.

[67] "Los trabajos rudos de la mujer", *Caras y Caretas*, año X, núm. 437, 16 de febrero de 1907.

[68] "Las madres modernas", *Caras y Caretas*, año XII, núm. 576, 16 de octubre de 1909. Los argumentos "terroristas" sobre las consecuencias del trabajo de la mujer en otros países apelan también a dudosas estadísticas: "Los enemigos del trabajo de la mujer han publicado estadísticas para establecer una relación entre la mortalidad infantil y el trabajo de la mujer; pero las estadísticas de la mortalidad de niños en España son aterradoras y mayores que en el extranjero, donde trabaja más la mujer. [...] Andalucía y Galicia, que es donde menos mujeres van a la fábrica, es donde más hombres emigran, lo que prueba que no es la competencia lo que hace escasear el trabajo".
Ver también: *Sobre feminismo*. Providencia Femenina, núm. 23, 25 de Noviembre de 1930.

*Caras y Caretas* nos presenta muestra la clase de temor que las revistas registran:

> Mañana te esperamos, María [...] Iremos al teatro. Será una hermosa fiesta de lujo y elegancia. ¿Irás? –No puedo. ¡Lo siento mucho! Mi nene no me deja ni un momento tranquila, pues cada dos horas tengo que darle el pecho [...] –¡Tonta! Eres una madre vulgar. Perdóname que te lo diga: eres una mujer muy atrasada. Eres muy cursi.[69]

## 3. Esposas profesionales, madres dedicadas y señoritas revoltosas

La Escuela Profesional de Señoritas, también llamada escuela técnica del hogar, organizada por la Dra. Cecilia Grierson, es noticia en agosto del 1904. Se incorpora en el establecimiento un curso de cocina dictado por un profesor traído *ex profeso* al país para tal fin. Estas clases se suman al resto de los cursos "que forman parte de la educación doméstica femenina [...] cuyos resultados reportarán indiscutibles servicios a la vida del hogar".[70]

Este tipo de instrucción en las "aristocráticas costumbres y conocimientos prácticos" para desenvolverse en sociedad desde su rol doméstico es criticado de manera directa por la prensa obrera. *El Unionista*, definido como órgano de la clase obrera, propugna, frente a una educación aristocrática de las niñas que les enseña "a tocar el piano, peinarse y vestirse con lujo", una educación "moral" centrada en la instrucción de sus hijos, en las tareas domésticas y herramientas para trabajar en caso de que quede sola. La educación de la mujer es considerada la principal barrera

---

[69] "Las madres modernas", ibíd.
[70] "Inauguración de la escuela profesional de mujeres", *Caras y Caretas*, año VII, núm. 306, 13 de agosto de 1904.

contra el vicio y la corrupción. Vicio y corrupción de la familia, dado que "el hombre no tiene tiempo necesario para dedicarse a dar instrucción moral a sus hijos, y no es esa tampoco su misión, es la madre quien forma el corazón del niño".[71] Vicio y corrupción también de la propia mujer que, sin marido y sin herramientas para mantenerse, caería fácilmente en el desvío y la prostitución.[72] En lo que ambas propuestas coinciden es en definir al hogar como el territorio en el que la educación de la mujer debe transcurrir, por diferente que sea la concepción que del hogar tengan las dos.

Son estos límites los que aparecen cuestionados pocos años después de la inauguración del mencionado curso de cocina de la Escuela Profesional de Señoritas. En 1907, tras largos años de reclamos, el ministro de Educación Pinedo, a instancias de la Dra. Ernestina López, accede a crear el Liceo de Señoritas de Buenos Aires. Se trataba de una alternativa al estrecho sendero que los Colegios Nacionales abrían a las mujeres.

> La vida moderna, liberando a la mujer de los viejos prejuicios que la condenaban a perpetua esterilidad intelectual exige establecimientos educacionales propios. Estos establecimientos faltaban entre nosotros. Los colegios nacionales reclutaban escaso contingente femenino no obstante el crecido número de niñas que ansiaban dedicarse a las carreras liberales como lo evidencia la cifra de doscientos setenta alumnas con que se ha inaugurado el Liceo.[73]

Al poco tiempo, sin embargo, estos "prejuicios" muestran su fuerza. En 1907 el periódico *La Vida Moderna* da

---

[71] "La moral", *El Unionista. Órgano de la clase obrera*, 30 de diciembre de 1877.
[72] "La moral", ibíd.
[73] "El liceo de señoritas", *Caras y Caretas*, año X, núm. 446, 20 de abril de 1907.

cuenta de la revuelta de las alumnas contra el tipo de educación que se les proponía. Más que una vía alternativa a las profesiones liberales, la instrucción las conducía de regreso a la cocina.

> Una señorita Alem ha capitaneado [la huelga] que en estos días se produjo en el Liceo con grave quebrantamiento de la disciplina interna y triunfo absoluto de las revoltosas. Las alumnas expresan que muchas de sus maestras no conocen nada del curso que dictan. Aseguran que después de haber sido obligadas por el decreto ministerial que les cerraba los colegios nacionales, a matricularse en el Liceo, se apercibieron de que las querían transformar en enfermeras, mucamas y cocineras, y ¡horror! hasta en sirvientas.[74]

La noticia no es tanto la nueva afirmación de los límites que restringen la movilización de la mujer fuera de los ámbitos asignados, sino más bien la rebelión contra esos límites, los liderazgos que produce, la organización y la determinación de la protesta.

> La señorita Alem protestó un día públicamente. Por toda respuesta se la suspendió y sus compañeras hicieron causa común con ella, manifestando a la directora que o se levantaba la suspensión de la Alem o ellas se iban a poner boinas y proclamar la revolución. Hubieron consultas entre el ministro, el inspector general y la rectora del Liceo. Las huelguistas bien atrincheradas, estaban dispuestas a morir antes que rendirse. Por fin la bandera blanca se levantó en el campo de Pinedo y las belicosas alumnas han vuelto con todos los honores de la guerra a ocupar sus bancas en el Liceo.[75]

---

[74] "En el Liceo de Señoritas. La huelga de las alumnas", *La vida moderna*, año 1, núm. 5, 16 de mayo de 1907.
[75] "En el Liceo de Señoritas", ibíd.

Su resultado perturba instituciones, descompone la eficacia de sus efectos y amenaza el orden que las sostiene.

> Hay en los dominios de la instrucción algo que si no huele a aquello que tan mal olía en Dinamarca, por lo menos hace pensar en que los gérmenes de la descomposición han echado hondas raíces, hasta el punto que una institución recién creada y con personal nuevo se ve perturbada en sus comienzos con actos indisciplinarios que, cualquiera sea la solución alcanzada perduran en el recuerdo como una constante amenaza a la buena marcha del establecimiento. Principalmente si como en este caso las cosas han venido a dar la razón a las alumnas.[76]

Lo que se descompone es la retención de la mujer entre las paredes de su casa y la educación como herramienta para continuar fijando sus límites. Los colegios nacionales son una plataforma para la vida pública que se reserva para unos pocos y en la que no hay lugar para las mujeres. El Liceo de Señoritas debía ser una trampolín que las devolviera nuevamente a la íntima penumbra del hogar, hasta que "la señorita Alem protestó un día públicamente".

Es cierto –reconocen las revistas femeninas– que la vida de la mujer en el hogar no debe ser de completa sumisión, y la educación es imprescindible para emanciparla. Después de todo, ella tiene tanto valor social como el hombre. Esta "emancipación" solo puede lograrse a través de la cultura, e incluso esta debe ser impartida de manera conjunta con el hombre, en escuelas mixtas.

> Yo creo que, en principio, la cultura elemental de la niña debe ser la misma que la del varón; incluso debe ser administrada a la vez, en promiscuidad de sexos. Ahora vuelve a plantearse en los medios pedagógicos el problema de si, efectivamente, es bueno el sistema de la educación simultá-

---

[76] "En el Liceo de Señoritas. La huelga de las alumnas", ibíd.

nea de niños y niñas. Parece inadmisible el que sobre puntos tan graves influyan modas arbitrarias. La educación primaria en común no puede tener sino ventajas. Si la naturaleza mantiene los sexos en discreta penumbra hasta una cierta edad, es estúpido enmendar la plana con esa separación; que pone en las imaginaciones una malicia anticipada. La niña se habitúa con el trato cotidiano del niño, y éste con el trato de la niña a adquirir esa serenidad y ese respeto que emana de la naturalidad, y que ya no se borrarán nunca. Y la naturalidad es un preventivo del pecado de la lascivia no igualado por el sayal de un franciscano.[77]

Sin embargo, se debe dejar claro que esto solo vale para la educación elemental. A medida que se avanza en los estudios, los senderos se bifurcan para varones y mujeres, y ya se sabe hacia dónde conducen en cada caso.

No creemos admisible el que la cultura definitiva de la mujer sea la misma del varón. Ni, por tanto, que su actividad social se encause por los mismos carriles que la del hombre.[78]

Aun así, muchas mujeres escucharon el grito de la señorita Alem, y de ello dan testimonio las revistas consultadas que informan y comentan sobre mujeres que acceden a la universidad. Medicina parece ser la carrera más adecuada para las mujeres, pero también el derecho, sobre todo cuando su ejercicio se asocia a la resolución de los problemas de familia.

En asuntos del corazón y de la fidelidad ¿quiénes mejor preparados para dictaminar que las mujeres verdaderas doctoras en la materia? La mujer-juez en demandas de divorcio, es una institución provechosa.[79]

---

[77] "La Mujer", *Providencia Femenina*, núm. 24, 15 de diciembre de 1930.
[78] "La Mujer", ibíd.
[79] "Feminismos. La mujer juez", *La Vida Moderna*, año 1, núm. 3, 2 de mayo de 1907.

La situación cambia cuando una mujer pretende ser litigante. *Caras y Caretas* da cuenta de los problemas que enfrenta la primera abogada argentina, María Angélica Barreda. Después de atravesar múltiples hostilidades como alumna, se gradúa en Buenos Aires con el propósito de ejercer en La Plata.[80] El procurador de esta ciudad se niega a tomarle el juramento necesario para otorgarle la habilitación de ejercicio de su profesión en la ciudad vecina, argumentando que no existe ley que otorgue tal beneficio al sexo femenino. El caso divide a la opinión pública y muchos abogados notables se pronuncian a favor de Barreda. Los límites, nuevamente, se desbordan. Hay voces que afirman que esta decisión no es patriota ni humanitaria, y declaran su admiración por la entereza con que "la niña" sostuvo su voluntad de terminar los estudios a pesar de los innumerables obstáculos que se le pusieron en el camino.[81]

## Frustradas y feas, madres de todos, políticas. La invasión de la vida pública

Explotadas en las fábricas y cosiendo sombreros a cambio de salarios de hambre; aplicando para conducir coches en las calles de Buenos Aires; organizadas para producir revueltas estudiantiles contra un destino ya decidido para ellas; de pie frente a decisiones que las excluyen de lugares

---

[80] "La primera abogada argentina", *Caras y Caretas*, año XIII, núm. 611, 18 de junio de 1910.

[81] "Una cátedra inmoral (Facultad de Filosofía y Letras)", *Ideas. Revista Bimestral. Órgano del Ateneo de Estudiantes Universitarios*, Sección de la vida universitaria, año II, núm. 11, mayo de 1917 Esta hostilidad sistemática hacia quienes atravesaban los límites en este campo se pone de manifiesto también en la revista *Ideas*, del Ateneo de Estudiantes de la Universidad de La Plata, que denuncia en 1907 al Dr. Carlos Octavio Bunge por excluir a las mujeres de sus clases a través del recurso constante a un lenguaje "pornográfico" que muchos alumnos varones festejan utilizándolo luego ellos mismos para "faltar el respeto a las niñas".

que sin duda se han ganado, las revistas de la época nos presentan una sociedad que ha definido una geografía con fronteras a la vez firmes y contestadas. Quienes las atraviesan son extranjeras, invasoras en una nación que se delimita a sí misma por sus exclusiones. Y las invasiones sobre el trabajo, las profesiones masculinas, las instituciones educativas, encuentran un nuevo territorio de expresión en el espacio público.

La revista *Crónica Femenina* del año 1925 advertía que en la última elección realizada en Austria, ocho mujeres habían sido elegidas para el Parlamento y otras nueve para el Consejo Comunal de Viena; que en su última elección general, Gran Bretaña había elegido ocho parlamentarias liberales y laboristas; que en Dinamarca las mujeres exigían reformas sobre ley de matrimonio, normas sobre asaltos criminales, leyes que les permitieran comerciar siendo casadas y conservar su nacionalidad cuando se casaran con extranjeros; que en Italia se había otorgado a las mujeres el derecho a votar en elecciones municipales; que en EE.UU. se discutía la falta de libertad de las mujeres en el país; que Cuba había realizado el primer Congreso Nacional de Damas para discutir temas de vida social y moral; y que el presidente de Chile había anunciado el reconocimiento de derechos civiles a las mujeres.[82] Nuevamente, las noticias de afuera se utilizan para advertir sobre los peligros que se ciernen sobre la nación.

Julieta Lantieri Renshaw, médica y primera mujer candidata para una elección parlamentaria, es entrevistada en 1920 por *Caras y Caretas*. Se la presenta como una mujer arriesgada, que ha tomado una decisión "en el vacío y la indiferencia del ambiente" exponiéndose por ello a "las acechanzas del ridículo" en pos de sus ideales sociales.

---

[82] "El feminismo en el extranjero. Las mujeres sufragistas", *Crónica Femenina*, año II, núm. 41, 14 de mayo de 1925.

La entrevista muestra, sin embargo, un costado revelador que se desliza como motivo de esta lucha: el desengaño amoroso. Julieta fue abandonada por su marido y vive en la soledad, acompañada únicamente por sus animales y por una hermana venida de Italia. La frustración hogareña asoma como el secreto oculto de su aburrido discurso igualitario.[83] Algunos años antes, un cronista de visita en Inglaterra describe en el mismo semanario su visión de las sufragistas londinenses:

> La curiosidad me movió a presenciar una manifestación sufragista. De las apariencias ridículas de la escena, se rezumaba una impresión dolorosa. En aquel tropel de mujeres alborotadas, las más eran viejas, feas, pobremente vestidas. Se adivinaba en ellas el amargor de las vidas frustradas, el rencor hacia el hombre, que no les dio el amor soñado, y hacia la sociedad, que ni siquiera les daba un refugio tranquilo, un home seguro y confortable donde vivir... y soñar. En la pasión por el voto femenino entraban por mucho, la soledad, el aburrimiento, la angustia del mañana, la mala comida, el frío de una miserable estancia, las incomodidades y zozobras de la pobreza que habían marchitado aquellos rostros, animados entonces por la esperanza de una redención quimérica que tenía por lema: ¡votes for women![84]

El argumento se invierte pero los términos siguen siendo los mismos. No es que la mujer pierda su feminidad cuando deja el hogar para exponerse a la luz de lo público, se expone porque ha perdido su feminidad. Esas mujeres carecen de hogar, no han logrado ser amadas, son feas, la pobreza y las privaciones les han quitado toda esperanza. Su movilización es la "esperanza de una redención quimérica" de la felicidad perdida que se encontraba en la quietud y

---

[83] "El candidato en la intimidad", *Caras y Caretas*, año XXIII, núm. 1.113, 31 de enero de 1920.
[84] "La sufragista", *Caras y Caretas*, 26 de agosto de 1911.

el recogimiento del hogar. La "verdadera mujer", sentencia provocativamente la revista *Femenil*:

> se resiste inclusive a pronunciarse en unas elecciones de concejales o de diputados, y si se la obliga a votar, tal vez vote por el más guapo, simplemente [...]. El feminismo requiere cierta edad, gafas ahumadas y una ausencia completa de belleza. ¿Concebís a una midinette depositando una candidatura en una urna? ¿No equivaldría su actitud a un ataque de nervios en un carabinero, por ejemplo? El cacareado problema feminista se reduce a un problema de estética, y nos empeñamos en conceptuarlo un problema social. Es feminista la mujer que no se muestra femenina, ya que feminidad y feminismo se repugnan. Al bello sexo no le interesa nada la política, con lo cual denota su buen gusto, apasionándose por cosas mucho más gratas y aún más trascendentales a su manera: un abrigo de pieles, un libro divertido, un bibelots, un novio...; jamás un proyecto de ley ni una declaración ministerial. [...] Ayer, sin ir más lejos, me argüía una señora comentándolo: –Pero, ¿a quién se le ocurre tamaños disparates? Los asuntos públicos les cuadran a ustedes los varones, que se distraen así; pero nosotras tenemos demasiado que hacer para perder tiempo en esas tonterías.[85]

La cruda expresión del estereotipo de la mujer frívola que se aburre con los asuntos públicos carentes de gracia, encanto e interés, desafía al discurso feminista de las sufragistas. Las almas femeninas, moldeadas en y para un mundo de juegos y seducciones, del gusto por el detalle inútil y la pasión íntima, no están preparadas ni aspiran a ocupar un lugar en el territorio de las disputas públicas, centradas en toscos intereses que nada tienen de sutiles ni de encantadores. La misma revista brinda el espacio para que las feministas proyecten su propia imagen sobre

---

[85] "El eterno femenino", *Femenil. Ilustración semanal*, año II, núm. 17, 4 de enero de 1925-1926.

este fresco. En la lucha pública, las mujeres no pierden su feminidad sino que incluso la reafirman y la proyectan sobre la sociedad. El estereotipo de la mujer frívola es una banalización de lo femenino, la imagen de la mujer masculinizada por la participación en la vida social es una caricatura irresponsable. Bien femenina es la que sabe de luchas y sacrificios por ser madre, y esto es, precisamente, lo que la motiva a levantar su voz en el espacio público:

> Nos figuramos a las feministas fumando, blasfemando, emborrachándose, vociferando en clubs y tabernas. Precisamente, se trata de todo lo contrario, y si la mujer moderna quiere, necesita apoderarse de la ley, es para ver si, levantando legalmente su voz al lado de la nuestra, hace oír, dentro de la legalidad, una palabra a favor de todos esos intereses tan femeninos que la acusamos de desdeñar: a favor de los niños, a favor de las mujeres escarnecidas, a favor de los enfermos, en varo de la paz. En contra del alcohol, en contra de la centralización malsana de la vida moderna, en contra del trabajo de jóvenes y niños en talleres infectos. Todos los intereses de salud, de higiene, de mejoramiento de la raza, de educación [...] ¿De qué se habló en el Congreso de la Mujer a que antes aludía (uno realizado en Francia)? Se habló en contra de la guerra, en contra del alcoholismo, en contra de las malas condiciones de la ciudad moderna. Se habló del derecho de la mujer a ser madre, noble, serena y totalmente en igualdad de autoridad con el padre sobre el fruto de sus entrañas, tan suyo, tan eminentemente suyo, porque ella le ha dado de su sangre y su dolor. [...] Mientras ellas no voten, no habrá en las leyes hechas por los hombres artículo que piense en las mujeres y en los niños... y mujeres y niños son mucho más de la mitad de la especie humana.[86]

También en *Caras y Caretas* la lucha por el voto femenino se reivindica reafirmando el papel de la mujer

---

[86] "Una página sobre feminismo", *Femenil*, año II, núm.18, 11 de enero de 1925-1926

en el ámbito doméstico y expandiéndolo. Con la firma de Colombine y bajo el título "Las sufragistas triunfan", se dice en este semanario:

> Las sufragistas no son dignas de burla. Defienden con calor una causa que debiera ser causa de todas las mujeres, puesto que no se aparta del hogar, sino que extiende su influencia, lo amplifica.[87]

Sin embargo, también se hacen sentir voces que se enuncian desde la política misma. El Comité pro Sufragio Femenino, presidido por Alicia Moreau de Justo, con Adela García Salaverry y Elvira Sáenz Hayes como secretarias, promueve un ensayo de voto con el que convoca a las mujeres de todos los partidos, sujeto a la aplicación estricta de las reglas electorales vigentes. La circular con la que el comité convoca a los partidos políticos a participar con sus fiscales, firmada por su máxima autoridad pero expresando la decisión colectiva de una asamblea de agrupaciones, asume un lenguaje político que se enuncia desde un espacio que es ya también político. No es la casa ni son los niños los que lo legitiman, sino una lucha que en sí misma pretende desestabilizar los límites que definen ese espacio.

> En mi carácter de presidenta del comité pro sufragio femenino, constituido en una asamblea realizada por numerosas delegadas de las principales agrupaciones feministas de la capital, tengo el honor de dirigirme a usted y comunicarle: que en dicha asamblea se resolvió realizar el 7 de marzo próximo un ensayo de voto femenino, con el objeto de consultar las tendencias del futuro electorado femenino y despertar el interés de todas las mujeres por las cuestiones político-sociales de nuestro país. Este acto será realizado con toda imparcialidad. Expresamente fué declarado por la

---

[87] "Las sufragistas triunfan", *Caras y Caretas*, año XIX, núm. 919, 13 de mayo de 1916.

asamblea, y aquí lo ratificamos: no haremos ninguna propaganda partidista, ni haremos, como agrupación feminista, ninguna manifestación a favor de ningún partido político. Dejaremos al libre criterio de cada votante la elección de candidatos que mejor respondan a sus tendencias. Aun cuando esta votación no tenga valor legal, no escapará a nadie su significado moral, por cuanto se expresará por ella la opinión de una mitad de la población que nunca ha sido consultada. [...] Ese acto tiene para nosotras, no solo el valor de una consulta a la opinión femenina, sino también el de agrupar, en una acción definida, a las mujeres que reclaman un derecho concedido ya por los pueblos más adelantados de la Tierra, y cuyo ejemplo hemos de seguir.[88]

Ya avanzado el primer cuarto del siglo XX, el feminismo se presenta como un discurso articulador que establece equivalencias entre las polémicas que trastocan los límites laborales, educativos, políticos que se dibujan en torno al género, pero sin llegar a desestabilizar los límites mismos del género. Las acusaciones de virilización de la mujer y de abandono de las tareas que se le asignan en materia de construcción del país siguen produciendo efectos en el discurso que expresan las revistas. El feminismo tiene límites que las mujeres no deben traspasar. Estos se establecen desde expresiones antagónicas:

> Siempre he creído que el feminismo tiene sus límites. Estos límites son, después de todo, los mismos que tienen la sensibilidad y el buen gusto. Hay aspectos de la vida moderna en que las mujeres no deben, aunque puedan y quieran, intervenir. [...] En definitiva, lo que puede importar a una mujer es no perder sus femeninos encantos, lo mismo físicos que morales. Después, si esta mujer sabe utilizar los últimos en beneficio suyo y de la cultura, me parecerá mejor

---

[88] "Un ensayo electoral feminista", *Caras y Caretas*, año XXIII, núm.1.115, s/f, 1920.

todavía. ¿Cómo negar el talento de las que se destacan en la literatura, en la ciencia, en el arte, incluso en otras manifestaciones intelectuales? Sería absurdo negar esos justos y legítimos triunfos del feminismo. Pero no menos absurdo sería prolongar nuestro optimismo hasta el punto de admirar a las furias grotescas de la señora Pankurst, lanzadas a la conquista del voto cuando perdieron la esperanza de conquistar al hombre.[89]

Señalamientos como estos forman parte también de las condiciones de aceptabilidad y legitimación que el propio feminismo se impone. En una nota de felicitación a la primera mujer que se incorpora como titular de una cátedra en la Facultad de Medicina de la Universidad de Buenos Aires –la de Ginecología–, se identifican los límites que el feminismo se establece a sí mismo:

> La mujer argentina, uniéndose al movimiento universal, ha sacudido el peso de los prejuicios, y desde hace varias décadas ha ido lanzándose a la lucha en el campo de las actividades, donde antes solo actuaba el hombre; no para declararse su enemiga en la lid, sino para afianzar cada día más el sexo que une a esas dos mitades de la humanidad [...]. Las feministas que lo son porque aman la verdad y la justicia están de parabienes [...]. Va, pues, el camino de ser una realidad la intervención de la mujer en la vida pública. Nosotras, con todos nuestros ideales feministas vehementes opuestos a toda masculinización, nos felicitamos por el éxito alcanzado por la doctora Gaudino, que reporta a la noble causa de la mujer una importante conquista.[90]

No hay razón alguna para que la mujer, por ser madre y esposa, no pueda desempeñar actividades estimadas

---

[89] *Crónica femenina*, año I, núm. 7, 18 de septiembre de 1924. Pankurst fue una feminista inglesa luchadora por el derecho al voto.

[90] "La mujer y la casa. El feminismo argentino", *Caras y Caretas*, año XXIV, núm. 1.165, 29 de enero de 1921.

propias del hombre, pero a condición de que no se olvide que primero es mujer, esto es, madre y esposa. El feminismo se opone a toda masculinización, más aun, feminiza a la mujer. La relación definitoria que se establece entre la mujer y la casa no está puesta en tela de juicio. Ambos términos se reafirman mutuamente. La revista *Providencia Femenina* lo expresa de este modo:

> Juana Schmahl pregunta «¿Qué razón hay para que las esposas y las madres sean menos libres que los maridos y los padres?». Es un absurdo argumentar que porque la mujer es madre no puede ser otra cosa. [...] No hay razón para negarles el que puedan intervenir en los asuntos públicos. Gabriela Mistral, con un excesivo celo maternal, quizás engendrado en la ansiedad de no haber engendrado hijos y más poetisa que pensador, quiere que toda la vida de la mujer se limite a la esfera del cuidado del niño. Ella dice: «En la industria del calzado, haremos el zapato del niño; en la carpintería, el juguete del niño; en el periódico escribiremos su sección, y en los años de práctica de la escuela de Medicina, iremos a la Gota de leche». Fácilmente se advierte lo falso de esta concepción, que así subordina y limita la acción de la mujer. Cuanto más culta la mujer mejor cumplirá sus deberes maternales, que no son solo los de nodriza y ama seca.[91]

*Caras y Caretas*, por su parte, define este límite en su siempre contundente estilo de la caricatura. En ella, la sufragista arenga: "–¡Compañeras! Cumplamos con nuestro deber; primero a votar en los comicios, después, a preparar el puchero".[92]

---

[91] "Sobre el feminismo", *Providencia Femenina*, núm. 19, 21 de octubre de 1930.
[92] "El voto femenino", *Caras y Caretas*, año XXIII, núm. 1.110, 10 de enero de 1920.

Fig. 8. "¡Compañeras! Cumplamos con nuestro deber", *Caras y Caretas*, 1920.

## El piyama, el tabaco y la playa

Las revistas femeninas, con amplias secciones dedicadas a la moda y el vestido, incluyen instrucciones para la confección de prendas, comentarios sobre las costumbres y usos vigentes, nuevas tendencias de la moda. La practicidad, la elegancia y el gusto son criterios de juicio para establecer debates y proponer consejos. Las revistas culturales también otorgan espacio a estas cuestiones. Sin duda, las transformaciones de la moda reflejan la modificación de las costumbres. El uso del piyama en la casa, por caso, es tema de discusión por parte de actores que lo incorporan en su agenda. La Liga para la Reforma del Vestido Femenino propone los criterios científicos y de preservación de la higiene para evaluar su uso y el de otras prendas.[93]

> Generalmente se cree que las modas femeninas cambian solo en razón de los intereses de las modistas y sastres, que a cada cambio encuentran oportunidad de realizar buenas ganancias [...]. Pero hay también las razones de higiene, que justifican el constante variar de las modas femeninas. Cuando se introduce una moda, la mujer no tarda mucho en notar cuando la higiene sufre a costa de ella. Muchas veces no sabe explicar en qué consiste el mal; pero lo siente, y entonces pide a la modista que le cambie la forma o el color de los vestidos. Así, puede observarse que las modas que más duran, son las más higiénicas, como el traje sastre, por ejemplo.[94]

Otros temas de debate se traslucen en las discusiones de la moda y las costumbres. Sus cambios despiertan preocupaciones que las revistas reflejan con nitidez. El corte de pelo de las mujeres, su vestimenta, el modo en que lleva

---

[93] "La reforma del vestido de entrecasa, para las mujeres en favor del pijama", *Caras y Caretas*, año XVIII, núm. 865, 1 de mayo de 1914.
[94] "La mujer y la casa. La ciencia demuestra que las modas femeninas cambian por razones de estética y de higiene", *Caras y Caretas*, año XIX, núm. 913, 1 de abril de 1916.

su cartera, la forma de caminar, identifican a la mujer, la diferencian del varón, nos muestran las diferencias entre unas y otros que deben cuidarse y mantenerse. El cuidado y el detalle en la descripción de los peinados, la cuidadosa apreciación de las prendas que se elogian, recomiendan y critican, el comentario minucioso de las maneras, no solo integran el juicio de gusto con la higiene, sino también lo inscriben en dispositivos diseñados para producir límites entre lo masculino y lo femenino y mantener los lugares que se otorgan a cada uno.

La moda suele traer consigo una erosión de estos límites que se registra como alerta en las revistas. La mujer "absurdamente vestida como un hombre ha adoptado sus actitudes, sus maneras, hasta su modo de andar". Se equivoca, sin embargo, si cree que con ello conseguirá el respeto del hombre que solo se obtiene siendo más mujer, preservando el encanto que le es propio y atendiendo a las obligaciones que ha contraído en el hogar.

> Porque los hechos demuestran que la masculinización de la mujer no implica para el hombre el reconocimiento de nuestra beligerancia en todos los aspectos serios de la vida. [...] Volved la mirada al hombre que os dio su mano de esposo, y decidme, sin rodeos, si en realidad sois para él como él desearía que fueseis. ¿Atendéis vuestro hogar con el celo necesario? ¿Examináis cotidianamente las cuentas de vuestra servidumbre? ¿Vigiláis en persona el estudio o el trabajo manual de vuestros hijos? Cuando vuestro marido torna a casa después de la labor que os asegura el bienestar y acaso el lujo ¿le recibís con el gentil talante que él espera? Mucho temo que queden sin respuesta afirmativa todas esas preguntas y otras por el estilo.[95]

---

[95] "De cómo la mujer perdió su encanto", *Femenil*, año II, núm. 18, 11 de enero de 1925-1926.

El consumo femenino de tabaco es también materia de atenta observación. Las mujeres que fuman son las que han elegido ubicarse en los márgenes del orden de la sana sociedad nacional, las mujeres del teatro de revista, las que entretienen los habitantes de la noche, las prostitutas. Lo chocante de esta nueva costumbre es que no son las "otras" las que la practican, sino las "nuestras"; algunas de ellas, que pretenden con ello presentarse como "modernas". Lo que esta costumbre afecta no es el límite que separa al varón de la mujer, sino lo que distingue a la mujer de la casa de la mujer "de mundo".

> La mujer moderna que grita por obtener el voto, que arenga a las multitudes, que entabla polémicas con todos y sobre todo fuma porque no quiere ser menos que el proletario. La dama aristocrática fuma porque le han dicho que es chic. La obrera no fuma porque no tiene tabaco. La mujer de la clase media no fuma porque por sobre todas sus aspiraciones está el matrimonio, y sabe muy bien que el hombre que quiere casarse no desea sentir aliento que huela a humo, ni faldas que exhalen olor de tabaco. Una cosa es gustar al hombre como mujer de mundo y otra como compañera de vida.[96]

El pánico frente al "veneno moral" de la liberalización de las costumbres es un tic conservador que puede encontrarse en cualquier época. En este contexto, su significado interesa porque testimonia la erosión de límites que se creían bien establecidos, y que separaban radicalmente el mundo en el que vive la esposa y la madre del que habitan las "otras". Costumbres que eran perfectamente inteligibles cuando se inscribían en el "cuadro de la mala vida" y de la juerga nocturna emigran bajo los ropajes de la modernidad para instalarse en el hogar, en el té de la tarde, en la función del cinematógrafo.

---

[96] "Las mujeres que fuman", *Caras y Caretas*, núm. 1121, 27 de marzo de 1920. Ver también: "Las damas fumadoras", *Caras y Caretas*, año XII, 26 de junio de 1909

Fig. 9. "Las damas fumadoras", *Caras y Caretas*, 1920.

En las playas durante el verano, los trajes de baño definen una nueva forma de mostrar el cuerpo que también se reservaba a las "otras". La indignación moral de los testimonios periodísticos refleja la instalación de un escenario de erotismo y de miradas que solo eran legítimas en el café concierto y en el teatro de revistas. *Caras y Caretas* no se priva de sacar la polémica a la superficie:

> Los trajes y costumbres que la moda impone en las playas, ¿denotan acaso la decadencia de la civilización actual? Mientras unos aprueban las modernas innovaciones, fundados en que el traje ligero y práctico presta libertad a los movimientos, permitiendo a las bañistas nadar y gozar plenamente de la libertad de sus miembros, al aire libre,

en beneficio indudable de la salud física, otros deploran tales cosas, tratándolas de inmorales, perniciosas, viendo en ellas un signo evidente de la decadencia de la época. Grecia y Roma cayeron por la licencia de sus costumbres.[97]

El espanto de las reacciones pacatas traduce también la presencia de mundos que se van haciendo más porosos y para los que no siempre hay recursos de inteligibilidad. El artículo desafía a los lectores a reaccionar ante la indignación moral de un pastor norteamericano que denuncia la degeneración de las costumbres durante las vacaciones:

> [El reverendo John Belford expresa que] el hombre ocupado en el trabajo no está torturado por la tentación; pero en el período de vacaciones, el peligro le acecha por doquier. Los libros que compra para leer en el camino, las conversaciones con los amigos, el ambiente, todo se halla cargado de veneno moral [...]. El traje de baño ha de ser indudablemente ligero; pero pasarse el día en las playas en tal forma y en promiscuidad de sexos, que no se toleraría en otro sitio, es cosa que debe levantar un grito unánime de protesta [...]. La sangre de una raza puede perderse así con menos nobleza que en los campos de batalla. Así la degradación moral es un terrible enemigo; no es imaginario y se halla ya entre nosotros [...] Solo hay un medio de evitar el contagio, y éste es huir del medio y de las personas que lo practiquen.[98]

Finalmente, capitula frente a la confusión en donde los límites dejan de ordenar el mundo.

> La mujer moderna es un motor de la fuerza de mil caballos. Va en dirigible, en aeroplano, juega al bridge, al ajedrez, en casa viste de... de nada, fuera se desnuda más aún, corre a

---

[97] "Modernismo peligroso", *Caras y Caretas*, año XVIII, núm. 560, 9 de octubre de 1915.
[98] "Modernismo peligroso", ibíd.

la ruleta, a las carreras, a los tes danzantes, a las conferencias, al teatro, a los cinematógrafos, fuma opio y tabaco, usa inyecciones de cocaína y morfina, baila el tango y vuelve a casa a la media noche. Como ve, se pierde la medida; prefiero la mujer de antaño.[99]

## 4. Sexualidades extranjeras

Fig. 10. Luis D., *Archivos de Psiquiatría*, 1903.

---

[99] "Modernismo peligroso", ibíd.

El feminismo aparece, en estos años, como el discurso articulador de los desórdenes de género que se producen cuando las mujeres desbordan los límites que se establecen a sus movimientos. Pero el feminismo se fija también sus propios límites. Ni la maternidad ni la sexualidad deben ser franqueadas. Las mujeres deben atravesar las paredes del hogar para trabajar en oficios masculinos y en profesiones liberales; trascender los estereotipos educativos materializados en instituciones y currículos; invadir la vida pública y decidir sobre la dirección de la nación; modificar, irreverentes, las costumbres, modas y pautas de consumo que se les asignan... pero sin quebrar la referencia constitutiva a la maternidad y a la familia. Lo que el feminismo deja fuera de sus fronteras es aquello que se sitúa más allá de estas referencias: las sexualidades disidentes, que se multiplican en los márgenes de las relaciones maritales heterosexuales instituidas, despliegan modos de vida clandestinos y desarrollan economías muy diferentes de placeres y deseos.

### Amores contrariados, juguetones, consecuentes

Para D. N...
Cruz sobre Cruz.
Breve historia de un amor que duró lo que el placer, por Una odiosa que no sabe odiar
Agosto 1901- Bs. As.

Muy diversas épocas he atravesado ya en el corto período de mi existencia. Hay en mi alma gratos recuerdos de venturosas horas, de ilusiones y placeres, como también momentos terribles de insensata ambición, de crueles dudas y amarga desesperación.
Mi alma es ya un mundo: caben en él, la dicha y la desgracia como han cabido en ella la locura, la falsedad, la sensatez y la verdad, como han existido en mi espíritu. Pero de todas

las épocas, la que me ha dejado tristísimo recuerdo, la que ha herido mi corazón tan profundamente que se ha grabado en él con indelebles caracteres, es, sin duda alguna, la que imprimió en mi espíritu enfermo un nuevo hálito de ilusión y de esperanza para ofrecerme, después, el último martirio que era preciso precediera à la tumba...
Yo estaba enferma hacía mucho tiempo y me dedicaba al estudio para olvidar mi fatalidad. Sabía que no volvería à sanar, que cada hora que transcurría me acercaba con rapidez al eterno reposo y a pesar de todas las preocupaciones tomadas por mis padres para que estuviera continuamente alegre y distraída, permanecía triste y silenciosa la mayor parte del tiempo; y cuando, por un esfuerzo infinito conseguía fingirme tranquila y feliz para infundirles confianza en mi bienestar, sorprendía en sus labios una sonrisa amarga que me destrozaba el corazón!
Entonces... aparecían en mi mente imágenes terribles!
Veía una cruz... una cruz sobre un sepulcro húmedo... y huía para que no respondieran las lágrimas que no se suspendían en mis pestañas negras como mi suerte. Iba à la escuela y en aquel núcleo de amigas y compañeras parecía olvidar un tanto mi lóbrego porvenir. Hablaba de mi pasado feliz, de los ensueños, de mi mente inquieta, de mis esperanzas literarias, de todo lo que en otro tiempo constituía la faz de mi más bella ilusión, ahora irrealizable, y profesaba a todas aquellas niñas un cariño leal y sincero, si bien comprendía que muchas de ellas no lo merecían!
Obtenía diariamente clasificaciones satisfactorias y en mi ansiedad constante de un futuro de gloria, contemplaba en medio de negras sombras la dulce claridad con que iluminaba mi ser cada uno de esos triunfos. Pocas veces salía al patio en los recreos, pero en una de esas pocas veces ocurrió lo que no preveía.
Una joven de mi edad, de ojos negros y de mirar ardiente, sintió penetrar en ella, envuelta en una de mis miradas, toda la pasión que puede caber en un corazón joven que despierta al calor del fuego que por primera vez lo invade. Muchos días pasaron... Yo ignoraba su pasión y ¡cosa extraña! plácidos sueños mecían mi imaginación; mi corazón

palpitaba violentamente. Parecía que algo contraía y luego dilataba el componente sublime de mi ser.

Comenzaba ya à preocuparme dicho cambio, cuando, inesperadamente hube de conocer la causa, y al pensar que amaba inconscientemente desde hacía tantos días ¿cómo negarme al último afecto que germinaba en mí? ¡Yo no sabía lo que me pasaba!

Un sentimiento de alegría inefable inundó mi alma cuando Delia al estrechar mi mano fijó en los míos sus ojos que por primera vez contemplé. ¡Ah! Si en ellos hubiera leído el fondo de un corazón pérfido, de sentimientos crueles y terribles! Hoy maldigo el momento en que me entregué ciega, rendida bajo el fulgor de su criminal mirada.

Así pasaron dos meses. Fuertes y repetidos accesos producidos en mi enfermedad, me obligaron á una ausencia penosa y larga. Como no podía escribir, hícelo hacer con una de mis hermanas menores, por dos veces. Pero no recibí de ella, sino una carta! ¡Una sola!! Desde entonces, estuve dominada por una agitación extraordinaria. ¿Qué significaba ese silencio? ¿Era que las compañeras y los estudios no le dejaban un momento para dedicármelo ó que el amor inspirado por mi presencia había muerto en su corazón y sido reemplazado por otro, como se reemplaza lo que no vale una emoción tan secreta y continua como grande y hermosa? ¡Ah! yo quería ir, quería verla en seguida... En todo caso le diría, le exigiría que me dijese lo que desde entonces me decían mis presentimientos! Lo que en mi ansiosa espera oía sin cesar, como si el timbre de su voz que resonaba en el fondo de mi espíritu y que me hacía temblar y mirar á mi alrededor más de una vez murmuraba: "Murió ya en mí: no la conozco". ¡Hubiera sacrificado la mitad de mi existencia para verla en esos instantes de terribles dudas. Los días transcurrieron y pude, al fin, volver al templo de mi culto. Pero había cambiado. Faltome ánimo para pedirle una explicación precisa; incliné la cabeza y permanecí silenciosamente á su lado mientras duró el secreto. Mas, en vez de sentir como antes, indecible gozo, sentía desfallecer mi valor y descender á mi corazón una inquietud que llenaba de dolor y despecho.

Desde aquella idea nació en mí, el temor fue tomando proporciones insensatas porque nada ni nadie bastaba á combatirlo. Algunas veces palidecía de repente, viendo surgir ante mis ojos su imagen indiferente, como si no me hubiera robado la calma que me restaba!

Aumentó mi angustia y comenzó mi martirio la mañana que supe que había dicho: "No me hablen de ella que la odio!" Al oír esto, no pude contenerme más: mis ojos brillaban; una emoción inexplicable agitó mis nervios por un instante, después... las lágrimas brotaron de mis ojos sin poderlas contener mi voluntad ya impotente. Bendije la noche que ofrecía su soledad á mis pensamientos, para ensanchar sus negros horizontes.

¡Cuán agitado fue mi sueño! Cien veces soñé que ella me negaba su falta y me colmaba de caricias. Mas desperté y me eché en cara todo cuanto había hecho por salvar mi vida durante el último tiempo que el Señor pareció querer disponer de ella. Si entonces hubiera perdido la vida, habría, al menos, en mis últimos momentos pensado en ella como en algo sagrado y sublime, á quien debía las últimas alegrías de mi existencia!

Pero ahora, me veía obligada á corresponder al odio que se me profesaba, á sacrificar toda la pasión que había alentado y de que había vivido! Pero sentimiento tan vil y miserable no ha hallado ni hallará jamás morada en mi alma. ¡No podía, pues, odiarla y debía dejar de amarla! Estas reflexiones, estos reproches de mi conciencia á pesar de mis esfuerzos para huir de ellos, pesaron poco á poco tan rudamente en mi espíritu, que me sentí aniquilada bajo esta dolorosa pero evidente verdad. Era incapaz de cometer una acción humillante y temblaba á la sola idea de tenerme, más tarde, que reconocer ingrata, porque en mi alma existía, aún, una esperanza sin cesar renaciente que debí sofocar. Pero la imagen del deber se levantó ante mí para exigirme más que una renuncia pasiva. Me dije que no bastaba arrancar de mi corazón hasta la última raíz de mi amor, era preciso que mis propias manos rompiesen mi esperanza, mi fe, todo mi ser, era preciso apagar la única luz de mi vida y aceptar

un porvenir corto pero espantoso, obscuro y sombrío como un abismo.
Tomé, pues, la determinación de manifestarle indiferencia y odio de palabra y conservarle en mi corazón la pasión pura que no merecía, olvidando su proceder indigno y elevándola según solicitaba la naturaleza de mi sincero y vehemente amor!...
Yo sé que este relato no llena tu corazón de la tristeza y amargura que alivia al mío; yo sé que ni una oración murmurarán tus labios por mí, cuando la necesite; ni mi nombre ni el eco de mi voz resonarán en tu espíritu; pero te perdono porque la idea de la muerte penetra misteriosa en mi alma... no tiemblo ya... al contrario, hay la deseo.
Si Dios ha dispuesto de mi vida, ahora ya puedo morir!".[100]

La historia que relata esta carta, que me he permitido citar completa, es la de un amor contrariado y del sufrimiento que provoca en el mundo de una adolescente, ya convulsionado por una salud precaria. Conmociona la cadencia de emociones que ella hilvana. La tristeza frente a la percepción de la muerte a la que se imagina cercana y la resignación ante el desenlace al que nos somete como el más inevitable de los destinos; el esfuerzo, convertido en heroico sacrificio, de ocultar el dolor ante los seres queridos; el reencontrarse con un ambiente acogedor de afectos y desafíos que devuelven el interés por compartir el mundo con otros y saborear las recompensas que acompañan cualquier logro; la "inefable alegría que inunda el alma" que nos adviene con el despertar del amor y la pasión; el desamparo, la desesperación y la ira que provoca la indiferencia y el desprecio de la persona amada; el retorno a la resignación frente al destino de una existencia sin él, solo

---

[100] La carta es reproducida por Víctor Mercante en su artículo "Fetiquismo y uranismo femenino en los internados educativos", *Archivos de Psiquiatría*, año IV, 1905, pp. 22-30.

soportable por la evocación de la muerte, transmutada de destino fatal en deseo de no existir.

Mercante, el autor del artículo que nos ha transmitido esta carta, presenta esta historia como una entre las muchas que recogió en un internado femenino. Otras, menos dramáticas y elaboradas, testimonian el juego de los placeres que otras "niñas" también vivían:

> Ayer al subir las escaleras fue tan poco tu cuidado que muchas de mis compañeras vieron tus piernas. No se qué me pasó en ese momento. Sentí que la sangre se me agolpaba a las mejillas. Te ruego, mi alma, que ajustes las polleras y uses enaguas menos almidonadas [...].
>
> Mi querida Chacho... tus besos abren para mi corazón un mundo de felicidad. Dios conserve este amor que comprendo tan grande. A veces eres celosa y me increpas injustamente. Debes saber que para mí tú eres todo en este mundo. Mi pensamiento vive en ti. Anoche soñé que estábamos solas, en un sofá, alumbradas por la luna. Tus palabras eran dulces como las de Efraín. ¡Ah, no quisiera olvidarlas nunca! al levantarme puse tu retrato junto a mis labios y lo cubrí de besos.[101]

Historias de amor que habitan silenciosas por Buenos Aires despertando pasiones, dolor, sonrisas juguetonas, engaños, lealtad. Otra de estas historias, la de Aída, sorprende a Francisco De Veyga, a su mirada detallista y sus registros puntillosos de los relatos de estos deseos que no deberían existir, pero existen.

> Nacido en buena cuna y criado con holgura, se hacía notar en el colegio por las maneras delicadas y la conducta ordenada. Se le tenía por demasiado pulcro en el lenguaje, y jamás, como excepción extraordinaria en su género, se

---

[101] Mercante, Víctor, ibíd., p. 30.

le escuchaba una palabra indecente, siquiera fuera la más tolerada del lenguaje infantil.

De poco vuelo intelectual, aunque no rudo, los estudios no pasaron de la clase preparatoria del bachillerato, y como la familia tenía recursos sobrados para permitirle la holganza, pasó el período que completa la pubertad en la vida tranquila del hogar, frecuentando solo aquellos camaradas más afines a él, en temperamento y educación.

A los veinte años, deseando ocuparse de algo, se le obtiene un puesto en la casa Rosada, en cuyo desempeño se distingue siempre por su exactitud y su compostura. Nada de particular se nota en él, sino su habitual pulcritud de lenguaje. Sus compañeros de oficina no intiman con él pero lo tratan con bastante familiaridad, simpatizando, en general, con su corrección de maneras, su discreción de trato y carácter apacible.

De una repartición próxima a la suya venía con frecuencia un empleado ya algo entrado en años, sin ser viejo, que departía siempre alegremente con los jóvenes que allí trabajaban. Sin que haya interés en averiguar cómo, este extraño trabó con nuestro sujeto una amistad tan estrecha, en tan poco tiempo, que a poco andar el uno era tenido por el alter ego del otro. Juntos salían de la Casa Rosada, juntos entraban al día siguiente, y juntos andaban en las horas libres del trabajo. Afinidades de carácter no parecían existir entre ellos; vinculaciones sociales menos, siendo bastante pronunciada la diferencia de nivel que los separaba. Por otra parte, el improvisado amigo, lejos de ser un pudoroso, pasaba por ser hombre de aventuras, mientras que el tímido efebo que lo acompañaba era, a su edad, un modelo de pureza original. Es el caso que en un momento dado los dos se confundían en un idílico pensamiento. El joven se había sentido cual era: un "espíritu femenino" hecho para el amor del hombre; el compañero se había encontrado sorprendido por este singular fenómeno de transformación, ocurrido a su vista y se dejaba llevar por la secreta atracción que aquel ejercía. De allí a las expansiones eróticas no había sino un paso que franquear.

Nuestro joven lo hubiera dado, desde luego, siguiendo las tentadoras insinuaciones del compañero, pero [...] al momento de ceder se siente acosado por el escrúpulo de mancillar su honra, incólume hasta entonces. [...] Poniendo entonces a prueba las declaraciones del que ya pueda llamarse su amante, le exigió que uniera en "matrimonio". El acto se realizó con el aparato convencional de una boda real; ella vestida de blanco, adornada la cabeza de azahares; el de frac y guante blanco, como si fuera a recibir la santa unción del sacerdote... Pocos festejos hubo, no permitiendo la timidez de la novia darle la repercusión deseada. [...]
La paz de aquel hogar sui generis parece empero que pronto se alteró. Él debió empezar a sentir la náusea de su triste papel y ella celosa, exigente, se creía mal correspondida. Un buen día, después de más de un año de vida conyugal, imitada hasta en los menores detalles, se efectuó un rompimiento completo y se divorciaron.
Insiste Aída con un segundo seductor. También con él se casa. Sin embargo, a poco de hacerlo muere de tuberculosis.[102]

De Veyga registra que el "casamiento" (las comillas son de él) entre invertidos sexuales era una práctica común en su época. Lo notable que encuentra en este caso es que por lo general se trata de "gente corrida en el ageno" que lo practica por "ostentación escandalosa, para hacer público un amancebamiento existente o meditado". Aída, en cambio, parece venir de nuestro mundo, su casamiento se asemeja al de una pareja cualquiera de las "nuestras", realizado con "el sello de la ingenuidad". De hecho, la relación que se celebraba "fue tomada en serio y llevada a la práctica", aun cuando no prosperó. No solo es notable la seriedad de la relación, sino también que, muerto su

---

[102] De Veyga, Francisco, "Invertido sexual imitando a mujer honesta", *Archivos de Psiquiatría*, año I, 1902, pp. 368-374.

segundo marido, asume su viudez con un tal decoro que despertaría la admiración de cualquiera de "nosotros".

En la "viudez" es modelo de corrección como lo fue antes de unirse, no cediendo a nuevas solicitaciones del amor sino mediante un nuevo pacto, tan formal como el primero, y al cual trae las mismas ideas de fidelidad que ya había practicado anteriormente. En esa ley muere, dejando entre sus congéneres, todavía sorprendidos de tanta virtud y tanta abnegación, el recuerdo de tan extraña anomalía.[103]

### Comercio sexual, carnavales y deseos

Como parte de su trabajo clínico, De Veyga pasa horas escuchando y documentando las narraciones de quienes tienen vidas disidentes y clandestinas. Los encuentra en la cárcel, los recibe por orden del juez o le llegan ya enfermos y próximos a terminar sus días. Siempre, imagino, con esa mueca en la cara que suelen llevar aquellos que se saben disidentes y han experimentado en su carne las consecuencias de serlo. En sus registros, publicados en *Archivos de Psiquiatría*, encontramos tres historias de la época que él clasifica como casos de "inversión sexual" adquirida.

La primera es la de Aurora, "hombre de 30 años, paraguayo, peinador de damas como oficio de repuesto", prostituta como actividad principal. Probablemente por ejercer la prostitución es considerado "conocido delincuente reincidente, peligroso y vigilado permanentemente por la policía". Cuando De Veyga lo atiende está preso, detenido en un burdel "en carácter preventivo". De padres labradores, nace y crece en el campo que deja, ya veinteañero, para

---

[103] De Veyga, Francisco, ibíd.

partir hacia Asunción y luego Buenos Aires, donde vive desde hace cinco años.

> Al llegar a Buenos Aires, mal ataviado y necesitado de fondos, su principal preocupación fue procurarse una colocación para ponerse a flote. En esa empresa andaba, cuando una noche, yendo de retirada para su hotel, "sintió que alguien lo llamaba de atrás". [...] Al llamado se detuvo y entró en conversación con el transeúnte, siguiendo juntos el camino del hotel. Al llegar allí, con gran estupefacción suya recibe del acompañante proposiciones amorosas de la más vulgar crudeza. Se indigna, amenaza y hasta pretende dar intervención en el asunto a los extraños que tiene a la vista. Su interlocutor lo calma, lo desarma y logra no solo ser excusado por su actitud sino hasta escuchado con interés en las explicaciones que le empieza a dar sobre estas cosas, todavía ignoradas del joven recién llegado; fuera que encontrara cierta curiosidad en los hechos, fuera que las insinuaciones de dinero le tentaran, el caso es que poco a poco fue ablandándose hasta entrar en tratos y aceptar la propuesta. El papel que debía jugar nuestro héroe era de pasivo y por más que le fuera doloroso el sacrificio lo desempeñó como un hombre hecho a la materia.[104]

Aurora cuenta que encuentra en la prostitución un medio para salir de la miseria y la pobreza. Al principio sintiendo repugnancia de sus actos, luego como un modo de vida en el que, además de ganar dinero, podía expresarse tal como era. Más aun, *hacerse* tal como era:

> Sus relaciones con otros tipos de su especie, lo habían hecho, por otra parte, un profesional consumado. Su andar, su fisonomía, sus ademanes, se amoldaron en tan poco tiempo y con tal fuerza al nuevo estado que él mismo no se reconoció:

---

[104] De Veyga, Francisco, "La inversión sexual adquirida. Tipo de invertido profesional. Tipo de invertido por sugestión. Tipo de invertido por decaimiento mental", *Archivos de Psiquiatría*, año II, 1903, pp. 192-219.

"como si hubiera nacido marica", dice él mismo, contando esta parte de la historia. Su mente se había forjado, además, la idea de la feminilidad [...]; no pensaba otra cosa que en revestirse del aparato exterior de la mujer; se ensayaba en la toilette, se pintaba, imitaba la voz aguda y los modales de la mujer; en una palabra, procuraba, por todos los medios a su alcance y valiéndose en lo posible de los consejos de los compañeros, sobresalir en este punto.[105]

El camino de su feminización encuentra en la peluquería un campo para experimentar y desarrollar los rasgos y modales necesarios. Sus clientas, anota De Veyga, son mujeres públicas, que aceptan gustosas los elaborados cuidados de Aurora. Por las noches puede hacer "hasta de activo, si las circunstancias lo obligan, pues andando a la pesca de solicitantes, si encuentra algún sujeto que anda en la misma aventura pero prometiendo paga, se ofrece a satisfacerlo sin mayor dificultad". Pero "encuentra repugnante la idea de contacto con la mujer", y asegura que desde su iniciación a la vida actual no ha vuelto a tener relaciones con ellas, y menos a sentir deseos de tenerlas.

Rosita del Plata, protagonista del segundo relato, es muy distinta. De origen español y condición pobre trabaja como sirviente en casas de familia. En una de ellas encuentra esposa, con la que tiene tres o cuatro hijos que, con el tiempo, regresan a su España natal. Rosita queda en Buenos Aires y les envía dinero periódicamente. Toda su conducta con ellos es ejemplar. Pero ya antes de casarse era afecto al disfraz carnavalesco, y participa de este "ambiente promiscuo donde entra en contacto con uranistas". Una vez liberado del freno familiar, sus deseos ya no encuentran obstáculos para expresarse.

---

[105] De Veyga, Francisco, "La inversión sexual adquirida", ibíd.

Fig. 11. "Rosita del Plata", *Archivos de Psiquiatría*, Aurora, 1903.

Un día encontró un sujeto que lo abordó de lleno [...] y no titubeó en rendirse. El hombre dice que "tanto le habían hablado del asunto" y veía a su alrededor tantas escenas de esta clase, sin oír que fueran vituperables, que "le pareció de su deber probar". De allí se lanzó al público [...] Tomó el nombre de Rosita de la Plata, celebrando a una écuyere que por aquel entonces hacía gran figura en la escena demimundana, no tardando en superarla en cuanto a fama.[106]

A partir de entonces, su vida sexual se expresa por entero a través de relaciones con hombres, aunque –señala De Veyga– es demasiado viril en sus formas y no ha logrado adquirir la gracilidad femenil de otros invertidos. A Rosita no parece preocuparle. Como en los carnavales, disfruta de su actuación, encuentra placer en sus conquistas y en el goce que logra proporcionar a sus acompañantes. No hay en él "ninguna impulsión, ninguna idea obsedante que lo lleve al comercio sexual con el hombre, pero sí el deseo de agradarlo en lo que es posible para obtener la satisfacción de contentarlo y acrecentar su reputación".[107]

Por lo demás, "su conducta es bastante ordenada como hombre de trabajo. Es un buen sirviente y dentro de la casa en que está, se conduce seriamente". Por las noches, la vida clandestina no reconoce estos valores que solo brillan con la luz del sol. La seducción y la conquista callejera, que Rosita disfruta mostrando todos sus encantos, tampoco son apreciadas. Ella "no ha dejado de tener algunas cuestiones con la Policía por excesos cometidos en parajes públicos".

Un hombre casado, de unos cuarenta años, heredero de una gran fortuna a la que cuida con dedicada atención,

---

[106] De Veyga, Francisco, "La inversión sexual adquirida", ibíd.
[107] De Veyga, Francisco, "La inversión sexual adquirida", ibíd.

abandona su hogar. Así comienza el tercer caso que nos presenta De Veyga. Inteligente aunque poco cultivado, de carácter afable, contemporizador, "burgués tranquilo", se harta de su vida y de su casa y termina abandonando su familia, su trabajo y su posición social. El cambio se produce de a poco. La tranquilidad del hogar comienza a desagradarle, el trato con los amigos le es molesto, abandona su inveterada parsimonia con el dinero para adoptar una prodigalidad alarmante. Se lo ve irascible, molesto, poco cuidado consigo mismo y con los demás. Se ausenta con frecuencia y al tiempo retorna sin explicaciones. Pero cuando vuelve ya no es el mismo. Nadie sabe lo que pasa con él durante sus prolongadas ausencias, pero el relato de De Veyga ayuda a entender lo que está sucediendo: el hombre busca, en vano, reencontrarse con su erotismo poniéndolo obsesivamente a prueba en el burdel.

Fig. 12. "Invertido por decadencia mental", *Archivos de Psiquiatría*, 1903.

Es el caso que en un momento dado encontramos a nuestro sujeto convertido en un cliente habitual de los prostíbulos de su barrio y rodeado de una cohorte de gente de la más baja condición moral [...]. Su propósito en estas visitas, y el interés que lo ligaba a la gente con quien se juntaba, era procurarse los medios de despertar su instinto sexual, profundamente dormido desde que empezó la crisis descrita. En efecto, el hombre habíase apercibido de que ya no experimentaba ninguna de las viejas estimulaciones eróticas que antes lo hacían entrar en excitación, y como pretendiera ponerse a prueba de una manera más práctica se encontró completamente incapaz de su desempeño. Esa tentativa frustrada lo preocupó tanto que desde entonces no pensó en otra cosa que en rehabilitar las funciones desaparecidas; pasaba la noche en el burdel, anheloso de que las sugestiones del medio lo ayudaran, ensayando, en cuanto le era permitido, todos los recursos prácticos que encontraba.[108]

Si en el prostíbulo no encuentra el deseo buscado, descubre, a través de él, el mundo en donde podría finalmente hallarlo: el mundo de las maricas.

La ocasión quiso que sus compañeros de entonces lo llevaran a una fiesta de maricas, hablándole con entusiasmo de las novedades que allí había de encontrar. Esa fiesta debía decidir su situación para siempre. El interés que las "damas" le produjeron fue inmenso, a punto de "sentirse enloquecido con sus gracias y sus atractivos"; pero a decir verdad (según él), no fue un interés, de aproximación carnal el que experimentaba, sino de "simpatía afectiva" y de compañerismo. [...] El hecho es que desde esa noche, ligando amistad con gran número de los asistentes, su medio y su campo de acción fueron esos que se le acababan de revelar a la vista.[109]

Él encuentra allí su vida: abandona su hogar y forma pareja, "una unión conyugal que duró largo tiempo y que hizo hablar mucho a sus congéneres por el lujo que gastaban y la generosidad con que trataban a todas sus

---

[108] De Veyga, Francisco, "La inversión sexual adquirida", ibíd.
[109] De Veyga, Francisco, "La inversión sexual adquirida", ibíd.

relaciones". El caso debe haber llamado la atención en la época por origen de clase, por el impacto sobre la familia, porque era, en fin, uno "de los nuestros". El escándalo que produce todos los comentarios es su desparpajo. Él (De Veyga) nunca le otorga un nombre:

> No se había limitado a saborear en silencio este nuevo género de placer, como hacen tantos, la inmensa mayoría por mejor decir, de los invertidos de este género [...] sino que hizo ostentación de su vida, convirtiéndose en una figura llamativa en el medio especial de su actuación.[110]

Y añade para cerrar la historia: "Ahora está arruinado y casi retirado de la actividad, viviendo de una pensión que los suyos le pasan. Su estado mental, por otra parte, parece cercano de la decadencia completa, sin haber perdido por eso sus tendencias homosexuales". La mueca del disidente que persiste en su rebeldía hasta el final acompaña la "moraleja" con la que De Veyga cierra su relato.

Un cuarto relato, que De Veyga introduce como de "inversión sexual congénita", es el de un joven al que conoce cuando tenía 18 años. "De correcta presencia, aspecto afeminado, lampiño, insinuante", acude a él por su salud quebrantada –como finalmente se sabrá– por la tuberculosis. Luego de conocer su enfermedad, accede a hablarle de sus preferencias sexuales que, por lo demás, nunca había ocultado. Manón, como se hacía llamar, "había sido un niño sano hasta la edad de 15 años [...] e ignoraba las relaciones sexuales con personas del sexo femenino". De hecho nunca en su vida había sentido la menor atracción por mujer alguna. "En cambio, siempre fue amigo de las caricias de los hombres" que le producían el placer que jamás ellas le hicieron experimentar.

---

[110] De Veyga, Francisco, "La inversión sexual adquirida", ibíd.

Sus modales, sus gestos, sus tendencias han sido siempre enteramente femeninos; recuerda que en su infancia prefería el juego de las muñecas al juego de los soldados, huyendo de las travesuras de los varones para entregarse a las inocentadas de las niñas. En la escuela sus condiscípulos le llamaban la nena, para burlarse de su temperamento y sus gustos femeninos.[111]

Sus primeras emociones sexuales las vivió a esta edad de la mano de un maestro que le acariciaba con ternura.

Recuerda Manón que en alguna ocasión le acarició las piernas, los órganos sexuales y la región interglútea y que esas caricias le provocaron erecciones, acompañadas de una sensación indefinida de bienestar general, de una voluptuosidad vaga y extraña. Con frecuencia púsose al alcance del maestro para que se repitieran los tocamientos, hasta que un día fue invitado por él a acompañarle a dormir. Así se produjo su desfloración a retro. El acto se repitió muchas veces. [...]. Los tocamientos del maestro no fueron para él una sorpresa; desde el primer momento tuvo la sensación de que esa era su forma normal de sentir emociones afectivas y sexuales. Por eso, lejos de resistirlos, los buscó.
[Desde esos jóvenes 15 años hasta la fecha] no ha conocido otro amor que el homosexual. De pasivo que era, se hizo también activo. Considera que el placer sexual puro debe ser el único objetivo del amor y que el amor con mujeres deja de ser un medio de placer puro, por cuanto se convierte en simple medio de reproducción de la especie.[112]

Manón es muy directo cuando habla de lo que significa para él enamorarse y estar en los brazos de un hombre. Sentir la compañía de un bello joven le excita; ser penetrado o penetrar a su amante lo conduce a un estado de placer

---

[111] De Veyga, Francisco, "Inversión sexual congénita", *Archivos de Psiquiatría*, año I, 1902.
[112] De Veyga, Francisco, "Inversión sexual congénita", ibíd.

puro. Ha tenido distintas parejas, les ha sido fiel y les ha exigido celosamente igual fidelidad.

Disfruta su vida cuando peina señoras en las prestigiosas peluquerías en las que trabaja, también mientras ordena, puntilloso, su propia casa. Sin embargo, nunca es más feliz que en esas fiestas en las que él mismo muestra sus peinados y baila vestido de *dama*, cortejando y dejándose cortejar por otros hombres que gustan de su compañía.

> Sus costumbres actuales son femeninas. Ejerce la profesión de peinador de señoras en las principales peluquerías de esta ciudad. Cose con habilidad y se ocupa con gusto de los quehaceres domésticos. Una de sus grandes predilecciones es la de vestirse con ropas femeninas; así ataviado da rienda suelta a sus sentimientos de invertido, asistiendo a tertulias y bailes de invertidos, en que junto con otros congéneres desempeña el rol de dama.[113]

Desatento a las indicaciones de su médico, su salud no deja de empeorar: "Un año más tarde –cuenta De Veyga ya muy agravado, partió para España, su país natal, para morir en brazos de su familia que allí residía".[114]

Estas "historias de vida" rescatadas de los registros clínicos revelan biografías hilvanadas a través de decisiones y búsquedas que ensayan ordenar deseos, placeres, identidades y modos de vida que se despliegan en los márgenes de una sociedad que se constituye a sí misma delimitando sus fronteras frente a ellos. El consultorio y el calabozo son dispositivos privilegiados de tratamiento de este otro constitutivo, lugares en donde se puede hablar abiertamente de su existencia. Pero estos registros también revelan mundos en donde estas biografías habitan, y prácticas que les permiten aparecer. Las calles y las

---

[113] De Veyga, Francisco, "Inversión sexual congénita", ibíd.
[114] De Veyga, Francisco, "Inversión sexual congénita", ibíd.

esquinas, el burdel, los carnavales, las fiestas de maricas, los casamientos, forman parte de una geografía urbana en la que estos personajes se encuentran, se conocen, se acompañan, se expresan, forman parejas, festejan, se pelean, resisten. Mundos que se inscriben, ciertamente, en lo que Eusebio Gómez definía como el "cuadro de la mala vida", pero que aquí aparece en otra de sus dimensiones: como el lugar al que se arrojan los deseos que se definen en torno a una sexualidad que no sigue las normas que la nación se esfuerza por circunscribir y reforzar.

### Un mundo que desborda

Francisco de Veyga utiliza a la pasada la expresión "gente corrida en el ageno" para referirse a las vidas que retrata. Muestra también su preocupación por su mundo –por contraste al "propio"– cuando quienes corren en este "ageno" hacen ostentación escandalosa de su vida. Ella se tolera cuando "se limitan, como hacen tantos, a saborear en silencio sus extraños placeres", pero escandalizan cuando salen de su mundo para mostrarse en el nuestro.

La revista *Caras y Caretas* es especialista en gestionar el escándalo transmutándolo en provocativa ironía y en noticias de color. Pequeñas notas y fotografías añadidas como al descuido hacen presentes historias y hechos que el resto de la prensa mantiene en el silencio de lo extraño.

El recurso a lo que sucede en otros países y otras épocas llama la atención sobre la existencia de aquello con lo que en verdad convivimos todos los días. En un artículo titulado "Cosas Yankees" se dice:

> Parece que el censo de los Estados Unidos contiene un error fundamental, y este es el dato de la proporción de los sexos en la población. El "Chronicle" de San Francisco asegura que en el año 1904, 235 pretendidos varones han resultado ser mujeres, aunque solo dos personas a quienes

el mundo daba nombres femeninos pertenecían realmente al sexo contrario. Si la desproporción se debe a una menor inclinación al disfraz entre los hombres o a deficiencias de la mujer en la virtud de la reserva, no se sabe; lo que se ha averiguado es que los hombres mujeres renunciaron al sexo para obtener empleo de cocineras, pues parece que la cocina es más accesible a la mujer que al hombre. Las mujeres hombres han tenido otras miras. Miss Ellis Glenn, cuyo retrato publica la prensa americana dividido en dos por el plano antero-posterior, a fin de hacer un diagrama claro de su doble personalidad, usaba su disfraz para enamorar muchachas, prevaliéndose de su conocimiento de la psicología femenina.[115]

Otro artículo, "Hombres que han pasado por mujeres", evoca personajes históricos que han adoptado el traje femenino. La pluma del autor comienza con una afirmación tranquilizadora: esto sucede no solo por "la más repugnante degeneración", sino también "por necesidad". Es cierto que Enrique III de Francia pertenece a la categoría de los degenerados, pero a Aquiles, a Felipe de Orleans le cambiaron sus prendas por necesidad. Si fueron criados como mujeres fue, en el primer caso, para salvar su vida, y en el segundo, por capricho de la madre. A partir de aquí las figuras son más paradójicas. Luis José de Francia, duque de Borgoña, "aparece siempre en sus retratos vestido de mujer, sin embargo fue luego un hombre de gran talento, corazón y valor, demostrado en el campo de batalla". Nadie parece haber obligado al valeroso duque a adoptar estas extrañas costumbres. La historia del caballero de D'Eon es presentada como la más curiosa: "Hábil diplomático y valeroso oficial de dragones de Luis XV, hubo de pasar gran parte de su vida disfrazado de mujer. Con disfraz femenino desempeñó en Rusia difícil misión cerca de la emperatriz

---

[115] *Caras y Caretas*, año VIII, núm. 342, 22 de abril de 1905.

Isabel; después pasó a Inglaterra y allí engañó de tal forma que en Londres cruzaron apuestas sobre su verdadero sexo; solo después de muerto se supo su verdadero sexo". D'Eon supo hacer de sí mismo un misterio que nadie, en vida, habría osado evidenciar. Finalmente la "Dama de Versalles", en verdad un pícaro que adoptó el traje femenino para obtener dinero usurpando la identidad de una acreedora, "vivió en la opulencia con el nombre de Mile, de Langes; pasó ante los ojos del mundo como una señorita de las más distinguidas, y a su muerte tan solo se supo que era en realidad un hombre".[116] Géneros ambiguos e ininteligibles que distorsionan las clasificaciones establecidas mezclando propiedades valoradas (el coraje en la batalla, habilidad política, talento, corazón) con inversiones ostensibles y escandalosas de la sexualidad.

Otra nota da cuenta de una historia de amor sucedida en La Coruña, España, que tuvo amplia repercusión en la prensa de la época. Se trata del matrimonio entre Elisa-Mario y Marcela, dos mujeres unidas desde niñas por íntima amistad cuyos padres, por temor, decidieron separar. Cuando estos mueren, se buscan entre sí y deciden casarse. Elisa cambia de nombre y de traje.

> Recortose el cabello, vistiose de varón, fue al templo donde había sido bautizada y engañó al párroco refiriéndole que no había sido "cristianado" y que la partida bautismal que de una niña de su mismo apellido figuraba en los archivos parroquiales pertenecía a una hermana suya llamada Elisa. Quedó de esta manera convertida en Mario y ya establecido su flamante estado civil, consiguió que un ingenuo sacerdote la casase con Marcela, sirviendo de testigo de casamiento cierto empleado de un juzgado municipal, llamado Castelo. Pronto descubriose el engaño, pero los novios ya habían desaparecido de La Coruña. Entre los comentarios que estas

---

[116] *Caras y Caretas*, año XIX, núm. 908, s/f, 1916.

noticias han provocado figura el siguiente: Dos médicos habían reconocido a Elisa-Mario, y ambos aseguran que es mujer, afirmando uno de ellos que el marido ha sido madre anteriormente. El desenlace de esta aventura pseudo-conyugal ha sido muy prosaico: Elisa-Mario y Marcela han sido interrumpidos en su idilio por los agentes de la policía y encerrados en la cárcel.[117]

Pero la revista narra también historias locales. Una de ellas, la de Dafne Vacari o Arturo de Aragón, muestra un personaje cuya presencia "entre nosotros" parece contar con la cómplice aceptación de un cierto público evocado por la nota. Ella nos cuenta la vida de Dafne Vacari, nativa de Parma, Italia, que en el momento de la publicación tenía 24 años de edad y era conocida por todos como Arturo de Aragón hasta que se revela que se trata de una mujer. Violada a los 14 años en su tierra natal resuelve vestir de hombre "lanzándose a vagar por toda Italia, con el único fin de ahogar, según ella, en medio de una vida de azar y lucha, el terrible recuerdo de su desgracia". Comienza a ganarse la vida como actor cómico, galán de una compañía dramática de tercer orden; se hace propagandista y agitador de los "ideales avanzados" y luego se embarca como marinero viajando por el mundo para finalmente recalar en Buenos Aires. Aquí desempeña todo tipo de oficios "obteniendo el mayor aprecio de sus superiores, tanto por su extraordinaria actividad como asimismo por su ejemplar honradez". Con esfuerzo logra mejorar su posición económica, gusta vestir bien y "tiene la oportunidad de verse mezclado en más de una situación amorosa, algunas de las cuales son verdaderamente interesantes y pintorescas". Enferma de viruelas debe dejar el trabajo y

---

[117] "Un matrimonio sin hombre. Caso extraordinario de amistad", *Caras y Caretas*, año IV, núm. 147, s/f, 1901.

vuelve a la pobreza. "Actualmente, Dafne Vaccari pinta cuadros y cultiva algunas veces la literatura".[118]

Fig. 13. "La perfecta pose masculina", *Caras y Caretas*, 1906.

También aparece la breve noticia del suicidio de dos jóvenes de 13 y 16 años, que la revista describe como un "suicidio romántico de dos jovencitas unidas por indisolubles lazos de amistad [que] llamadas a mejor porvenir,

---

[118] "La mujer-hombre", *Caras y Caretas*, Dafne Vaccari, año IX, núm. 407, 21 de julio de 1906.

sin duda, pero víctimas de los inevitables fantaseos de la edad, decidieron arrojarse al mar para huir de las miserias de este mundo".[119] Y la de Emilia Schneider, que luego de una frustración amorosa producida por la negativa de sus padres a aceptar a su novio, se viste de hombre y se dedica a ganarse la vida como tal en las labores del campo en Intendente Alvear, en la Pampa Central. Descubierta por un empleador es detenida por la policía. "Una vez conducida a la comisaría y abonada la multa consiguiente por uso indebido de traje masculino, fue puesta en libertad".[120]

Las sexualidades disidentes desbordan el campo de lo ajeno, lo extraño, lo otro, al que las arroja una sociedad que busca afirmarse a sí misma como nación. Se muestran en la "escandalosa ostentación" de sus personajes en las fiestas, tertulias y bailes, en los carnavales, en sus ceremonias de casamiento. También en su presencia, a la vez furtiva y ruidosa, que puebla las calles cuando baja el sol y se lanzan, obscenas y seductoras, a la conquista de placeres y dinero. Ellas, incluso, se escurren sigilosas en la vida de las instituciones educativas a través de amores secretos, y en el secreto cómplice de los mismos hogares a través de los domésticos.[121] También se muestran bajo la luz de lo público, en las revistas culturales de la época.

---

[119] "Mar del Plata. Dos jóvenes suicidas", *Caras y Caretas*, año VI, núm. 230, 21 de enero de 1903.

[120] *Caras y Caretas*, año VIII, núm. 377, 23 de diciembre de 1905.

[121] José Gregorio Rossi, Comisario de Investigaciones de la Policía, alerta en los *Archivos de Psiquiatría* sobre la presencia de "invertidos" en el trabajo doméstico y sobre los peligros que esto entraña: "Un buen número de estos ejerce la profesión de domésticos, y pocas mujeres serían capaces de desempeñarse con mayor habilidad y esmero, porque al interés y minuciosidad con que se preocupan del arreglo de un dormitorio, unen la capacidad física superior a aquella. Al decir de quien los ha tenido a su servicio, son más útiles que una mujer, hasta como mucamos. Esos sujetos viven bajo la obsesión constante de una degradación que los domina, víctimas de una concupiscencia que es su enfermedad, no guardando reparo alguno cuando se trata de cultivar el

## Circunscribir lo anómalo: dispositivos de inteligibilidad y terapia social

Los amores trágicos o juguetones de las niñas en el internado; la lealtad de Aída, el oficinista fiel; el sexo callejero que Aurora cambia por dinero en las esquinas porteñas; el erotismo de Rosita del Plata, entregado con sus amantes, desprejuiciado, en los carnavales; la travesía que el acomodado señor realiza desde el hogar agobiante a las alegres tertulias de las maricas; los placeres puros que llenaron la breve vida de Manón... no son relatos que se entregan sin más en *Archivos de Psiquiatría*. Junto a otros –como el de la Bella Otero, o el de la bailarina del Moulin Rouge– son casos que se registran para estudiar lo anómalo en la sociedad, la perversión de sus costumbres, la sexualidad que desordena y cuestiona la moral vigente. La exposición ha puesto entre paréntesis los comentarios que inscriben los relatos en una trama conceptual que se esfuerza por circunscribir lo anómalo, encontrar un sentido a este desorden, exorcizar su peligrosidad. Es tiempo de completar los paréntesis, restituir el contexto clínico en el que las historias fueron relatadas.

Claros casos de "aberración sexual", degenerados "excluidos de todo tipo de normalidad", débiles mentales que

---

vicio de su manía. El mucamo a quien frecuentemente le corresponde atender el servicio de los niños, fácilmente abusa de la inocencia de estos iniciándolos en las placeres solitarios, que ellos les procuran con todo disimulo, al principio, y que cuando se hallan habituados son capaces de llevarlos muy lejos, acaso hasta la desgraciada condición del sátiro que los enviciara. Y los padres duermen tranquilos, abandonados a la seguridad de la solicitada y preferida compañía! Creemos pues que vale la pena que el público en general, en salvaguardia de la propia seguridad, se preocupe de tomar precauciones respecto de la gente que acepta para su servicio doméstico". Propone la exigencia de que el empleado presente un certificado de buena conducta expedido por la policía, que es, en definitiva, quien conoce a los ladrones y a otra gente peligrosa. "Profesiones peligrosas", *Archivos de Psiquiatría*, año VI, 1907.

han perdido el control de sus pasiones y ni siquiera guardan el pudor de la prostituta, nuestros personajes tienen por destino el desarreglo en las costumbres, y las más de las veces, la delincuencia. Comparten su mundo con ladrones, punguistas, traficantes y prostitutas. Este es el cuadro en el que los autores de los *Archivos* –médicos como Francisco De Veyga y Etchepare, pedagogos como Mercante, policías como Rossi, pensadores como Ingenieros– retratan las historias recogidas. Todas historias de vidas desviadas que se apartan de la "conciencia moral de la sociedad" y transcurren fuera de sus márgenes.

Sería confundir las cosas entender esta idea de moralidad como un conjunto de preceptos abstractos que se desprenden de la naturaleza humana, o como condensación de la conciencia pacata de una sociedad que se transmite en la peluquería de señoras o en los sermones hipócritas de la "gente de bien". Para la línea editorial de los *Archivos*, la conciencia moral de una sociedad es un constructo humano positivo que la ciencia no solo debe desentrañar y describir, sino sobre todo contribuir a afirmar para que algo como una nación pueda cobrar existencia y sobrevivir. Constructo que responde a las leyes de la evolución y la lucha por la vida, y se afirma a través de las instituciones, del derecho, de la sanción moral y penal de las conductas. Adjetivos como *aberrante*, *desviado*, *anormal* y *delincuente* remiten a esta conciencia moral que, en un momento histórico de su desarrollo, sirve de cimiento de la nación.

> En cada ambiente y en cada momento histórico existe un criterio moral medio que sanciona como buenos o malos, como honestos o delictuosos, como permitidos o inadmisibles, los actos de la conducta individual que son útiles o perjudiciales a la estática y al progreso del agregado social: ese criterio medio es el cimiento básico de la moral en el tiempo y en el espacio. La ética viene a ser el cartabón de la conducta individual en la lucha por la vida, la norma que la

sociedad fija a los actos de cada individuo para impedirle obstar al desenvolvimiento de los demás: es el programa condicional con que cada uno entra a luchar en el escenario multiforme de la sociedad. Esas restricciones condicionales tienden, más tarde, a reflejarse en las instituciones jurídicas: de esa manera la legislación penal viene a ser la garantía recíproca de los derechos fundamentales del individuo en la lucha por la existencia. La moral no es anterior a la vida en sociedad, ni se conciben preceptos éticos abstractos y superiores que primen sobre la utilidad colectiva de cada agregado humano; solamente la pequeñez de nuestro espíritu frente al espacio y al tiempo infinitos, podría inducirnos en el error de suponer que existen principios morales eternos o inmutables.[122]

Pero tampoco las conductas aberrantes y delictivas que desordenan la moral e impiden la sana convivencia deben ser entendidas como producto directo del libre arbitrio de las personas o expresión de la maldad intencional del desviado. Estas deben ser estudiadas en su *etiología* para explicar por qué se producen; deben ser *clínicamente* investigadas para determinar su morfología, sus manifestaciones, su grado de peligrosidad, la responsabilidad que en cada caso cabe a los individuos; y finalmente, tratadas a través de una *terapéutica* individual y social apropiada. Antes de "castigar al desviado suponiéndolo libre de preferir el bien y el mal", hay que defenderlo de su propia "actividad morbosa" mediante instituciones preventivas, aplicar el tratamiento adecuado y, llegado el caso, segregarlo en establecimientos que lo aíslen de la sana sociedad.[123] Los "casos" expuestos (Aída, Aurora, Rosita del Plata, Manón, las colegialas enamoradas) se inscriben en esta red de

---

[122] Ingenieros, José, "La mala vida", introducción a la obra de Eusebio Gómez, *Archivos de Psiquiatría*, año VII, 1908, p. 513.
[123] Ingenieros, José, "Nuevos rumbos de la antropología criminal", *Archivos de Psiquiatría*, año VI, 1907, pp. 5-6.

intervenciones configurada por indagaciones etiológicas, prácticas clínicas y dispositivos terapéuticos.

Miradas desde sus causas, las sexualidades anómalas son patologías mentales. En la opinión del Dr. Remond, reseñada en *Archivos de Psiquiatría* en el año 1907, la inversión sexual es un tipo de psicosis que afecta "las predisposiciones" de los individuos, como lo hacen también la obsesión y el desequilibrio mental. Así como hay psicosis por agotamiento (confusión mental, delirio agudo); tóxicas (alcoholismo, la morfinomanía o la cocainomanía); por autointoxicación (como la uremia); por afecciones cerebrales orgánicas (arterioesclerosis, tumores cerebrales); por involución (melancolía afectiva, demencia senil); neuróticas (epilepsia, histeria); por subdesarrollo psíquico (idiocia, imbecilidad, locura moral); también hay psicosis que pervierten las predisposiciones del carácter y conducen al desorden de la vida sexual.[124] Estas conclusiones coinciden con las que De Veyga extrae de sus estudios clínicos. Sus casos son definidos como dementes, alterados mentales cuya enfermedad produce "toda clase de perversiones y de desórdenes funcionales o psíquicos relacionados con la vida sexual".[125] Se trata, más precisamente, de un tipo de demencia que puede ser congénita o adquirida y que sobreviene en contacto con el ambiente.

El relato clínico del hombre casado que llevaba una vida normal hasta que comenzó a hastiarse de la vida familiar y a frecuentar los prostíbulos para reencontrarse con su instinto sexual, es referido como evidencia de este tipo de demencia:

---

[124] Remond, "La clasificación de las enfermedades mentales", *Archivos de Psiquiatría*. Sección Libros y Revistas, año VI, 1907, p. 377.
[125] De Veyga, Francisco, "Las demencias primarias espontáneas", *Archivos de Psiquiatría*, año V, 1906, pp. 70-109.

> [que] parece atacar de preferencia sujetos fuertes y normalmente constituidos, tanto desde el punto de vista físico como del mental, [sorprendiendo] a sus víctimas en plena vida y en medio de la salud y de la dicha. [...] Lo imprevisto de la aparición es, como se ve, un rasgo característico de la enfermedad; por él se le puede distinguir desde lejos en medio de la confusa aglomeración de afecciones que tienden a remedarlo, y por él se le puede también descubrir al cabo de los años, cuando desfigurada la víctima por las ulterioridades del proceso, ensaya de esquivar nuestra mirada. [...] Nada, pues, de gradaciones sucesivas, y sobre todo nada de preparativos previos. La violencia del golpe es a veces tan ruda aquí que la actividad intelectual se suspende por entero.[126]

Esta aparición sorpresiva, que irrumpe en la normalidad de la vida psíquica y altera su funcionalidad sexual, deja al individuo en un estado de "convalecencia mental" que acompaña el "período de estacionamiento" de su enfermedad. Allí, el ambiente interviene de manera decisiva. Si nuestro hombre de familia, "perseverando en los medios naturales de que echaba mano" en el prostíbulo, donde "no buscaba otra cosa que reconstituir las funciones perdidas", hubiera encontrado compañeras de placer apropiadas, seguramente se habría reencontrado con su sexualidad y su vida habría retornado a la normalidad. Sin embargo, la perversión del ambiente lo condujo a la fiesta de maricas y "desde esa noche su medio de acción fue ese y su figura quedó estereotipada sobre el molde las heroínas que tenía por delante". A partir de entonces, buscó:

> [a] estos personajes en sus centros habituales de reunión, impregnándose de todas sus prácticas, y concluyó por darse él mismo a la prueba. Como todos los desgraciados que sufren la acción de esta singular sugestión, por la cual un

---

[126] De Veyga, Francisco, ibíd.

hombre se cree mujer y viceversa (aunque esto es bastante excepcional), nuestro caso estuvo convencido, desde que experimentó el primer choque atractivo por ellos, que "había nacido" para esta vida, que "pertenecía" al sexo que había adoptado.[127]

Los "casos" de Aurora y Rosita del Plata prueban también este descubrimiento médico de un desorden sexual que resulta de "la contaminación o del desgaste mental operado en una época ya avanzada de la vida, después de haberse establecido en la más perfecta normalidad el instinto genésico correspondiente a su sexo".[128] Ambos casos muestran la conformación patológica tardía de una idea totalmente falsa de su sexualidad movida inicialmente por el interés (Aurora que se prostituye para ganar su sustento) o por la debilidad mental (el cerebro de Rosita es débil, falto de ponderación y de ideas directrices) que luego aparecen engañosamente como si fueran "obra exclusiva de la naturaleza". Distinto es el caso de Manón, el joven enfermo de tuberculosis, que padece de una predisposición congénita que hace que sus vesículas seminales se exciten por vía rectal. Aunque, anota De Veyga, cuando actúa como activo con otros hombres sus sensaciones son normales.

En todo caso, por diferente que pueda ser la etiología de la perversión, el resultado es similar: un tipo de individuo que ha forjado una idea de su sexualidad "que no existe ni puede existir", y que, en el caso del invertido, imita vana y grotescamente la imagen femenina.

> Toda esa personalidad femenil que dice poseer, empieza por resultar una grotesca fantasía, y toda esa exaltación, esos impulsos pasionales y hasta las aventuras que se complace en pintar, es el producto más genuino de la imaginación. Esto

---

[127] De Veyga, Francisco, ibíd.
[128] De Veyga, Francisco, "La inversión sexual adquirida", *op. cit.*

> no es decir que el invertido sea un mistificador, ni mucho menos un mistificador de mala fe. Él siente lo que dice y cree en todo lo que cuenta; por lo bajo, a fuerza de contarlo, ha llegado a convencerse de su realidad. La sinceridad de su relato es idéntica a la de cualquier otro delirante. [Pero es claro que] el invertido se ha forjado un afeminamiento que no existe ni puede existir, al mismo título que el místico se ha figurado ser un santo, sin serlo, el megalómano un magnate y el perseguido una víctima; las historias que él nos refiere, dependientes tan directamente de la idea primordial de su delirio como las de aquellos, ofrecen el mismo valor en cuanto a este carácter [...]. Lo que queremos significar es simplemente que debajo de todo ese aparato imaginativo con el que se decora no hay nada, absolutamente nada, que valga la pena de ser considerado como exaltación. Entre la ampulosidad del delirio y la realidad de los hechos hay un abismo inmenso, que la personalidad mórbida no es capaz de llenar, aún queriendo llevar las cosas al extremo, porque no cuenta con los medios para hacerlo.[129]

Las fronteras que estas explicaciones trazan entre lo moral y lo aberrante se refuerzan al introducir el abismo que existe entre lo real y lo imaginado, entre el orden moral y el delirio. Las sexualidades disidentes habitan en otro mundo que no solo no es el nuestro, sino que además no tiene ninguna existencia real. Sus deseos y placeres son el patético resultado de delirios producidos por psicóticos que terminan viviendo en su propio engaño.

Engaño, sin embargo, creado con materiales y compañías que habitan en los suburbios de la ciudad y se filtran por los pliegues de muchas de nuestras instituciones. Si nuestro hombre de familia no hubiese sido invitado a las fiestas de las maricas para sentirse "enloquecido con sus atractivos"; si Aurora no se hubiese encontrado aquella

---

[129] De Veyga, Francisco, "El amor en los invertidos sexuales", *Archivos de Psiquiatría*, año II, 1903, pp. 333-341.

noche en la puerta de su hotel con las insinuaciones y el dinero del pederasta; si Rosita no hubiese sido contaminada por el ambiente de los carnavales y no hubiese perdido el freno moral de su familia; si Aída no hubiese sentido el placer de las caricias de su maestro; si las niñas no hubiesen podido intercambiar cartas insinuantes y caminar de la mano en los recreos... probablemente habrían logrado desarrollar una sexualidad normal.

Pero estas oportunidades están entre nosotros y cualquier descuido puede conducir a los degenerados hereditarios o a los inválidos mentales a la perversión psicótica, y luego, a la reafirmación aberrante del nuevo personaje que termina por existir en su imaginación, solo en ella:

> Alrededor de la idea que sirve de base al delirio, es decir, de la transformación sexual, se agrupan todas las imágenes que la mente ya alterada va recogiendo en el ambiente en que entra y que son como nuevos refuerzos que recibe la concepción inicial. El ambiente obra de tal manera sobre la imaginación del sujeto que puede decirse que es el factor determinante del delirio y el que al mismo tiempo lo entretiene y conserva. Las tentativas contra-naturales, el ejemplo y las sugestiones indirectas que a título de broma corriente se reciben con insistencia desde el colegio hasta el cuartel y desde el cuartel hasta la vejez, es lo que decide a definir, cuando no a hacer estallar la psicosis en esos sujetos; con mayor razón, pueden más tarde, cuando el interesado los va a buscar expresamente, recibiéndolas a diario si a mano viene, influir estas estimulaciones sobre el espíritu.[130]

Por más que se encuentran gérmenes de normalidad en estas conductas desviadas, pocas esperanzas pueden depositarse en la cura del degenerado una vez que ha ingresado a este mundo de maricas, lunfardos, prostitutas y delincuentes para instalar allí su delirio y transformarlo en

---

[130] De Veyga, Francisco, "El amor en los invertidos sexuales", ibíd.

modo de vida. Tampoco la cárcel y la represión parecen ser de mucha utilidad, pero hay lugar para una terapéutica social preventiva que convoca a pedagogos, policías, legisladores, jueces y criminólogos.

Víctor Mercante investiga los internados femeninos, y a partir de la observación y de las cartas que consigue obtener de sus informantes –entre las que se encuentra la que antes reprodujimos–, diagnostica una epidemia de tribadismo que crece entre sus muros. Se trata, sostiene, de una enfermedad que hay que tratar sin pacatería ni puritanismo. El mal puede prevenirse con vigilancia, seguimiento y estudio psico-moral de las niñas. La pedagogía debe incorporar la observación de sus actos, prescribir el esparcimiento y los ejercicios colectivos al aire libre, las lecciones variadas, confortantes y atrayentes sobre temas científicos, la erradicación de discursos místicos sobre la vida ascética, la prohibición del beso, del andar del brazo y la vida quieta.[131]

El comisario Rossi investiga, alerta y brinda recomendaciones para legislar sobre "profesiones peligrosas", agentes a través de los cuales se difunden las "enfermedades del espíritu". El empleo doméstico, los encargados de los hoteles y las distintas figuras de "auxiliares del vicio y el delito" son los transmisores de un virus que ataca la moral aún no consolidada de un país demasiado joven.[132] Otros colocan su mirada atenta sobre las publicaciones literarias que se muestran en los escaparates y kioscos de las calles de la ciudad.[133] No hay cura individual posible, sino una

---

[131] Mercante, Víctor, "Fetiquismo y uranismo femenino en los internados educativos", *Archivos de Psiquiatría*, año IV, 1905, pp. 22-30.

[132] Rossi, Gregorio, "Profesiones peligrosas. El servicio doméstico", *Archivos de Psiquiatría*, año VI, 1907; De Veyga, Francisco, "Los auxiliares del vicio y del delito", *Archivos de Psiquiatría*, año III, 1904, pp. 289-313.

[133] Monteros, Belisario, "Delitos contra la moralidad pública", *Archivos de Psiquiatría*, año III, 1904, pp. 286-288.

profilaxis social de las instituciones que debe estar siempre vigilante, observando atenta el cuarto de los sirvientes, el salón de clases, las bodegas de los cuarteles, las salas de las pensiones.

La frágil conciencia moral de la nación debe ser protegida de las sexualidades disidentes. Ellas probablemente nunca podrán ser erradicadas de estas tierras.[134] Sin embargo, la condena social y la vigilancia institucional pueden desplazarlas hacia un territorio donde permanezcan ocultas y silenciadas, separadas por límites que protejan y hasta afirmen la normalidad. Por las noches seguramente algunos los atravesarán, furtivos, para regresar luego con sigilo a sus hogares y amanecer viendo que a la luz del sol las cosas siguen siendo como deberían ser. En todo caso, queda siempre el recurso de aquellos lugares en donde pueden ser encerrados. La cárcel para los peligrosos y el manicomio para los desquiciados, que como la aguda e inteligente bailarina francesa, violada de niña, amante desenfrenada de otras mujeres, depresiva y morfinómana irrecuperable, "judía errante de su conciencia moral", ya no pertenecen a lugar alguno.[135]

---

[134] La discusión sobre las soluciones eugenésicas que proponen introducir "un tipo de selección artificial dada la lentitud de la naturaleza" para impedir que la escoria de la sociedad se multiplique por herencia es planteada por el criminólogo italiano Ángelo Zuccarelli y discutida por los *Archivos de Psiquiatría* en el año 1902. El Dr. Benjamín Solari rechaza esta propuesta de castración de los degenerados como absurda. Los seres humanos no solo tienen derecho a su vida y a la integridad de sus organismos, sino que incluso su reproducción suele ser muy inferior a la media. La naturaleza no parece ser tan lenta como Zuccarelli piensa, y ya está resolviendo las cosas. Ángelo Zuccarelli, "Necesidad y medios de impedir la reproducción de los degenerados"; Benjamín Solari, "La defensa de la raza por la castración de los degenerados. Las ideas profilácticas de Zuccarelli", *Archivos de Psiquiatría*, año I, 1902.

[135] Con esta frase termina el informe del Dr. Bernardo Etchepare sobre una mujer de 28 años de nacionalidad francesa, lesbiana y morfinómana que se interna voluntariamente en el manicomio nacional donde Etchepare

No obstante, algunas voces se escurren incluso desde adentro de esta ajustada trama de conceptos y prácticas para dejar entreabiertas –solo eso– posibilidades diferentes. La primera es el comentario fuertemente crítico al libro de Näke, un psicólogo alemán que escribe sobre homosexualidad y psicosis. Näke, con sensatez lógica, se pregunta si efectivamente se puede afirmar que los homosexuales son degenerados. El razonamiento lombrosiano, el que siguen los autores de *Archivos de Psiquiatría*, es que la homosexualidad es un tipo de psicosis que conduce a una degeneración, en este caso, de la sexualidad. Näke muestra que sus estadísticas no prueban que los homosexuales tengan mayores predisposiciones a la psicosis que los heterosexuales. Si la psicosis no los define, entonces tampoco se los puede definir como degenerados. La ruptura de la cadena homosexualidad-psicosis-degeneración deja a los lombrosianos mal parados. El comentarista reacciona entregando el eslabón explicativo que en De Veyga vinculaba los dos términos. Puede ser que las "sospechosas estadísticas" del alemán muestren que no todos los homosexuales sean psicóticos, pero igual son degenerados. "¿Qué otra palabra puede utilizarse para una desviación tal del instinto que falta a su fundamental destino, no para anularse, sino para dirigirse hacia otros rumbos inútiles a su funcionamiento?". El comentarista, algo indignado por el desdibujamiento de los límites, concluye: "La degeneración es *in re ipsa*; son degenerados por la misma razón de ser homosexuales".[136]

La segunda voz se anima a ir un poco más allá. Se trata también de una reseña de la investigación sobre

---

ejerce la medicina. "Desequilibrio mental; hiperestesia e inversión sexual; safismo, hermafroditismo psico-sexual; morfinomanía, mitridatización; histeria", *Archivos de Psiquiatría*, año V, 1906, pp. 723-772.

[136] Comentario a *Homosexualidad y Psicosis*, de Näke (*Allgem. Zeif. fur Psychol*, 1912.), *Archivos de Psiquiatría*, Sección Libros y Revistas, año X, 1912, p. 631.

homosexualidad realizada por el médico de Lyon, Dr. Martin. Describe un caso clínico de un hombre normalmente constituido e inteligente (la Condesa S.), pero "de virilidad dudosa", que no siente ninguna atracción sino horror al contacto femenino, "el mismo horror que el hombre normal siente, hablando sexualmente, por otros hombres". El hombre mismo, plenamente consciente de su situación, pregunta: "Dios me ha inculcado este amor en el corazón, si él me ha creado así y no de otra manera, ¿es acaso falta mía o son las vidas insondables de la Providencia?".

No cabe duda de que se trata de un caso de inversión congénita y que el único remedio a su sufrimiento físico y a su ansiedad moral es la intimidad con otro hombre. Puede obligárselo a contraer matrimonio pero no se ve cuál es la justificación para multiplicar su sufrimiento y el de otros. Casos como este hay muchos y se presentan tanto en el hombre como en la mujer (aunque con menor frecuencia, aclara el autor). A partir de estas observaciones Martin realiza una pregunta desestabilizadora: "¿Es el invertido un enfermo, o bien, la modificación instintiva de que está afectado solo representa una de esas variedades infinitas de dinamismo nervioso que constituyen el temperamento?".

Y su respuesta es consecuente. La homosexualidad no es una degeneración mental sino un temperamento, una de las "infinitas variedades posibles del sistema nervioso".

> Si se tiene en cuenta el número considerable de individuos de inteligencia superior que son o han sido invertidos, se ve la necesidad de concluir que la inversión sexual no es un síntoma mórbido, especialmente ligado a las manifestaciones degenerativas, sino más bien, una modificación del dinamismo nervioso en la zona genital, es decir, un temperamento.

Menos consecuentes son, sin embargo, las consideraciones que realiza a partir de esta afirmación:

Esta concepción puramente científica no justifica en nada las pretensiones de ciertas asociaciones de homosexuales que, en Alemania y en Inglaterra, marcan netamente sus tendencias y piden a los poderes públicos que reconozcan en cierto modo sus tendencias, homologándolas a las de los individuos normales, reclamando que se autorice entre ellos el matrimonio e instituyendo así en el estado civil un tercer sexo.

Erosionadas las bases discursivas de los límites morales establecidos, solo queda la afirmación nuda de que ellos no son como nosotros. Tales pretensiones organizadas son "absolutamente antisociales"; el reconocimiento oficial de tales uniones traería el vicio y la perversidad. Podemos convivir con sus relaciones pero no equipararlas con las nuestras, "los homosexuales no son un peligro sino cuando quieren reivindicar lo que ellos llaman su derecho". Martin corre la frontera un poco más acá pero luego retrocede y vuelve a establecerla, asustado. Le parece inútil perseguir al homosexual y obligarlo a vivir como nosotros, pero no son como nosotros, "las transformaciones instintivas de que están afectados hacen de ellos, con frecuencia, solo seres desgraciados con los cuales se debe tener piedad".[137]

La tercera voz es la de un madrileño que la *Revista de Criminología* recoge en un artículo del año 1913. Llanas Aguilamido rescata de los legajos de la inquisición de Toledo el juicio a Elena, una mujer que en el siglo XVI, luego de ser madre y entregar su hijo a ella, abandona el hogar y cambia sus vestidos por los de varón. Aprende el oficio de la cirugía y, conocedora del hermafroditismo, realiza intervenciones en su cuerpo para lograr que se le reconozca su sexo de varón para casarse con María del Caño, mujer con la que vive hasta ser descubierta en el juicio.

---

[137] Comentario a Et. Martin, *La homosexualidad*, en *Archivos de Psiquiatría*, Sección Libros y Revistas, año VIII, 1909, pp. 125-126.

Llanas Aguilamido argumenta médicamente, a partir de las evidencias documentadas, la imposibilidad de que se trate de un caso de real hermafroditismo. Luego de una descripción detallada y minuciosa de las posibilidades médico-anatómicas, concluye:

> Es difícil concebir cómo pudo alcanzar con medios tan burdos esta maestría en imitar disposiciones anatómicas con la perfección necesaria para no ser sobre el terreno descubierta, y así hay que suponer que, valiéndose de los procedimientos de seducción corriente entre lésbicas, llegaba a posesionarse del corazón de sus amantes, enamorándolas y dando en la intimidad a esos amores la única satisfacción posible; la homosexual.[138]

Lo notable del artículo referido, sin embargo, no es este punto sino las reflexiones que a partir del caso realiza. Lo que impresiona al autor es "el tesón probadísimo que [Elena] pone en casarse oficialmente con otra mujer". Esta firme voluntad de formar pareja y casarse es la que habíamos visto manifiesta en las dos maestras de La Coruña que la revista *Caras y Caretas* había recogido en una nota ya comentada antes, y que tuvo amplia repercusión en la prensa de la época. Llanas Aguilamido cita este caso para plantear nuevamente la pregunta que había asustado a Martin: "¿Se podrá inferir aquí que la sociedad haya de mirar oficialmente con indulgencia –ya que hoy por hoy no las sancione– estas parejas homosexuales?".[139]

La respuesta, en este caso, es diferente. Los límites entre ellos y nosotros deben ser cuestionados. Llanas concluye su artículo interpelándolos:

---

[138] Llanas Aguilamido, R., "Matrimonio entre mujeres", *Archivos de Criminología*, año I, 1914, pp. 404-418.
[139] Llanas Aguilamido, R., ibíd.

> El problema está pidiendo quien lo estudie, hoy que tanto preocupan a los sabios las cuestiones psicosexuales. El homosexual, entre individuos de sexo contrario, tan insatisfecho resulta como si se hallara aislado en el desierto; y un individuo insatisfecho es al fin un inútil; nada puede ni hace; o viene a loco o a obseso peligroso. Apareado, en cambio, con otro homosexual, resulta apaciguado y puede ser útil a los demás. La molécula, el verdadero elemento social, queda tan cerrado en este caso como en el matrimonio corriente, pues hay en la pareja amor, hay ayuda y sostén, lugar de reparo para la lucha y satisfacción perfecta del instinto, la única apetecida. Si no se había presentado aún esta cuestión, es indudable que algún día, por muy triste y antipático que hoy nos parezca, ha de presentarse para su resolución. ¿Por qué no ocuparse en serio de ella ya?.[140]

La presencia de estas referencias y discusiones que de manera tímida desbordan los límites tan cuidadosamente trazados encuentra una explicación en un fragmento con el que Ingenieros concluye su comentario al libro de Eusebio Gómez, *La mala vida*. Allí él nos advierte que "en muchos casos la inadaptación de la conducta al medio puede ser un signo de superioridad moral, de mayor evolución psíquica que impide encuadrar la personalidad individual en los moldes estrechos de la ética vigente".

Es por obra de muchos anormales evolutivos, incomprendidos en su época, que la sociedad avanza y evoluciona. "Así también la mala vida puede contener algunos gérmenes de inmoralidad e ilegalidad que el porvenir podría consagrar como formas nuevas de virtud y de honestidad: embriones prematuros que escapan a nuestra frágil previsión".

Pasará mucho tiempo y se deberán llevar adelante unas cuantas luchas para que los límites que buscaron circunscribir la ciudadanía de una nación en construcción

---

[140] Llanas Aguilamido, R., ibíd.

fueran rebasados por irreverentes que nos muestran la diversidad de formas en que esta puede ser ejercida, y que el único otro es quien pretende condenarlas al exilio para luego llamarlas extranjeras.

## Epílogo y dedicatoria: cien años después

Escribí este ensayo gracias a la oportunidad que me proporcionó la Biblioteca Nacional a través de un concurso de proyectos convocado en ocasión del Bicentenario. Mucha agua ha pasado bajo el puente en la historia de este país entre los años de los que se ocupa este trabajo y el presente. Muy lejos está de mí la idea de repasar las transformaciones acaecidas desde entonces. Sin embargo, no puedo privarme de imaginar cómo leerían la Argentina del año del Bicentenario aquellos que en su tiempo escribían en las revistas que yo leí. Algo así como un anacronismo al revés.

Imagino a cronistas que escribirían para sus revistas que ya nadie va a divorciarse al Uruguay porque los vínculos entre esposos pueden deshacerse, y que incluso hay muchos que ni piensan en casarse. Darían cuenta de que la violencia en el hogar sigue lastimando a las mujeres y que el tráfico de personas sigue ocultándose, más allá de algunas notas de los diarios y la presencia de organizaciones que lo combaten valientemente.

Otros observarían que para las mujeres salir a trabajar es algo normal, aunque ganen menos que los varones y continúen haciéndose cargo de la mayor parte de las tareas del hogar. Sorprendidos, muchos registrarían que hay una presidenta mujer y que otras tres forman parte de su gabinete, y que también hay una importante representación femenina en el Parlamento.

Chequearían la información al enterarse de que los varones pueden casarse con varones y las mujeres con mujeres, que una ley de identidad de género está por discutirse para comenzar a reconocer que hay distintas maneras de corporizarla, y que todas tienen derecho a la ciudadanía plena. Incluso registrarían, algo atónitos, que hay movimientos que plantean que las mujeres deben tener derecho a decidir sobre su propia maternidad interrumpiendo embarazos no queridos, y que esto produce un escándalo similar al que producían las conferencias públicas en defensa del divorcio o las manifestaciones de sufragistas reclamando el voto para las mujeres.

Seguramente se detendrían a analizar las discusiones y los debates para reconocer argumentos que ya han oído. Escucharían a legisladores, obispos y vecinos proponer límites para que prostitutas e "invertidos" no invadan las calles de las "buenas familias". Observarían a funcionarios defender la creación de unidades para sacar de las calles a los atorrantes que ocupan el espacio público. Escarbando más, oirían voces que, en tono muy bajo, les hablarían de la corrupción moral y de una extraña isla donde los homosexuales deberían migrar para crear su propia nación y establecer sus propias leyes.

Asistirían curiosos a concentraciones en la plaza donde homosexuales, lesbianas, travestis y transexuales festejan sus modos de vida y levantan reivindicaciones contra la exclusión y la marginalidad a las que la sociedad los condena... Concentraciones a las que asisten importantes funcionarios del gobierno y de otras fuerzas políticas.

Preguntarían por esas mujeres con pañuelos blancos que despiertan reverencias entre la multitud y que, se les aclararía, son un testimonio del dolor pero también de lucha inquebrantable.

Seguramente hubieran hecho la crónica de los funerales de un ex presidente recién fallecido, maltratado por una prensa indignada pero acompañado por miles de jóvenes y no tan jóvenes. Tal vez alguno preguntaría más y encontraría una respuesta, a esta altura, nada sorprendente para él. "Es que nos hizo descubrir nuevamente que ante los límites hay que ser irreverentes". Quizás este anacronismo es solo un artificio, y soy yo la que he regresado de la travesía por aquellos años a los que las revistas me condujeron. Y sin duda he regresado más irreverente. Por lo que allí experimenté y quise compartir, y por ese presidente que se fue con el Bicentenario y a quien dedico estas páginas.

## Material consultado en la hemeroteca de la Biblioteca Nacional

### Archivos de criminología, medicina legal y psiquiatría (1902-1910)

Aragón, Rodolfo L., "Los celos en el concubinato: sentencia dictada", en *Archivos de criminología, medicina legal y psiquiatría*, año VI, 1907, pp. 328-331.

Aragón, Rodolfo, "Delincuencia pasional y honor ultrajado", en *Archivos de criminología, medicina legal y psiquiatría*, año VI, 1907, pp. 728-732.

Avendaño, Leónidas y Manuel Barrios, "Delitos contra la honestidad", en *Archivos de criminología, medicina legal y psiquiatría*, año I, 1902, pp. 212-217.

Ayarragaray, Lucas y D. Benites, "La incapacidad civil de las histéricas: estudio pericial", en *Archivos de criminología, medicina legal y psiquiatría*, año VI, 1907, pp. 443-453.

Ayarragaray, Lucas, "El suicidio en las campañas argentinas: psicología del gaucho", en *Archivos de criminología, medicina legal y psiquiatría*, año VI, 1907, pp. 527-533.

Ayarragaray, Lucas, "Obsesión sexual: la mirada masturbadora. Estudio clínico", en *Archivos de criminología, medicina legal y psiquiatría*, año I, 1902, pp. 273-276.

Baires, Carlos, "Nuevo concepto de la impotencia sexual como causa de divorcio", en *Archivos de criminología, medicina legal y psiquiatría*, año VIII, 1909.

Benítez, C. D., "Erotismo contemplativo con impotencia sexual psíquica", en *Archivos de criminología, medicina legal y psiquiatría*, año I, 1902, pp. 235-239.

De Quirós, Bernaldo, "Sacher-Masoch y el masoquismo", en *Archivos de criminología, medicina legal y psiquiatría*, año VI, 1907, pp. 640-645.

De Veyga, Francisco, "Degeneración, locura y simulación en los ladrones profesionales", en *Archivos de criminología, medicina legal y psiquiatría*, año I, 1902, pp. 706-711.

De Veyga, Francisco, "Delito político: el anarquista Planas Virella que atentó contra la vida del presidente de la República Doctor Manuel Quintana el 11 de Agosto 1905", en *Archivos de criminología, medicina legal y psiquiatría*, año V, 1906, pp. 513-548.

De Veyga, Francisco, "El amor en los invertidos sexuales", en *Archivos de criminología, medicina legal y psiquiatría*, año II, 1903, pp. 33-341.

De Veyga, Francisco, "El espíritu y el alcance de la obra de Lombroso", en *Archivos de criminología, medicina legal y psiquiatría*, año V, 1906, pp. 259-272.

De Veyga, Francisco, "El sentido moral y la conducta de los invertidos sexuales", en *Archivos de criminología, medicina legal y psiquiatría*, año III, 1904, pp. 22-29.

De Veyga, Francisco, "Invertido sexual imitando mujer honesta", en *Archivos de criminología, medicina legal y psiquiatría*, año I, 1902, pp. 368-374.

De Veyga, Francisco, "La inversión sexual adquirida: tipo de invertido profesional. Tipo de invertido por sugestión. Tipo de invertido por decaimiento mental", en *Archivos de criminología, medicina legal y psiquiatría*, año II, 1903, pp. 192-219.

De Veyga, Francisco, "La inversión sexual adquirida: tipo profesional: un invertido comerciante", en *Archivos de criminología, medicina legal y psiquiatría*, año II, 1903, pp. 492-496.

De Veyga, Francisco, "La inversión sexual congénita", en *Archivos de criminología, medicina legal y psiquiatría*, año I, 1902, pp. 44-48.

De Veyga, Francisco, "Los auxiliares del vicio y del delito", en *Archivos de criminología, medicina legal y psiquiatría*, año III, 1904, pp. 289-313.

De Veyga, Francisco, "Los lunfardos: estudios clínicos sobre esta clase de ladrones profesionales", en *Archivos de criminología, medicina legal y psiquiatría*, año II, 1903, pp. 664-670.

De Veyga, Tomás, "Absolución por delito pasional", en *Archivos de criminología, medicina legal y psiquiatría*, año VIII, 1909, p. 3.

De Veyga, Tomás, "Adulterio, homicidio y simulación: sentencia dictada", en *Archivos de criminología, medicina legal y psiquiatría*, año III, 1904, pp. 406-413.

De Veyga, Tomás, "La responsabilidad penal en los crímenes por alucinaciones de celos", en *Archivos de criminología, medicina legal y psiquiatría*, año V, 1906, pp. 213-216.

Etchepare, Bernardo, "Desequilibrio mental; hiperestesia e inversión sexual; safismo, hermafroditismo psicosexual; morfinomanía, mitridatización; histeria", en *Archivos de criminología, medicina legal y psiquiatría*, año V, 1906, pp. 723-729.

Gómez, Eusebio, "La mala vida en Buenos Aries: introducción", en *Archivos de criminología, medicina legal y psiquiatría*, año VI, 1907, pp. 431-442.

Gómez, Eusebio, "Sugestión y responsabilidad criminal", en *Archivos de criminología, medicina legal y psiquiatría*, año I, 1902, p. 504.

González Roura, O., "Delitos contra la honestidad", en *Archivos de criminología, medicina legal y psiquiatría*, año I, 1902, pp. 212-217.

Havelock, Ellis, "Estudios sobre la psicología de los sexos: inversión sexual", en *Archivos de criminología, medicina legal y psiquiatría*, año I, 1902, p. 184.

Heyman Wiener, A., "Seudo hermafroditismo heterotípico femenino externo", en *Archivos de criminología, medicina legal y psiquiatría*, año VI, 1907.

Iberlucea, Enrique del Valle, "Los fundamentos científicos del divorcio", en *Archivos de criminología, medicina legal y psiquiatría*, año I, 1902, pp. 393-408 y 469-489.

Ingenieros, José y F. Córdoba, "Sugestión en degenerados", en *Archivos de criminología, medicina legal y psiquiatría*, año I, 1902, p. 53.

Ingenieros, José, "El delito y la defensa social", en *Archivos de criminología, medicina legal y psiquiatría*, año VIII, 1909, p. 207.

Ingenieros, José, "Fetichista con hermafroditismo psíquico activo y alucinaciones eróticas del olfato", en *Archivos de criminología, medicina legal y psiquiatría*, año I, 1902, pp. 616-621.

Ingenieros, José, "Hacia la justicia, de Sicardi", en *Archivos de criminología, medicina legal y psiquiatría*, año II, 1903, p. 61.

Ingenieros, José, "La mala vida", en *Archivos de criminología, medicina legal y psiquiatría*, año VII, 1908, p. 513.

Ingenieros, José, "La secuestración de Manuel Medela: un perseguidor amoroso. La sugestión como causa de locura en los degenerados", en *Archivos de criminología, medicina legal y psiquiatría*, año I, 1902, pp. 740-754.

Ingenieros, José, "Locura, simulación y criminalidad", en *Archivos de criminología, medicina legal y psiquiatría*, año VII, 1908, p. 3.

Ingenieros, José, "Nuevos rumbos de la antropología criminal", en *Archivos de criminología, medicina legal y psiquiatría*, año VI, 1907, pp. 3-31.

Ingenieros, José, "Psicología de los simuladores", en *Archivos de criminología, medicina legal y psiquiatría*, año II, 1903, pp. 449-487.

Madero, Ernesto, "Juan Olderico. Condena a muerte del homicida", en *Archivos de criminología, medicina legal y psiquiatría*, año I, 1902, pp. 222-226.

Martin, E. T., "La homosexualidad", en *Archivos de criminología, medicina legal y psiquiatría*, año VIII, 1909.

Mercante, Víctor, "Estudios de criminología infantil", en *Archivos de criminología, medicina legal y psiquiatría*, año I, 1902, pp. 463-468.

Mercante, Víctor, "Fetiquismo y uranismo femenino en los internados educativos", en *Archivos de criminología, medicina legal y psiquiatría*, año IV, 1905, pp. 22-30.

Mercante, Víctor, "La mujer moderna", en *Archivos de criminología, medicina legal y psiquiatría*, año VIII, 1909, p. 333.

Moncorvo Filho, "Un caso de excitación sexual en una criatura de 19 meses", en *Archivos de criminología, medicina legal y psiquiatría*, año I, 1902, pp. 638-640.

Montero, Belisario, "Delitos contra la moralidad pública en la producción artística y literaria", en *Archivos de criminología, medicina legal y psiquiatría*, año III, 1904, pp. 286-288.

Montero, Belisario, "El parasitismo social y la beneficencia pública. Indigentes, vagabundos, menores, alienados, delincuentes, etc.", en *Archivos de criminología, medicina legal y psiquiatría*, año III, 1904, pp. 584-601.

Montero, Belisario, "Trata de blancas y moralidad pública", en *Archivos de criminología, medicina legal y psiquiatría*, año III, 1904, pp. 210-223.

Morales Pérez, "Las horquillas en la masturbación femenina", en *Archivos de criminología, medicina legal y psiquiatría*, año I, 1902, pp. 428-230.

Moyano Gacitúa, C., "La delincuencia Argentina ante algunas cifras y teorías: consideraciones generales", en *Archivos de criminología, medicina legal y psiquiatría*, año IV, 1904, pp. 162-184.

Netri, F., "El histerismo en la criminalidad", en *Archivos de criminología, medicina legal y psiquiatría*, año I, 1902, pp. 143-161.

Netri, Francisco, "El desnudo artístico en la ley penal", en *Archivos de criminología, medicina legal y psiquiatría*, año II, 1903, pp. 158-168.

Olano, Guillermo, "La secreción mamaria de los invertidos sexuales", en *Archivos de criminología, medicina legal y psiquiatría*, año I, 1902, pp. 305-310.

Piñero, Horacio G., "Fisiología del Ejército y Educación física", en *Archivos de criminología, medicina legal y psiquiatría*, año III, 1904, p. 615.

Quesada, Ernesto, "Nulidad del matrimonio por impotencia sexual", en *Archivos de criminología, medicina legal y psiquiatría*, año II, 1903, pp. 143-148.

Quesada, Ernesto, "Sobre el cumplimiento de los deberes matrimoniales", en *Archivos de criminología, medicina legal y psiquiatría*, año VI, 1907, pp. 219-222.

Ramos Mejía, J. M.; Solari, B. T. y José Ingenieros, "Responsabilidad penal de los degenerados impulsivos: comentario al art. 81, inciso 1 del Código Penal", en *Archivos de criminología, medicina legal y psiquiatría*, año I, 1902, pp. 450-454.

Ramos Mejía, J. M. y José Ingenieros, "El amor y la incapacidad civil", en *Archivos de criminología, medicina legal y psiquiatría*, año VIII, 1909.

Ramos Mejía, José M., "La fauna de la miseria", en *Archivos de criminología, medicina legal y psiquiatría*, año III, 1904, pp. 385-405.

Ramos Mejía, José M., "Sobre incapacidad civil retrospectiva", en *Archivos de criminología, medicina legal y psiquiatría*, año VII, 1908, p. 438.

Remond, J., "La clasificación de las enfermedades mentales", en *Archivos de criminología, medicina legal y psiquiatría*, año VI, 1907, p. 377.

Revilla, Enrique, "El ejercicio de la prostitución en Buenos Aires: proyecto de ordenanza elevado a la Intendencia Municipal", en *Archivos de criminología, medicina legal y psiquiatría*, año II, 1903, pp. 74-80.

Revilla, Enrique, "La locura de los cónyuges como causa de divorcio", en *Archivos de criminología, medicina legal y psiquiatría*, año II, 1903, pp. 1-10.

Roche, Carlos, "El pseudo hermafroditismo masculino y los androginoides", en *Archivos de criminología, medicina legal y psiquiatría*, año III, 1904, pp. 650-659.

Rodríguez, Fermín, "Estudio sobre el suicidio en Buenos Aires: la influencia de la edad y el sexo", en *Archivos de criminología, medicina legal y psiquiatría*, año III, 1904, pp. 1-21.

Rodríguez, Fermín, "Influencia del estado civil sobre el suicidio en Buenos Aires", en *Archivos de criminología, medicina legal y psiquiatría*, año IV, 1905, pp. 385-414.

Rossi, José Gregorio, "Profesiones peligrosas: el servicio doméstico", en *Archivos de criminología, medicina legal y psiquiatría*, año VI, 1907, pp. 72-77.

Rossi, José Gregorio, "Profesiones peligrosas: informe elevado", en *Archivos de criminología, medicina legal y psiquiatría*, año III, 1904, pp. 366-370.

Sánchez, Florencio, "Moneda falsa: escenas de la mala vida en Buenos Aires", en *Archivos de criminología, medicina legal y psiquiatría*, año VI, 1907, pp. 467-480.

Sicardi, Francisco A., "La vida del delito y de la prostitución: impresiones médico literarias", en *Archivos de criminología, medicina legal y psiquiatría*, año II, 1903, pp. 17-21.

Siechele, "Los delitos de la multitud", en *Archivos de criminología, medicina legal y psiquiatría*, año I, 1902, p. 312.

Solari, Benjamín, "La defensa de la raza por la castración de los degenerados: las ideas profilácticas de Zuccarelli", en *Archivos de criminología, medicina legal y psiquiatría*, año I, 1902, p. 385.

Soriano, J., "Tratamiento libre de los alienados", en *Archivos de criminología, medicina legal y psiquiatría*, año I, 1902, p. 634.

Tolouse, E., "El movimiento feminista juzgado por un psiquiatra", en *Archivos de criminología, medicina legal y psiquiatría*, año II, 1903, p. 61.

Úbeda, Lola, "La pubertad en la mujer argentina", en *Archivos de criminología, medicina legal y psiquiatría*, año I, 1902, p. 755.

Vera, Robustiano, "El adulterio. Penas con que se ha castigado este delito en la antigüedad y con que hoy se corrige según la legislación chilena: reflexiones al respecto", en *Archivos de criminología, medicina legal y psiquiatría*, año I, 1902, pp. 595-603.

Vucetich, Juan, "Religioso con violación de cadáveres y tentativa de homicidio", en *Archivos de criminología, medicina legal y psiquiatría*, año I, 1902, pp. 165-171.

Zucarelli, Ángelo, "Necesidad y medios de impedir la reproducción de los degenerados", en *Archivos de criminología, medicina legal y psiquiatría*, año I, 1902, pp. 226-227.

Zuccarini, Emilio, "El atorrantismo y la solidaridad social", en *Archivos de criminología, medicina legal y psiquiatría*, año VIII, 1909.

## *Archivos de psiquiatría y criminología aplicadas a las ciencias afines* (1910-1914)

Ayarragaray, Lucas, "La constitución étnica argentina y sus problemas", *Archivos de Psiquiatría y Criminología Aplicadas a las Ciencias Afines*, año XI, 1912, pp. 22-42.

Brandam, Javier, "Un fetichista del cabello. Consideraciones médico legales", en *Archivos de Psiquiatría y Criminología Aplicadas a las Ciencias Afines*, año XII, 1913, pp. 293-297.

Calderón, A., "Valor médico legal del himen en los casos de violación y estupro", en *Archivos de Psiquiatría y Criminología Aplicadas a las Ciencias Afines*, año XI, 1912, pp. 586-593.

Camaña, Raquel, "La educación sexual de nuestros hijos", en *Archivos de Psiquiatría y Criminología Aplicadas a las Ciencias Afines*, año IX, 1910, pp. 398-406.

Castro Saborio, Luis, "Los delitos pasionales y los periódicos", en *Archivos de Psiquiatría y Criminología Aplicadas a las Ciencias Afines*, año XII, 1913, pp. 613-620.

Consiglio, P., "Los vagabundos", en *Archivos de Psiquiatría y Criminología Aplicadas a las Ciencias Afines*, año X, 1911, pp. 432-449.

De Quirós, Bernardo, "Psicología del crimen anarquista", en *Archivos de Psiquiatría y Criminología Aplicadas a las Ciencias Afines*, año XII, 1913, pp. 122-126.

De Veyga, Francisco, "Los lunfardos. Comunicación hecha a la Sociedad de Psicología", en *Archivos de Psiquiatría y Criminología Aplicadas a las Ciencias Afines*, año IX, 1910, pp. 513-529.

Gómez, Eusebio, "Criminología argentina", en *Archivos de Psiquiatría y Criminología Aplicadas a las Ciencias Afines*, año XI, 1912, pp. 627-633.

Havelock, Ellis, "Estudios de psicología sexual. Hombre y mujer", en *Archivos de Psiquiatría y Criminología Aplicadas a las Ciencias Afines*, año XII, 1913, p. 637-638.

Havelock, Ellis, "Estudios de psicología sexual. La evolución del pudor, fenómeno de periodicidad sexual y autoerotismo", en *Archivos de Psiquiatría y Criminología Aplicadas a las Ciencias Afines*, año XII, 1913, p. 636.

Ingenieros, José, "El hombre mediocre", en *Archivos de Psiquiatría y Criminología Aplicadas a las Ciencias Afines*, año X, 1911, pp. 611-627.

Ingenieros, José, "La mediocridad intelectual", en *Archivos de Psiquiatría y Criminología Aplicadas a las Ciencias Afines*, año X, 1911, pp. 628-643.

Ingenieros, José, "La mediocridad moral", en *Archivos de Psiquiatría y Criminología Aplicadas a las Ciencias Afines*, año X, 1911, pp. 644-667.

Ingenieros, José, "Patología de las funciones psico-sexuales. Nueva clasificación genética", en *Archivos de Psiquiatría y Criminología Aplicadas a las Ciencias Afines*, año IX, 1910, pp. 3-80.

Ingenieros, José, "Sobre clasificación de delincuentes", en *Archivos de Psiquiatría y Criminología Aplicadas a las Ciencias Afines*, año XII, 1913, pp. 514-525.

Näcke, "Homosexualidad y psicosis", en *Archivos de Psiquiatría y Criminología Aplicadas a las Ciencias Afines*, año XII, 1913, p. 631.

Otero, Francisco, "El problema sexual en sus relaciones con la pedagogía y la higiene", en *Archivos de Psiquiatría y Criminología Aplicadas a las Ciencias Afines*, año XI, 1912, pp. 196-201.

Philipe y Boncour, "La educación de los anormales", en *Archivos de Psiquiatría y Criminología Aplicadas a las Ciencias Afines*, año X, 1911, pp. 608-609.

Silva, M., "La ley del divorcio en Montevideo", en *Archivos de Psiquiatría y Criminología Aplicadas a las Ciencias Afines*, año XII, 1913, p. 763.

## *Revista de criminología, psiquiatría y medicina legal* (1914-1929)

Amar, M., "La función mental del trabajo femenino", en *Revista de Criminología, Psiquiatría y Medicina Legal*, año VI, 1919, p. 116.

Arana, Zelis y Mariano Alurralde, "La insanía como causal de divorcio", en *Revista de Criminología, Psiquiatría y Medicina Legal*, año V, 1918, pp. 45-61.

Arenaza, Carlos D., "Prostitución infantil", en *Revista de Criminología, Psiquiatría y Medicina Legal*, año VI, 1919, p. 3.

Arenaza, Carlos D., Eusebio Gómez, Nerio Rojas y Ricardo Seeber, "Proyecto de Ley sobre 'Estado peligroso' sin delito", en *Revista de Criminología, Psiquiatría y Medicina Legal*, año XV, 1928, pp. 291-302.

Arteta, Carlos Alberto, "Un caso de hermafrodismo: informe pericial", en *Revista de Criminología, Psiquiatría y Medicina Legal*, año VI, 1919, p. 588.

Beltrán, Juan Ramón, "Sugestión y delincuencia: estudio de psicología criminal", en *Revista de Criminología, Psiquiatría y Medicina Legal*, año X, 1923, pp. 70-81.

Cano, Julio, "La función testifical", en *Revista de Criminología, Psiquiatría y Medicina Legal*, año I, 1914, pp. 72-77.

Carranza, Adolfo S., "El adulterio ante la ley penal: fallo del Juez de Tucumán", en *Revista de Criminología, Psiquiatría y Medicina Legal*, año VI, 1919, p. 738.

Castellano, Nicéforo y M. R. Arana, "Delito pasional. Informe médico legal", en *Revista de Criminología, Psiquiatría y Medicina Legal*, año VI, 1919, p. 502.

Castellanos, I., "Un diagnóstico criminológico", en *Revista de Criminología, Psiquiatría y Medicina Legal*, año VI, 1919, p. 244.

Catalán, Emilio, "Adaptación social y educación de los anormales", en *Revista de Criminología, Psiquiatría y Medicina Legal*, año VII, 1920, pp. 279-296.

Ciudad y Arioles, José, "El moderno criminal astuto", en *Revista de Criminología, Psiquiatría y Medicina Legal*, año VIII, 1921, pp. 342-362.

Coutts, W. E., "Contribución al estudio de la génesis de la inversión sexual", en *Revista de Criminología, Psiquiatría y Medicina Legal*, año XIV, 1927, pp. 144-158.

Coutts, W. E., "El instinto sexual y la vida contemporánea: su influencia en los actos delictuosos", en *Revista de Criminología, Psiquiatría y Medicina Legal*, año XIII, 1926, pp. 707-746.

Dolz, Ricardo, "La ley del divorcio y la jurisprudencia", en *Revista de Criminología, Psiquiatría y Medicina Legal*, año XII, 1925, pp. 507-509.

Eichen, "Los incorregibles", en *Revista de Criminología, Psiquiatría y Medicina Legal*, año XVI, 1929, p. 388.

Fernández, Helvio, "La locura moral", en *Revista de Criminología, Psiquiatría y Medicina Legal*, año X, 1923, pp. 156-169.

Giacobini, Januario, "Institución del peritaje médico-legal del liberado en el procedimiento criminal", en *Revista de Criminología, Psiquiatría y Medicina Legal*, año XIV, 1927, pp. 30-33.

Gómez, Eusebio, "Concepto de delito pasional", en *Revista de Criminología, Psiquiatría y Medicina Legal*, año I, 1914, pp. 641-653.

Gómez, Eusebio, "El amor y el delito", en *Revista de Criminología, Psiquiatría y Medicina Legal*, año III, 1916, p. 3-37.
Gómez, Eusebio, "El delincuente pasional", en *Revista de Criminología, Psiquiatría y Medicina Legal*, año II, 1915, pp. 512-534.
Grimaldi, L., "Los celos en sus relaciones con la locura y con la delincuencia", en *Revista de Criminología, Psiquiatría y Medicina Legal*, año XI, 1924, pp. 511.
Havellock, Ellis, "Estudios de psicología sexual: el impulso sexual. Amor y dolor", en *Revista de Criminología, Psiquiatría y Medicina Legal*, año I, 1914, p. 125.
Havellock, Ellis, "Estudios de psicología sexual", en *Revista de Criminología, Psiquiatría y Medicina Legal*, año I, 1914, pp. 503-504.
Juarroz, César, "El abolicionismo y sus normas", en *Revista de Criminología, Psiquiatría y Medicina Legal*, año XVI, 1915, pp. 754-761.
Kehl, Renato, "Darwinismo social y eugenia", en *Revista de Criminología, Psiquiatría y Medicina Legal*, año V, 1918, pp. 731-739.
Lancelotti, Miguel Ángel, "La criminalidad en Buenos Aires 1887-1912: al margen de la estadística", en *Revista de Criminología, Psiquiatría y Medicina Legal*, año I, 1914, pp. 20-31.
Lancelotti, Miguel Ángel, "La criminalidad en Buenos Aires 1887-1912: sus causas y consecuencias", en *Revista de Criminología, Psiquiatría y Medicina Legal*, año I, 1914, pp. 129-148.
Lancelotti, Miguel Ángel, "La criminalidad en Buenos Aires", en *Revista de Criminología, Psiquiatría y Medicina Legal*, año II, 1915, p. 248.
Llanas Aguimalido, S. R., "Matrimonio entre mujeres", en *Revista de Criminología, Psiquiatría y Medicina Legal*, año I, 1914, pp. 404-418.

Lombroso de Ferrero, Gina, "La fantasía y la criminalidad femeninas", en *Revista de Criminología, Psiquiatría y Medicina Legal*, año XIII, 1926, pp. 111-114.

López Bancalari, J. y Juan José Caride, "Informe médico legal: nulidad de matrimonio por impotencia", en *Revista de Criminología, Psiquiatría y Medicina Legal*, año XVII, 1930.

Mandolini, Hernán, "Las grandes criminales coronadas", en *Revista de Criminología, Psiquiatría y Medicina Legal*, año XI, 1924.

Mandolini, Hernán, "Los conflictos sexuales en los genios artistas", en *Revista de Criminología, Psiquiatría y Medicina Legal*, año XIV, 1927, pp. 471-481.

Marañón, Gregorio, "El estado de intersexuales en la especie humana", en *Revista de Criminología, Psiquiatría y Medicina Legal*, año XVI, 1929, p. 250.

Maxwell, J., "El concepto social de crimen", en *Revista de Criminología, Psiquiatría y Medicina Legal*, año II, 1915, pp. 506-509.

Moreira, Julián, "Directivas de higiene mental", en *Revista de Criminología, Psiquiatría y Medicina Legal*, año X, 1923, pp. 700-708.

Morhart, P. E., "Modo de vestimenta, instinto sexual e higiene", en *Revista de Criminología, Psiquiatría y Medicina Legal*, año XVI, 1929, pp. 623-629.

Morselli, Enrique, en *Revista de Criminología, Psiquiatría y Medicina Legal*, año VIII, 1921, p. 795.

Palacios, Alberto, "La educación de los anormales", en *Revista de Criminología, Psiquiatría y Medicina Legal*, año II, 1915, pp. 328-340.

Pesce Maineri, Piero, "Los peligros sociales del cinematógrafo", en *Revista de Criminología, Psiquiatría y Medicina Legal*, año IX, 1922, pp. 496-499.

Ramos, Juan P., "El criminal nato", en *Revista de Criminología, Psiquiatría y Medicina Legal*, año XIII, 1926, pp. 149-187.

Ramos, Juan P., "La defensa social contra el delito", en *Revista de Criminología, Psiquiatría y Medicina Legal*, año XVI, 1929, pp. 273-288.

Rojas, Nerio, "La alienación mental como causa de divorcio", en *Revista de Criminología, Psiquiatría y Medicina Legal*, año XI, 1924.

Ruiz Funes, Mariano, "El proyecto de ley argentino sobre el estado peligroso", en *Revista de Criminología, Psiquiatría y Medicina Legal*, año XV, 1928, p. 422.

Saldaña, Quintiliano, "La verdad sexual", en *Revista de Criminología, Psiquiatría y Medicina Legal*, año XVI, 1929, pp. 233-242.

Sante de Sanctis, "El concepto moderno de la alienación mental en la criminología", en *Revista de Criminología, Psiquiatría y Medicina Legal*, año XIV, 1927, pp. 269-286.

Senillosa, Juan, "Sobre el problema sexual: bases para una conferencia de sexología y ética sexual", en *Revista de Criminología, Psiquiatría y Medicina Legal*, año XI, 1924, pp. 118-121.

Vázquez, José, "Las aplicaciones de la moral sexual", en *Revista de Criminología, Psiquiatría y Medicina Legal*, año I, 1914, pp. 553-581.

Villamayor, Luis, "El lenguaje del bajo fondo", en *Revista de Criminología, Psiquiatría y Medicina Legal*, año II, 1915, pp. 222-237.

### *Caras y Caretas. Semanario festivo, literario, artístico y de actualidades* (1899-1921)

"Bar feminista", en *Caras y Caretas*, año III, núm. 79, 7 de abril de 1900.

"El arte de recogerse el vestido" (firma: José María Mendoza), en *Caras y Caretas*, año III, núm. 81, 21 de abril de 1900.

"Toma de hábito de la señorita Avellaneda", en *Caras y Caretas*, año III núm. 85, 19 de mayo de 1900.

"Anticipándose a la ley del divorcio", en *Caras y Caretas*, año III, núm. 96, 4 de agosto de 1900.

"La burocracia femenil", en *Caras y Caretas*, año III, núm. 99, 25 de agosto de 1900.

"Las mujeres que matan. Condena de una uxoricida", en *Caras y Caretas*, año III, núm. 107, 20 de octubre de 1900.

"Los atorrantes" (firma: Fabio Carrizo), en *Caras y Caretas*, año III, núm. 113, 1º de diciembre de 1900.

"El consejo de mujeres", en *Caras y Caretas*, año III, núm. 115, 15 de diciembre de 1900.

"Un matrimonio sin hombre. Caso extraordinario de amistad", en *Caras y Caretas*, año IV, núm. 147, 1901.

"La campaña contra las adivinas", en *Caras y Caretas*, año IV, núm. 152, 31 de agosto de 1901.

"Liga internacional de domésticos", en *Caras y Caretas*, año IV, s/n, 6 de julio de 1901.

"Los ruidos de Buenos Aires", en *Caras y Caretas*, año IV, núm. 156, septiembre de 1901.

"El atorrante", en *Caras y Caretas*, año V, núm. 178, 1º de marzo de 1902.

"Los meetings de la semana. Por el descanso dominical y a favor del divorcio", en *Caras y Caretas*, año V, núm. 205, 6 de septiembre de 1902.

"El movimiento obrero. La huelga en Barracas", en *Caras y Caretas*, año V, núm. 216, 22 de noviembre de 1902.

"Consejos a una hija en la víspera de su matrimonio", en *Caras y Caretas*, año V, núm. 217, 29 de noviembre de 1902.

"Caras y Caretas", en *Caras y Caretas*, año VI, s/n, 3 de enero de 1903.

"En Mar del Plata. Dos jóvenes suicidas", en *Caras y Caretas*, año VI, núm. 230, 21 de enero de 1903.
"Los positivistas en la calle" (firma: Francisco Grandmontagne), en *Caras y Caretas*, año VI, núm. 239, 2 de mayo de 1903.
"El día de las mucamas", en *Caras y Caretas*, año VI, núm. 246, 20 de junio de 1903.
"Morón. Destitución de una maestra", en *Caras y Caretas*, año VI, núm. 248, 1903.
"Los mendigos de Buenos Aires", en *Caras y Caretas*, año VII, núm. 279, 6 de febrero de 1904.
"De Alemania. El Congreso Internacional de Mujeres en Berlín", en *Caras y Caretas*, año VII, núm. 302, 16 de julio de 1904.
"Inauguración de la escuela profesional de mujeres", en *Caras y Caretas*, año VII, núm. 306, 13 de agosto de 1904.
"Consejo Nacional de Mujeres", en *Caras y Caretas*, año VII, núm. 308, 27 de agosto de 1904.
"La fiesta del Women's Institute", en *Caras y Caretas*, año VII, núm. 309, septiembre de 1904.
"El divorcio a través del tiempo", en *Caras y Caretas*, año VII, núm. 319, 12 de noviembre de 1904.
"Los piropos" (firma: Julio Castellanos), en *Caras y Caretas*, año VII, núm. 320, 1904.
"El círculo de trabajo femenino", en *Caras y Caretas*, año VII, núm. 324, 17 de diciembre de 1904.
"Cosas Yankees", en *Caras y Caretas*, año VIII, núm. 342, 22 de abril de 1905.
"La obrera norteamericana", en *Caras y Caretas*, año VIII, núm. 346, 20 de mayo de 1905.
"¿Cuándo tendrá Buenos Aires 1.000.000 de habitantes? Monumento a Garay - ¡12 de octubre de 1905!", en *Caras y Caretas*, año VIII, núm. 347, 27 de mayo de 1905.

"Las maestras en los ejercicios físicos", en *Caras y Caretas*, año VIII, núm. 375, 9 de diciembre de 1905.

"La mujer hombre", en *Caras y Caretas*, año VIII, núm. 377, 23 de diciembre de 1905.

"La mujer y los derechos políticos", en *Caras y Caretas*, año IX, núm. 405, 13 de julio de 1906.

"Mujeres ¡Sean mujeres!", en *Caras y Caretas*, año IX, núm. 405, 13 de julio de 1906.

"Dafne Bacari. La mujer hombre", en *Caras y Caretas*, año IX, núm. 407, 21 de julio 1906.

"Las madres", en *Caras y Caretas*, año IX, núm. 414, tomo IV, 8 de septiembre de 1906.

"Juana Manuela Gorriti", en *Caras y Caretas*, año IX, núm. 419, 13 de octubre de 1906.

"Un atorrante lírico", en *Caras y Caretas*, año IX, núm. 419, 13 de octubre de 1906.

"La educación de la mujer", en *Caras y Caretas*, año IX, núm. 426, 1º de diciembre de 1906.

"Madame Curie, íntima", en *Caras y Caretas*, año IX, núm. 429, 22 de diciembre de 1906.

"Los progresos de Buenos Aires", en *Caras y Caretas*, año IX, núm. 430, 29 de diciembre de 1906.

"Las mujeres en la masonería", en *Caras y Caretas*, año X, núm. 430, 2 de marzo de 1907.

"Notable profesora argentina", en *Caras y Caretas*, año X, núm. 430, 2 de marzo 1907.

"Los rudos trabajos de la mujer", en *Caras y Caretas*, año X, núm. 437, 16 de febrero de 1907.

"Maleficios y brujerías", en *Caras y Caretas*, año X, núm. 437, 16 de febrero de 1907.

"Mujeres en ropas masculinas", en *Caras y Caretas*, año X, núm. 440, 9 de marzo de 1907.

"El liceo de señoritas", en *Caras y Caretas*, año X, núm. 446, 20 de abril de 1907.

"La devolución de las cacerolas", en *Caras y Caretas*, año X, núm. 450, 18 de mayo de 1907.

"Los biabistas", en *Caras y Caretas*, año X, núm. 450, 18 de mayo de 1907.

"El alcohol en Buenos Aires", en *Caras y Caretas*, año X, núm. 450, 18 de mayo de 1907.

"Donde se ve que la mujer es más cara que el hombre y en proporción aterradora para el masculinismo", en *Caras y Caretas*, año X, núm. 459, 20 de julio de 1907.

"El problema social", en *Caras y Caretas*, año X, núm. 461, 2 de agosto de 1907.

"Montevideo, Centro Feminista Entre Nous", en *Caras y Caretas*, año X, núm. 461, 3 de agosto de 1907.

"Las mujeres que escriben", en *Caras y Caretas*, año X, núm. 472, 19 de octubre de 1907.

"Las esposas rebeldes", en *Caras y Caretas*, año XII, núm. 535, 2 de enero de 1909.

"¿Son en realidad extravagantes las mujeres?", en *Caras y Caretas*, año XII, núm. 541, 13 de febrero de 1909.

"Las mujeres delincuentes", en *Caras y Caretas*, año XII, núm. 543, 21 de febrero de 1909.

"Chafalonía. El voto de las mujeres", en *Caras y Caretas*, año XII, núm. 546, 20 de marzo de 1909.

"Una batida de atorrantes", en *Caras y Caretas*, año XII, núm. 548, 9 de abril de 1909.

"Historias de solteronas regias", en *Caras y Caretas*, año XII, núm. 557, 5 de junio de 1909.

"El asilo de atorrantes", en *Caras y Caretas*, año XII, núm. 557, 5 de junio de 1909.

"Las grandes viudas históricas", en *Caras y Caretas*, año XII, núm. 560, 26 de junio de 1909.

"Las damas fumadoras", en *Caras y Caretas*, año XII, núm. 560, 26 de junio de 1909.

"Se hacen versos a medida", en *Caras y Caretas*, año XII, núm. 567, 14 de agosto de 1909.

"La unión literaria, su fundadora", en *Caras y Caretas*, año XII, núm. 567, 14 de agosto de 1909.

"El hotel de 'estudiantas' norteamericana", en *Caras y Caretas*, año XII, núm. 568, 21 de agosto de 1909.

"La legión de honor femenina", en *Caras y Caretas*, año XII, núm. 574, 2 de octubre de 1909.

"Las madres modernas", en *Caras y Caretas*, año XII, núm. 576, 16 de octubre de 1909.

"El atorrante", en *Caras y Caretas*, año XII, núm. 583, 4 de diciembre de 1909.

"¿Quiénes son y cómo viven los rotos?", en *Caras y Caretas*, año XII, núm. 583, 4 de diciembre de 1909.

"Entre Nous", en *Caras y Caretas*, año XII, núm. 584, 11 de diciembre de 1909.

"La fuerza que gastan las mujeres", en *Caras y Caretas*, año XIII, núm. 588, 8 de enero de 1910.

"La primera abogada argentina", en *Caras y Caretas*, año XIII, núm. 611, 18 de junio de 1910.

"De palacio a conventillo", en *Caras y Caretas*, año XIII, núm. 611, 18 de junio de 1910.

"Trabajos agradables para mujeres habilidosas", en *Caras y Caretas*, año XIV, núm. 648, 4 de marzo de 1911.

"El feminismo de los millones", en *Caras y Caretas*, año XIV, núm. 649, 11 de marzo de 1911.

"Un juicio sobre la mujer argentina", en *Caras y Caretas*, año XIV, núm. 653, 8 de abril de 1911.

"Novelista y peinadora", en *Caras y Caretas*, año XIV, núm. 663, 17 de junio de 1911.

"La mujer y los deportes", en *Caras y Caretas*, año XIV, núm. 666, 9 de julio de 1911.

"La mujer perfecta", en *Caras y Caretas*, año XIV, núm. 670, 5 de agosto de 1911.

"Las mujeres periodistas", en *Caras y Caretas*, año XIV, núm. 670, 5 de agosto de 1911.

"La sufragista. Nombramiento", en *Caras y Caretas*, año XIV, núm. 673, 26 de agosto de 1911.

"Como se construye el subte", en *Caras y Caretas*, año XV, núm. 694, 20 de enero de 1912.

"Las mujeres invaden las profesiones de hombres", en *Caras y Caretas*, año XV, núm. 709, 4 de mayo de 1912.

"La canción del primero de mayo", en *Caras y Caretas*, año XV, núm. 709, 4 de mayo de 1912.

"La naturalización de extranjeros", en *Caras y Caretas*, año XV, núm. 710, 11 de mayo de 1912.

"Las telefonistas", en *Caras y Caretas*, año XV, núm. 711, 18 de mayo de 1912.

"Nos haremos monjas", en *Caras y Caretas*, año XV, núm. 712, 25 de mayo de 1912.

"El feminismo triunfante", en *Caras y Caretas*, año XV, núm. 712, 25 de mayo de 1912.

"Divorciémonos", en *Caras y Caretas*, año XV, núm. 714, 8 de junio de 1912.

"El matrimonio en auge. Divorciémonos", en *Caras y Caretas*, año XV, núm. 714, 8 de junio de 1912.

"Servicio doméstico en Buenos Aires. Divorciémonos", en *Caras y Caretas*, año XV, núm. 715, 15 de junio de 1912.

"El día de la modista. Divorciémonos", en *Caras y Caretas*, año XV, núm. 716, 22 de junio de 1912.

"La comisión protectora de la mujer migrante. Divorciémonos", en *Caras y Caretas*, año XV, núm. 729, 21 de septiembre de 1912.

"La obra de la biblioteca del Consejo Nacional de Mujeres. Divorciémonos", en *Caras y Caretas*, año XV, núm. 730, 28 de septiembre de 1912.

"El trabajo de la mujer a domicilio. Divorciémonos", en *Caras y Caretas*, año XV, núm. 731, 6 de octubre de 1912.

"La belleza y la gracia. Divorciémonos", en *Caras y Caretas*, año XV, núm. 732, 12 de octubre de 1912.

"Lo pasado en el presente. Divorciémonos", en *Caras y Caretas*, año XV, núm. 734, 26 de octubre de 1912.

"Las amazonas modernas. Divorciémonos", en *Caras y Caretas*, año XVII, núm. 818, 6 de junio de 1914.

"Ensayo de voto femenino", en *Caras y Caretas*, año XVII, núm. 820, 20 de junio de 1914.

"Feminismo administrativo", en *Caras y Caretas*, año XVII, núm. 820, 20 de junio de 1914.

"La guerra y la mujer", en *Caras y Caretas*, año XVII, núm. 833, 19 de septiembre de 1914.

"England expect everyone to do his study", en *Caras y Caretas*, año XVII, núm. 834, 26 de septiembre de 1914.

"Proclama a la mujer inglesa", en *Caras y Caretas*, año XVII, núm. 834, 26 de septiembre de 1914.

"Actuación de la mujer en la conflagración europea", en *Caras y Caretas*, año XVII, núm. 837, 17 de octubre de 1914.

"Protesta feminista contra la guerra", en *Caras y Caretas*, año XVII, núm. 840, 7 de noviembre de 1914.

"Policía femenina", en *Caras y Caretas*, año XVIII, núm. 850, 16 de enero de 1915.

"La calidad manifiesta en las mujeres de todas la razas", en *Caras y Caretas*, año XVIII, núm. 851, 23 de enero de 1915.

"Las ladronas de tiendas", en *Caras y Caretas*, año XVIII, núm. 854, 13 de febrero de 1915.

"Las fuerzas morales" (José Ingenieros), en *Caras y Caretas*, año XVIII, núm. 854, 13 de febrero de 1915.

"El arrabal", en *Caras y Caretas*, año XVIII, núm. 858, 13 de marzo de 1915.

"La reforma del vestido de entrecasa, para las mujeres en favor del pijama", en *Caras y Caretas*, año XVIII, núm. 865, 1º de mayo de 1915.

"Por dónde debe empezar la reforma social", en *Caras y Caretas*, año XVIII, núm. 872, 19 de junio de 1915.

"Modernismo peligroso", en *Caras y Caretas*, año XVIII, núm. 854, 8 de octubre de 1915.
"El matrimonio eugénico", en *Caras y Caretas*, año XVIII, núm. 881, 16 de octubre de 1915.
"¿Volverá a imperar el matriarcado?", en *Caras y Caretas*, año XVIII, núm. 893, 13 de noviembre de 1915.
"En favor del matrimonio", en *Caras y Caretas*, año XVIII, núm. 897, 11 de diciembre de 1915.
"Hombres que han pasado por mujeres", en *Caras y Caretas*, año XIX, núm. 908, s/f, 1916.
"Sarrasqueta en carnaval", en *Caras y Caretas*, año XIX, núm. 904, 4 de marzo de 1916.
"De contrapunto con la crisis. Tipos del arrabal", en *Caras y Caretas*, año XIXI, núm. 910, s/f, 1916.
"La mujer y la casa. La ciencia demuestra que las modas femeninas cambian por razones de estética y de higiene", en *Caras y Caretas*, año XIX, núm. 913, 1º de abril de 1916.
"Para mujeres solas", en *Caras y Caretas*, año XIX, núm. 914, 8 de abril de 1916.
"Razones por las que hay tanto soltero", en *Caras y Caretas*, año XIX, núm. 918, s/f, 1916.
"Las sufragistas triunfan", en *Caras y Caretas*, año XIX, núm. 919, 13 de mayo de 1916.
"La mujer colaborando en la destrucción", en *Caras y Caretas*, año XIX, núm. 923, 10 de junio de 1916.
"El alma de Buenos Aires 1816-1916", en *Caras y Caretas*, año XIX, núm. 927, s/f, 1916.
"La mujer y el periodismo", en *Caras y Caretas*, año XIX, núm. 927, s/f, 1916.
"Las obreras de la guerra", en *Caras y Caretas*, año XIX, núm. 928, 15 de julio de 1916.
"Tipos boquenses de 'familias'", en *Caras y Caretas*, año XXI, núm. 1.007, 19 de enero de 1918.

"El feminismo obrero", en *Caras y Caretas*, año XXI, núm. 1.015, 16 de febrero de 1918.

"El feminismo en Japón", en *Caras y Caretas*, año XXIII, s/n y s/f, 1920.

"Un regalo de los reyes", en *Caras y Caretas*, año XXIII, núm. 1.010, 10 de enero de 1920.

"El voto femenino", en *Caras y Caretas*, año XXIII, núm. 1.010, 10 de enero de 1920.

"Ejercicio físico de la mujer", en *Caras y Caretas*, año XXIII, núm. 1.010, 10 de enero de 1920.

"El candidato en la intimidad", en *Caras y Caretas*, año XXIII, núm. 1.113, 31 de enero de 1920.

"Un ensayo electoral feminista", en *Caras y Caretas*, año XXIII, núm. 1.115, s/f, 1920.

"Con el pie en el estribo", en *Caras y Caretas*, año XXIII, núm. 1.118, 6 de marzo de 1920.

"Renovación del poder legislativo. Entusiasmo cívico. 160.000 votantes", en *Caras y Caretas*, año XXIII, núm. 1.119, 13 de marzo de 1920.

"Antisufragista", en *Caras y Caretas*, año XXIII, núm. 1.120, 20 de marzo de 1920.

"La crisis del alojamiento. Si cambian las cosas", en *Caras y Caretas*, año XXIII, núm. 1.120, 20 de marzo de 1920.

"Las mujeres que fuman", en *Caras y Caretas*, año XXIII, núm. 1.121, 27 de marzo de 1920.

"La acción femenina", en *Caras y Caretas*, año XXIII, núm. 1.123, 10 de abril de 1920.

"La mujer argentina en el pasado", en *Caras y Caretas*, año XXIII, núm. 1.130, 22 de mayo de 1920.

"Conferencia de solteros", en *Caras y Caretas*, año XXIII, núm. 1.148, 2 de octubre de 1920.

"Los últimos canillitas", en *Caras y Caretas*, año XXIII, núm. 1157, 4 de diciembre de 1920.

"La mujer y la casa. El feminismo argentino", en *Caras y Caretas*, año XXIV, núm. 1.165, 29 de enero de 1921.

"Varios maridos para una sola mujer", en *Caras y Caretas*, año XXIV, núm. 1.169, 26 de febrero de 1921.

**Otras revistas consultadas**

***Fray Mocho. Semanario festivo, literario, artístico y de actualidades* (1912-1915)**

"Los buenos sirvientes", en *Fray Mocho*, año I, núm. 28, 8 de noviembre de 1912.
"El ideal de la belleza femenina", en *Fray Mocho*, año I, núm. 30, 22 de noviembre de 1912.
"Quince minutos de ejercicios físicos", en *Fray Mocho*, año I, núm. 31, 29 de noviembre de 1912.
"Crimen pasional", en *Fray Mocho*, año I, núm. 33, 13 de diciembre de 1912.
"Feminismo radical. Velada del Club Radical de Damas de San Carlos Sud", en *Fray Mocho*, año I, núm. 34, 20 de diciembre de 1912.
"Los progresos del feminismo", en *Fray Mocho*, año II, núm. 42, 7 de febrero de 1913.
"La morfinomanía en Buenos Aires. Los paraísos artificiales", en *Fray Mocho*, año II, núm. 55, 16 de mayo de 1913.
"Delmira Agustini", en *Fray Mocho*, año II, núm. 55, 16 de mayo de 1913.
"La campaña contra la trata de blancas", en *Fray Mocho*, año II, núm. 55, 16 de mayo de 1913.
"Insuficiencia de la leche materna", en *Fray Mocho*, año II, s/n, 25 de mayo de 1913.
"En la Academia de Bellas Artes" (Sakia Muni), en *Fray Mocho*, año II, s/n, 25 de mayo de 1913.
"Una reliquia de la guerra del Paraguay. La 'sargento' Flores", en *Fray Mocho*, año II, s/n, 25 de mayo de 1913.
"Artistas fuera del teatro. La Barrientos", en *Fray Mocho*, año II, núm. 60, 20 de junio de 1913.

"El feminismo en Francia", en *Fray Mocho*, año III, núm. 96, 27 de febrero de 1914.

"Se anuncia de Italia el Congreso Feminista Internacional", en *Fray Mocho*, año III, núm. 114, 3 de julio de 1914.

"*Fray Mocho* en Londres. Las hijas de Eva", en *Fray Mocho*, año III, núm. 118, 31 de julio de 1914.

"La misión de la mujer en la guerra", en *Fray Mocho*, año III, núm. 127, 2 de octubre de 1914.

"Mujeres", en *Fray Mocho*, año III, núm. 133, 13 de noviembre de 1914.

"El surgimiento de las cooperativas obreras socialistas: 'del mostrador al consumidor'", en *Fray Mocho*, año IV, núm. 180, 12 de marzo de 1915.

"Las mujeres socialistas", en *Fray Mocho*, año IV, núm. 157, 30 de abril de 1915.

### *Crónica femenina. Modas y modelos. Revista argentina. Única en su género. Revista útil para la mujer y el hogar* (1924-1925)

"Charla semanal", en *Crónica Femenina*, año I, núm. 6, 4 de septiembre de 1924.

"Charla semanal", en *Crónica Femenina*, año I, núm. 7, 18 de septiembre de 1924.

"El feminismo", en *Crónica Femenina*, año I, núm. 7, 18 de septiembre de 1924.

"La mujer y la gramática", en *Crónica Femenina*, año I, núm. 7, 18 de septiembre de 1924.

"Charla Semanal", en *Crónica Femenina*, año I, núm. 11, 16 de octubre de 1924.

"Algo sobre el feminismo moderno", en *Crónica Femenina*, año I, núm. 12, 23 de octubre de 1924.

"Costumbres femeninas", en *Crónica Femenina*, año I, núm. 13, 30 de octubre de 1924.

"Charla Semanal", en *Crónica Femenina*, año I, núm. 18, 4 de diciembre de 1924.

"¿Cómo trabajan las mujeres en las tiendas y oficina, las fábricas y el hogar?", en *Crónica Femenina*, año II, núm. 25, 22 de enero de 1925.

"El hombre y la mujer", en *Crónica Femenina*, año II, s/n, 10 de febrero de 1925.

"Una joven suicida", en *Crónica Femenina*, año II, núm. 30, 26 de febrero de 1925.

"Las madres deben instruirse", en *Crónica Femenina*, año II, núm. 35, 2 de abril de 1925.

"El feminismo en el extranjero. Las mujeres sufragistas", en *Crónica Femenina*, año II, núm. 41, 14 de mayo de 1925.

Sección Temas Femeninos (s/t), en *Crónica Femenina*, año II, núm. 41, 14 de mayo de 1925.

"Mujeres de hoy y mujeres de ayer", en *Crónica Femenina*, año II, núm. 44, 4 de junio de 1925.

### *Alborada. Revista de sociología, literatura y arte* (1918)

González Castillo, José y Alberto T. Weisbach, "Los dientes del perro", en *Alborada*, año 2, núm. 14, 15 mayor de 1918.

### *El hogar. Ilustración semanal argentina* (1915)

"Las mujeres y la ansiada paz", en *El hogar*, año XII, núm. 275, 8 de enero de 1915.

"Lo que piensan las mujeres de la moda masculina", en *El hogar*, año XII, núm. 275, 8 de enero de 1915.

"Higiene y educación del niño", en *El hogar*, año XII, núm. 275, 8 de enero de 1915.

"Notas y comentarios de actualidad", en *El hogar*, año XII, núm. 275, 8 de enero de 1915.

"En qué se conoce a los ladrones", en *El hogar*, año XII, núm. 275, 8 de enero de 1915.

### *Femenil. Ilustración semanal argentina* (1925-1926)

"El eterno femenino", en *Femenil*, año II, núm. 17, 4 de enero de 1925-1926.

"De cómo la mujer perdió su encanto", en *Femenil*, año II, núm. 18, 11 de enero de 1925-1926.

"Una página sobre feminismo", en *Femenil*, año II, núm. 18, 11 de enero de 1925-1926.

"Cuantos más diplomas menos casamientos. Cosas del tiempo", en *Femenil*, año II, núm. 19, 18 de enero de 1925-1926.

"Las solteronas", en *Femenil*, año II, núm. 28, 22 de marzo de 1925-1926.

### *La vida moderna. Semanario. Magazine argentino* (1907)

"La emancipación de la mujer en Egipto", en *La vida moderna*, año 1, núm. 2, 25 de abril de 1907.

"Feminismos. La mujer juez", en *La vida moderna*, año 1, núm. 3, 2 de mayo de 1907.

"En el Liceo de Señoritas. La huelga de las alumnas", en *La vida moderna*, año 1, núm. 5, 16 de mayo de 1907.

### *Providencia femenina* (1930)

"Sobre el feminismo", en *Providencia Femenina*, núm. 4, 24 de junio de 1930.

"Maternidad consciente", en *Providencia Femenina*, núm. 4, 24 de junio de 1930.

"Colaboración de la mujer con el esposo", en *Providencia Femenina*, núm. 4, 24 de junio de 1930.

"Matrimonio ideal", en *Providencia Femenina*, núm. 5, 1º de julio de 1930.
"Sobre feminismo", en *Providencia Femenina*, núm. 5, 1º de julio de 1930.
"El matrimonio", en *Providencia Femenina*, núm. 6, 8 de julio de 1930.
"Sobre el feminismo", en *Providencia Femenina*, núm. 6, 8 de julio de 1930.
"Sobre el feminismo", en *Providencia Femenina*, núm. 9, 5 de agosto de 1930.
"Cultura y maternidad", en *Providencia Femenina*, núm. 14, 9 de septiembre de 1930.
"Maternidad metódica y moral conyugal", en *Providencia Femenina*, núm. 15, 16 de septiembre de 1930.
"Sobre el feminismo", en *Providencia Femenina*, núm. 19, 21 de octubre de 1930.
"Una encuesta femenina", en *Providencia Femenina*, núm. 20, 28 de octubre de 1930.
"Sobre el feminismo", en *Providencia Femenina*, núm. 23, 25 de noviembre de 1930.
"La mujer", en *Providencia Femenina*, núm. 24, 15 de diciembre de 1930.

### *Archivo social. Revista Quincenal Documental (del Secretariado Nacional de la Unión Popular Católica Argentina).* Colección de Documentos para el Estudio y para la Acción

"El servicio social femenino. Su organización en Francia", en *Archivo Social*, año 1, s/n, 25 de mayo de 1920.
"Congreso feminista", en *Archivo Social*, año 1, núm. 3, 10 de junio de 1920.
"La mujer en la elecciones comunales belgas", en *Archivo Social*, año 1, núm. 5, 10 de julio de 1920.

"El salario familiar", en *Archivo Social*, año 1, núm. 9, 10 de septiembre de 1920.

"El servicio doméstico", en *Archivo Social*, año 1, núm. 16, 25 de diciembre de 1920.

### *La revista. Artes y letras* (Córdoba, 1884)

"Las solteronas", en *La revista*, núm. 22, 22 de noviembre de 1884.

### *Los 20 años. Periódico semanal*

"Ridículo", en *Los 20 años*, año 1, núm. 15, 20 julio de 1884.

"Las mujeres que escriben", en *Los 20 años*, año 1, núm. 15, 20 de julio de 1884.

### *El artesano. Órgano defensor de los gremios obreros*

"Para vosotras. Lecciones máximas y consejos (que no deben leer los hombres)", en *El artesano*, año 1, núm. 1, 13 de diciembre de 1884.

### *Ideas. Revista bimestral. Órgano del Ateneo de Estudiantes Universitarios* (1917-1918)

"Una cátedra inmoral", en *Ideas*, año II, núm. 11, mayo de 1917.

Sin título. Sección Libros, Folletos, Revistas y Artículos, en *Ideas*, año III, núm. 16, marzo de 1918.

### *El sol del domingo* (1898-1899)

"La mujer moderna", en *El sol del domingo*, 18 de diciembre de 1898.

### *El sol. Semanario artístico literario* (1899)

"La mujer moderna", en *El sol*, núm. 59, 8 de noviembre de 1899.

### *Don Quijote moderno* (1904-1905)

Jueves 4 de agosto de 1904.
Jueves 11 de agosto de 1904.
Noviembre / diciembre de 1904.
8 de febrero de 1905.
4 de octubre de 1905.

### *El álbum de las niñas* (Dolores, 1887)

"El bello sexo", en *El álbum de las niñas*, año 1, núm. 2, 15 de julio de 1887.

### *El unionista. Órgano de la clase obrera* (1877-1878)

"La misión de la madre", en *El unionista*, 16 de diciembre de 1877.
"La moral", en *El unionista*, 30 de diciembre de 1877.
"La madre", en *El unionista*, 18 de enero de 1878.

### *El puente de los suspiros* (1878)

"Guerra a la esclavitud blanca", en *El puente de los suspiros*, año I, núm. 8, 26 de abril de 1878.

### *Nana. Diario racionalista para hombres "solos"* (1880)

"El adulterio", en *Nana*, año I, núm. 5, 15 de abril de 1880.

## El privilegio de la fotografía

*Alejandra Niedermaier*

### Introducción

La celebración del Bicentenario contribuye a reabrir el campo de la reflexión y la realización de un recorrido interpretativo sobre los distintos sentidos que mostraban las imágenes en ocasión del Centenario. El presente análisis estudiará pues las fotografías que acompañaron las diferentes miradas que existían sobre el desarrollo de la nación alrededor de aquellos años.

Aproximadamente a fines de los años 1870, la generación de políticos y pensadores de América Latina se encontraba influenciada por la corriente positivista y liberal, y procuraba acercarse a estas ideas que ya circulaban en Europa y en Estados Unidos convirtiendo, de este modo, a los pensamientos de Auguste Comte y Herbert Spencer en un recurso organizador que marcará la cultura a comienzos del siglo XX.

El momento en que la fotografía aparece en Europa estaba teñido por el crecimiento industrial y, por lo tanto, se encontraba enmarcado en el concepto de modernidad que primaba en esas naciones; concepto que se traslada, a su vez, a las naciones latinoamericanas. El siguiente comentario de Alfredo Ferreira en el número 1 de la revista *La escuela positiva*[141] nos ayuda a comprender los pensamientos imperantes:

---

[141] Editada en la provincia de Corrientes. El número corresponde a febrero de 1895.

El positivismo es la ciencia espiritualizada, sistematizada y generalizada. Fuera de la ciencia no hay nada: después de abrazar el arte y la industria, ella puede llegar hasta predecir la aparición de un grande hombre con el advenimiento de un acontecimiento social del futuro, como el paso de un cometa en el cielo.

Durante estos años constitutivos se puede observar, como proyecto común, el deseo de construir una "nación", más allá de que este concepto no tuviese una significación unificada. Ese proyecto era, entonces, un objetivo a alcanzar que partía de las élites gobernantes pero que involucraba a todos los sectores de la sociedad. En sus celebraciones, los distintos países buscaron mostrar los ideales y proyectos de modernidad y progreso mencionados. Así, los textos visuales de aquellos años permiten entrever cuestiones que muestran los aspectos únicos de una sociedad, pero también los aspectos comunes de las distintas comunidades.

Son varios los elementos constitutivos de una simbología política entre los que se encuentran los ritos, las insignias, las imágenes y las ceremonias. Raymond Williams denomina "tradición selectiva" a la conjunción de estos elementos, entendida como el modo en que los grupos dominantes seleccionan, preservan y muestran un bien cultural, operando, de esta forma, sobre los procesos de definición e identificación socioculturales.[142] Por su parte, Eric Hobsbawm emplea la denominación "tradición inventada" para definir "tradiciones efectivamente inventadas, elaboradas y formalmente establecidas, y aquellas que emergen en forma no tan fácilmente rastreable dentro de un período breve e identificable cronológicamente".[143]

---

[142] Williams, Raymond, *Marxismo y literatura*, Barcelona, Península, 1980.
[143] Hobsbawm, Eric, "La invención de tradiciones", en Hobsbawm, Eric y Ranger, Terence, *La invención de la tradición*, Madrid, Crítica, 2002.

El historiador británico se refiere pues al conjunto de prácticas rituales o simbólicas que tienen por objeto introducir valores que impliquen una continuidad con el pasado. Además, toda conmemoración es concebida en un presente con la intención de incidir sobre ese mismo presente.

En igual sentido, Benedict Anderson le otorga especial importancia al rol que desempeña la literatura impresa en diarios y revistas como un recurso simbólico eficaz para el surgimiento de un sentimiento nacional.[144]

Las imágenes que se encuentran en los álbumes especialmente publicados para la ocasión, en los diarios y en los magazines, resultaron, de este modo, extremadamente ricas para comprender las formas de representación de esa sociedad y de su entramado discursivo. La fotografía como elemento de la modernidad integra, entonces, el armado de las tradiciones de los países latinoamericanos que se constituyeron alrededor de los años decimonónicos. De esta manera, se puede concebir la construcción de un imaginario como si se tratara de un rompecabezas de signos que el ciudadano decodificaba y armaba, y de algún modo, como si a través de este lograra percibir, elaborar y denotar la identidad de cada sociedad, buscando al mismo tiempo, connotarla.[145]

Antonio Gramsci consideraba que la clase dirigente no gobierna solo por la fuerza, sino también por la persuasión.

---

[144] Anderson, Benedict, *Comunidades imaginadas. Reflexiones sobre el origen y la difusión del nacionalismo*, México, Fondo de Cultura Económica, 1993.

[145] En varios de sus libros (*La cámara lúcida*, *La torre Eiffel* y *Cómo vivir juntos*) Roland Barthes se refiere al binomio denotación / connotación, entendiendo que la denotación aporta el aspecto referencial del mensaje, mientras que la connotación tiene la facultad de provocar una segunda significación y ser generadora de relatos. La dinámica del signo reside precisamente en estos deslizamientos constantes entre el mensaje denotado y el mensaje connotado.

En este mismo sentido, José María Ramos Mejía, seguidor de los pensamientos de Gustave Le Bon (1841-1931), quien consideraba que el lazo social que reúne a los individuos es un lazo simbólico, reconocía en 1899, en *Las multitudes argentinas*, la importancia que tenían las imágenes sobre la multitud, en tanto que los símbolos se tornan más significativos cuando aparecen configurados en imágenes. De este modo, la fotografía, al ser un signo indicial y en función de su valor representacional y metonímico, desarrolló en aquellos años un imaginario que favorecía la ilusión al estimular el contacto, lo vincular y lo fático. En varias de las imágenes publicadas se observan los elementos persuasivos que conforman los lazos simbólicos mencionados.

Por su parte, Joaquín V. González establece lo siguiente sobre el empleo de la imagen, en el prólogo al manual escolar escrito especialmente para la conmemoración:

> Completa conceptos, relatos y descripciones [...]. La historia, más que ilustrada, referida por la imagen misma, tiene una existencia y un interés distinto del de la obra literaria, difícil de realizar en estos grados de la escala didáctica; vive por el poder evocador del arte, se grava con el doble interés patriótico y humano, y crea en la conciencia del estudiante ideas propias, por la inducción subconsciente que la figura por sí misma provoca en el observador.[146]

Precisamente, examinar las imágenes significará lo que Michel Foucault menciona en su libro *La arqueología del saber:* "Mostrar según qué reglas una práctica discursiva puede formar grupos de objetos, conjuntos de enunciaciones, juegos de conceptos, series de elecciones teóricas".[147]

---

[146] Imhoff, Carlos y Levene, Ricardo, *La historia argentina de los niños en cuadros*, Buenos Aires, Edición del Centenario, Librería Nacional de J. Lajouane y Cía, 1910, p. 3.

[147] Citado por Agamben, Giorgio en *Signatura Rerum*, Buenos Aires, Adriana Hidalgo editora, 2009, p. 20.

A fines de junio de 1910, el político francés Georges Clemenceau viajó a Buenos Aires para pronunciar una serie de conferencias. Durante su viaje,[148] Clemenceau fue interceptado en Montevideo por periodistas y fotógrafos, provocándole la siguiente reflexión:

> Lo peor es que nada es sagrado para el fotógrafo argentino. Es omnipresente y goza del execrable *privilegio* de encontrarse en vuestra casa como en la suya. [...] Os deslumbran con un fogonazo de magnesio y os envenenan con su humo, por lo que el jefe de la casa se apresura a darles las gracias.[149]

Fig. 1. Georges Clemenceau en su escritorio del Plaza Hotel, *La ilustración sudamericana*, 30 de julio 1910.

Otro ejemplo lo aporta el escritor argentino Juan José de Soiza Reilly (1880-1959) a través de la siguiente anécdota publicada primero en la revista *Caras y Caretas*, y luego en su libro *Cerebros de París*, editado durante el transcurso de

---

[148] Clemenceau cita en su libro al buque Regina Elena como el que lo trajo al Río de la Plata, mientras que De Vedia nombra un vapor italiano llamado Savoia.

[149] Clemenceau, Georges, *Notas de viaje por América del Sur*, Buenos Aires, Hyspamérica, 1986, pp. 17-18.

1910, al transcribir un episodio fechado en el mes de febrero y que le relatara el novelista francés Paul Adam (1862-1920):

> En el mismo momento en que yo penetraba en el hotel, una admirable señorita, vestida de blanco, vino hacia mí. Me llamó. Habíame reconocido por algunas fotografías vistas en Buenos Aires: esta joven señorita reconocía al autor de *La fuerza* bajo el traje polvoroso del viajero. Encantadora y tímida, la niña me rogaba que le escribiera algunas frases sobre su álbum, engalanado de firmas ilustres.[150]

La fotografía es un dispositivo ideal para cepillar a contrapelo la historia, tal como proponía Walter Benjamin. Es por esto que el presente proyecto se propone abordar, desde las imágenes que se encuentran en las diferentes publicaciones de la época, cómo se ha desarrollado la relación entre los visitantes extranjeros que viajaron al país alrededor del Centenario y los residentes locales. Asimismo, indagar si las fotografías de la época responden a las impresiones que cada uno de los viajeros recogió durante su estancia en el país y que fueran volcadas, posteriormente, en libros o artículos escritos por ellos.

A partir de 1810 comenzaron a generarse sueños de una sociedad diferente. En los cien años que separaron este comienzo de 1910 se puede apreciar la construcción de un imaginario visual basado en esa esperanza. Un imaginario que da cuenta no solo de la esperanza, sino también del debate. Un debate que surge en correspondencia con la presencia de grupos "politéticos".[151] Aparecieron así imágenes que representaban entidades diferentes, recuerdos verdaderamente inscriptos en la memoria colectiva, y

---

[150] Escales, Vanina, *Crónicas del Centenario, Juan José de Soiza Reilly*, Buenos Aires, Biblioteca Nacional, 2008, p. 323.

[151] Burke, Peter, *Historia y teoría social*, Buenos Aires, Amorrortu Editores, 2007, p. 54.

aquellos que debían inscribirse, todos tendientes a proyectar los objetivos hacia el futuro. Asimismo, fotografías que documentaron momentos de honda tensión en los cuales se podían entrever conflictos ligados, por un lado, a la lucha de clases (la protesta obrera, el anarquismo, el socialismo), y por el otro, a las demandas y presiones de las clases medias por democratizar el régimen político y los canales de acceso a las instituciones culturales.

Los diferentes visitantes participaron de un modo o de otro, por voluntad propia o simplemente por su presencia, en esa discusión. Las visitas en diferentes fechas de Enrico Ferri (1908 / 1910), Anatole France (1909), Vicente Blasco Ibáñez (1909), Jules Huret (1909), Genaro Bevioni (1910), Georges Clemenceau (1910), Adolfo Posada (1910) y Jean Jaurès (1911) significaron, de algún modo, una mirada desde y hacia el exterior por parte de un país que trataba de proyectarse como una nación, concepto que, por lo ya indicado, no tenía una significación unificada. La fotografía permitió, entonces, visualizar e interpretar los acontecimientos tendiendo a una permanente construcción y reconstrucción visual de la comunidad en el transcurso de los años.

En este sentido, a continuación se tratará de explorar, a través de las fotografías, la relación que establecieron los "viajeros" con distintas personalidades y entidades locales, como así también las imágenes que describen el aspecto de la ciudad a la que arribaron y que ellos mismos se encargaron de narrar.

Se examinarán, para esta indagación, las fotografías publicadas en los magazines *Caras y Caretas*[152] y *PBT*, así como la revista quincenal *La ilustración sudamericana* y *El hogar*, entre otras. Se sumarán asimismo las imágenes provenientes

---

[152] La revista *Caras y Caretas* (1898-1941) fue la primera publicación en incorporar la fotografía de modo preponderante. Sus narrativas visuales constituyeron verdaderas construcciones culturales.

de los álbumes celebratorios, en particular el editado por Manuel Chueco denominado *La República Argentina en su primer centenario*, impreso por la Compañía Sudamericana de Billetes de Bancos en Buenos Aires. Tiradas especiales de los distintos medios gráficos como el del diario *La Nación* se incorporarán también a esta pesquisa. Se considerarán, además, las fotos producidas por el Estudio Witcomb[153] y por la Sociedad Fotográfica Argentina de Aficionados.[154]

La imagen del Centenario fue difundida, a su vez, por una numerosa cantidad de postales que recogían la cualidad de conmemoración, integrando así el conjunto de elementos que contribuían a la "invención de una tradición" ya mencionada. La postal es, junto a otras formas de representación, conformadora del imaginario visual del paisaje y de los habitantes de un país. Desde su aparición en nuestro país en el año 1897, esta tarjeta enmarcada en un proceso de modernización cobra un serio impulso, y navegaba entre las esferas pública y privada. Pública, porque era un elemento democratizador de la imagen, ya que circulaba por distintos lugares y sectores. Privada, porque se desarrollaba dentro del ámbito del intercambio epistolar e, incluso, como un modo de coleccionismo, de acumulación objetual. De alguna manera, la postal se

---

[153] Alejandro Witcomb (1835-1905), de origen inglés, le compra al fotógrafo Christiano Junior su estudio de la calle Florida, destacándose como retratista. Luego, sus hijos y otros convierten el estudio en uno de los más prestigiosos con sucursales en Rosario y Mar del Plata. A partir de 1896, se agrega al estudio una galería de arte que contaba con un amplio programa de exposiciones. El mencionado estudio es el responsable de la fotografía oficial de los presidentes de Argentina hasta 1960. Las fotografías producidas por el estudio han originado una importante colección.

[154] El 29 de abril de 1889 se forma la Sociedad Fotográfica Argentina de Aficionados. Su funcionamiento se registra entre los años 1889 y 1926. Esta sociedad se convirtió en uno de los principales proveedores de fotografías para la prensa argentina y su costumbre era no firmar individualmente las imágenes sino simplemente consignar SFA de A.

constituía también en un elemento significante de consumo. Circulaban en formato postal imágenes paisajísticas y urbanas, de próceres, de personajes políticos contemporáneos y reproducciones de obras de arte. Todas poseían una estética despojada de conflictos y un perceptible carácter propositivo. En otras se utilizaba la figura femenina como una apoyatura decorativa que recuerda que la mujer es portadora de una densidad simbólica que está adherida a su imagen. Las representaciones de la Justicia, la Libertad, la Victoria, la Fraternidad solían ser femeninas.[155]

Fig. 2. Llegada Jean Jaurès, *PBT*, 16 de septiembre 1911.

---

[155] Son ejemplos de esto: Marianne, la figura de la República Francesa (las primeras representaciones de una mujer con gorro frigio como alegoría de la Libertad y la República aparecen durante la Revolución Francesa). En el cuadro de Eugene Delacroix (1798-1863) *La Revolución / Libertad conduciendo al pueblo*, la Libertad es una mujer perteneciente al pueblo que enarbola la bandera tricolor y que, también, lleva un gorro frigio. En *La República* de Honoré Daumier (1808-1879), la República es representada por una mujer que sostiene una bandera en una mano, dos niños se alimentan de sus pechos y la otra mano sostiene a uno de ellos. Pintada en 1848, representa una alegoría que simboliza a la mujer como la madre de los franceses.

## La fotografía: un modo de visualizar la historia

"La fotografía levanta una parte del telón negro que el olvido arroja sobre el pasado de las cosas."

*Robert Demachy*[156]

Desde 1840, año de su aparición en las naciones latinoamericanas, el lenguaje fotográfico ha acompañado los procesos de constitución de estas naciones al trasladar en imágenes las preocupaciones esenciales, tanto individuales como colectivas, del hombre. Las fotografías se constituyen así en verdaderos "operadores de inscripción"[157] que contribuyen a un proceso de sedimentación de identidad colectiva.

El lenguaje visual como verdadero vehiculizador de inscripción se basa en mecanismos metafóricos y metonímicos que establecen relaciones de semejanza y de contigüidad. La convocatoria a la visualización de imágenes es, entonces, un acontecer recurrente; cada vez que un suceso es relatado y/o recordado las proyecciones reaparecen. Resulta pues un mapa visual que capta una dialéctica existente entre un comportamiento que se torna significativo al ser comunicado, y que es comunicado porque asume un sentido colectivo donde, al mismo tiempo, se puede encontrar la subjetividad del individuo que obtura.

Así, el carácter indicial del signo fotográfico contribuye a una visualización palpable de un suceso que

---

[156] Robert Demachy (1859-1938) fue banquero, pintor y fotógrafo. Considerado uno de los mayores exponentes del pictorialismo francés, publicó, además, varios textos: *Photo aquatint*, *The gum bichromate process* y, en 1906, *Les procédés d'art en Photographie*.

[157] Dubois, Philippe, "Máquinas de imágenes: una cuestión de línea general", en *Video, Cine, Godard*, Buenos Aires, Libros del Rojas, UBA, 2000, p. 18.

realmente existió. Reconociendo este carácter, Giles Deleuze y Felix Guattari distinguen una memoria corta y una larga. Consideran que la memoria larga (que es la que nos interesa en este caso) es "arborescente", y que se manifiesta a través de signos indiciales como el calco y la foto.[158]

En virtud de que la fotografía conlleva un poder de conocimiento, el modo en que se despliega (su repertorio de usos) explicita distintas intenciones. Umberto Eco hace referencia a las siguientes: la intención del autor, la intención de la obra y finalmente la intención del receptor. Con respecto a las publicaciones debemos agregarle la intención del comitente. Otros elementos a considerar son lo que una imagen incluye y lo que excluye, ya que esto contribuirá a poder extraer su "excedente de significación",[159] que por otra parte, va más allá de las intencionalidades mencionadas.

De este tipo de sistema se desprende que la significación que posee una fotografía convoca y organiza la memoria. La fotografía como huella de un suceso ocurrido adquiere un valor de testigo (el "yo estuve aquí"[160] del fotógrafo y de lo fotografiado) y, a su vez, de símbolo.

Pierre Nora realiza una distinción pero, a su vez, integra los conceptos de memoria e historia, en la medida que la historia es producto de un relato que surge de la memoria.[161] La memoria se torna, entonces, un elemento constituyen-

---

[158] Deleuze, Giles y Guattari, Félix, *Mil mesetas. Capitalismo y esquizofrenia*, Valencia, Pre-textos, 1996, p. 21.

[159] Bourdieu, Pierre, "Introducción", en Bourdieu, Pierre (comp.), *La fotografía: un arte intermedio*, México, Editorial Nueva Imagen, 1980, p. 23.

[160] Se hace referencia aquí a la inscripción que Jan van Eyck (1390-1441) introduce en su pintura *El matrimonio Arnolfini* (1434, National Gallery).

[161] Corradini, Luisa, "No hay que confundir memoria con historia", Entrevista en *La Nación* del 15 de marzo de 2006.

te de la identidad de una sociedad. Walter Benjamin, en *Pequeña historia de la fotografía*, señala que solo a través de este lenguaje podemos percibir el "inconsciente óptico" del mismo modo que gracias al Psicoanálisis estamos en condiciones de percibir el "inconsciente pulsional".[162] Podemos inferir, entonces, que el estudio histórico de la imagen fotográfica forma parte del estudio de la historia social y cultural. En virtud de que la memoria se apoya en discursos con valor de verdad (valor que conlleva el lenguaje fotográfico desde su nacimiento y que, a pesar de diferentes simulacros, sigue manteniendo) las imágenes imprimen efectos de verdad.

En esta búsqueda hermenéutica se encontrarán, entonces, fotografías en donde aparecen elementos desconocidos y remotos que se unen a otros que resuenan de un modo más familiar y cercano. En estos como en todos los casos, se apelará a una lectura interdisciplinaria, abierta y receptiva que parta de un punto de vista abarcador. Henri Irenée Marrou afirmaba en 1954:[163]

> Muchas veces la existencia de la documentación se revela recién el día en que un historiador, el primero en interesarse por ese problema, la reclame, la busque, la haga surgir mediante procesos ingeniosos, imaginados con esa finalidad.[164]

---

[162] Benjamin, Walter, "Pequeña historia de la fotografía", en *Conceptos de filosofía de la historia*, Buenos Aires, Terramar Ediciones, 2007, p. 187.

[163] Marrou, Henri Irenée, *El conocimiento histórico*, Barcelona, Editorial Labor, 1968.

[164] En este mismo sentido, Jean Louis Comolli, en el libro *Filmar para ver*, relata que en abril de 1944 un avión americano que buscaba relevar fábricas en territorio alemán tomó unas fotos de Auschwitz a aproximadamente siete mil metros de altura. Las imágenes fueron interpretadas en Inglaterra. Encontraron así fotos de una central eléctrica y de varias fábricas pero como nadie les había pedido que buscaran un campo de concentración no repararon en Auschwitz. Recién en 1977 dos empleados de la CIA se dedicaron a buscar en los archivos y analizaron estas imágenes. Treinta y tres años después se comenzaron a identificar los

De este modo, el documento visual se torna un desafío para el historiador en virtud de que implica la mirada del sujeto fotografiado sumada a la mirada del fotógrafo, y a su vez, cómo fue considerada la imagen en la época de su trasmisión. Precisamente es a partir de esta sumatoria que las imágenes conllevan y desarrollan un relato. Es tarea del investigador poder abrir su contenido para extraer de ellas sus posibilidades enunciativas, las analogías, las contraposiciones y las simetrías. De esta manera, se puede construir una profunda y totalizadora comprensión posible. Un procedimiento que incluya lo que Heidegger denominó "círculo hermenéutico", es decir, un análisis que contenga la totalidad de la significación de una imagen por medio también de sentidos parciales que convoquen a una lectura integradora.

Fig. 3. Postal Centenario, Provincia de Córdoba, Colección Mariana Eguía. Gentileza de Mariana Eguía.

---

distintos edificios que conformaron el campo de concentración mencionado (Buenos Aires, Editorial Simurg, 2002, p. 315).

## Alrededor de los visitantes

El mes de abril y los primeros días de mayo de 1910 (la llegada, el día 18, de la Infanta Isabel de España marca el comienzo de un período de tregua de los conflictos imperantes) se caracterizaron por momentos verdaderamente turbulentos, ya que sucedieron distintos hechos, entre otros: una huelga general, estado de sitio, bandas armadas integradas por jóvenes pertenecientes a la oligarquía porteña y apoyados por la Policía. En este clima aconteció un incidente particular: el intencional incendio en la noche del 4 de mayo del circo de Frank Brown (que residía en la Argentina desde 1884), ubicado en la esquina de Córdoba y Florida. Este circo se caracterizaba por presentaciones gratuitas o a precios muy bajos e intentaba que las personas de menores recursos pudiesen gozar de espectáculos durante los festejos. Sin embargo, los diarios se opusieron, ya que consideraban que se trataba de una "ominosa barraca" y de un "adefesio indigno"[165] que iba a dejar una mala impresión en los visitantes extranjeros. El diario *La Prensa*, tras el hecho, opinó sobre "la buena obra de la juventud compelida a recurrir a los recursos heroicos" refiriéndose a los que ejecutaron la quema.

Quizás el escritor y pintor catalán Santiago Rusiñol (1861-1931), que viajó por las ciudades de Buenos Aires, Rosario y Córdoba para asistir a su ya estrenada obra de teatro "El redentor", estrenar otra llamada "El místico" y visitar la Exposición Internacional de las Bellas Artes de Buenos Aires, haya sido uno de los pocos visitantes que pudieron vivenciar directamente las contradicciones que coexistían durante la conmemoración. La revista catalana *Esquella de Torraxa* requirió su opinión:

---

[165] *La Razón* y *La Prensa*, respectivamente.

> La Argentina es un país de libertad, por eso, para celebrar el Centenario de la misma, lo han hecho bajo un estado de sitio que ha durado cinco meses.[166]

Colaborador de diarios socialistas, pasó algunos días en la cárcel detenido junto a simpatizantes anarquistas; realiza la siguiente observación:

> Con motivo del Centenario, nunca habíamos visto tantas banderas, ni tantos lacitos, ni tantas señales de patriotismo. [...] Salís a la calle, y por todas pasan grupos cantándoos el himno, y al que no se quita el sombrero se lo quitan de un garrotazo; no hay estatua de caudillo ni de conmemoración a cuyo pedestal no canten el himno, y en los entreactos y en los cafés, y donde están de broma y donde están serios, llega siempre alguien a himnetizar.[167]

Sobre el arte argentino, Rusiñol pronuncia:

> No hemos visto ningún país, de todos los que conocemos, en que los artistas y los poetas se alejen más del espíritu de su tierra natal.

Hacía referencia, de este modo, a que los escritores estaban más interesados en Baudelaire, Verlaine, D'Annunzio y otros que en sus propios poetas, y que lo mismo sucedía en pintura: "Por cada pintor que pinte el Paraná, hay veinte que pintan el Sena".[168]

Se registró también la visita de Ramón del Valle Inclán, que junto a su esposa, la actriz Josefina Blanco, arribaron a Buenos Aires el 22 de abril del año del Centenario para presentar algunas de sus obras de teatro y brindar cinco

---

[166] Citado por Salas, Horacio, *El Centenario*, Buenos Aires, Editorial Planeta, 1996, p. 108.
[167] Rusiñol, Santiago, *Un viaje al Plata*, Madrid, V. Prieto y Compañía Editores, 1911, p. 98.
[168] Ibíd.

charlas. El arribo de todos los visitantes inaugura en la Argentina el hábito de las conferencias.

Por su parte, el inventor italiano Guglielmo Marconi, quien en 1894 había logrado poner en funcionamiento un timbre eléctrico inalámbrico y había modificado también la telegrafía, dictó conferencias y efectuó demostraciones científicas.

La mayoría de los viajeros, que a continuación se analizarán en detalle, han elaborado un documento escrito relatando sus impresiones de la visita a nuestro país. En ese sentido, desempeñan una simultaneidad de roles: se convierten en actores y narradores al mismo tiempo. Se trata pues de un desplazamiento del sujeto de la experiencia al de la escritura: el que narra es el mismo que viaja y, a su vez, el que viaja también narra.[169]

Fig. 4. Incendio Circo Brown, *La Razón*, 5 de mayo de 1910.

---

[169] Zanetti, Susana (comp.), *Las crónicas de Rubén Darío en* La Nación *de Buenos Aires 1893-1916*, Buenos Aires, Eudeba, 2004.

IMÁGENES DE LA NACIÓN                                            181

Fig. 5. Infanta Isabel, Archivo *Caras y Caretas*, AGN.

## Enrico Ferri, el portavoz oficial de la colonia italiana

Georges Clemenceau, en sus *Notas de viaje por América del Sur*, describe a Ferri del siguiente modo:

> El eminente profesor de derecho Enrique Ferri [...] es, desde hace bastante tiempo, en razón de sus frecuentes campañas oratorias en la Argentina, el portavoz oficial de la colonia italiana. Perfecta amenidad, flexibilidad de imaginación, altura de miras y generosa elocuencia: tantos títulos reunidos forzaban la atención pública a pesar de algunas resistencias de extrema derecha, por temor del socialista y de extrema izquierda por rencor de antiguas solidaridades rotas. [...][170]

---

[170] Clemenceau, Georges, *op. cit.*, pp. 67-68.

Clemenceau sigue relatando:

> He tenido la gran satisfacción de asistir a la primera de las conferencias de Enrico Ferri en la escuela de derecho. El punto era "Justicia Social". Jamás encontró la fuerte y ardiente elocuencia del gran orador un público mejor preparado a sus altas lecciones de derecho humanitario.[171]

Cuando Argentina recibe su primera visita en 1908 (regresa en 1910), Enrico Ferri (1856-1929) acababa de dimitir de la dirección de *L'Avanti*, el periódico del partido socialista; incluso se había alejado también del Partido Socialista Italiano. Sin embargo, mantenía su creencia en un socialismo evolucionista.

Ferri dio el 26 de octubre en el teatro Victoria una conferencia a beneficio del diario socialista *La Vanguardia*, bajo el tema "El socialismo qué es y cómo se realizará":

> Aquí, en cambio, me parece que el partido socialista es importado por los socialistas de Europa que inmigran a la Argentina, e imitado por los argentinos al traducir los libros y folletos socialistas de Europa. Pero las condiciones económico-sociales de la Argentina, que se encuentra en la fase agropecuaria (aunque técnica) son tales que hubieran evidentemente impedido a Carlos Marx escribir aquí *El Capital*, que él ha destilado con su genio del industrialismo inglés.[172]

Juan B. Justo relata en la *Revista socialista internacional* del 15 de diciembre de ese año sus impresiones acerca de la visita. Reconoce el "gran talento verbal" del visitante, pero muestra su desilusión ya que a cinco horas de desembarcar en la ciudad Ferri hablaba del socialismo como

---

[171] Ibíd., p. 75
[172] *Revista socialista internacional*, 15 de diciembre de 1908, p. 21.

una "flor artificial" para la Argentina.[173] Justo se expresa del siguiente modo:

> Habla el profesor Ferri, con una ligereza estupenda, de nuestro programa mínimo. Encuentra que nuestras aspiraciones del momento, las 8 horas, etc., son muy poca cosa. [...] No sabemos si es por las circunstancias peculiares de su viaje a Sud América, pero el profesor Ferri parece mirar el Socialismo como una promesa, como una creencia [...] Para nosotros, el Socialismo es la acción en bien del pueblo trabajador.[174]

Carlos N. Caminos, en el mismo número, también demuestra su desagrado:

> Ferri no ha querido descender de su cátedra; y las perspectivas son muy engañosas para los que contemplan la realidad desde tan alto asiento. Retorna sin conocer el país, sin explicarse qué elementos y qué fuerzas constituyen el núcleo de nuestra nacionalidad.[175]

En la revista antes mencionada, R. Wilmart[176] firma un comentario a la conferencia citada. Enlaza pues su propia opinión con lo manifestado por Ferri, tocando temas que resultan comunes y recurrentes entre todos los actores involucrados de esa época: la inmigración y los criollos. También escribe sobre cuestiones particulares al movimiento socialista y a la visita, como el intercambio de opiniones entre Ferri, Juan B. Justo y Alfredo Palacios.

La fotografía daba cuenta en distintos medios de los tópicos mencionados por todos ellos. Interesante es detenerse en las imágenes procedentes del archivo de la

---

[173] Ibíd., 15 de diciembre de 1908, p. 28.
[174] Ibíd., p. 34.
[175] Ibíd., p. 38.
[176] *Revista socialista internacional*, tomo I, núm. 2, 15 de enero de 1909.

revista *Caras y Caretas*, porque muestran la situación de aislamiento de los inmigrantes (incluso el epígrafe de la foto así lo indica), ya sea "comiendo pan duro" o leyendo el diario anarquista *La Protesta*. Teniendo en cuenta lo expresado por el historiador italiano Carlo Ginzburg en cuanto a que la disciplina histórica contiene, en su modo de inferir, un "paradigma indicial",[177] y considerando que la fotografía es un signo indicial, su utilización en general –y en este caso en particular– nos proporciona una huella directa tanto del imaginario como de los acontecimientos.

Fig. 6. Justo rebatiendo a Ferri, *Caras y Caretas*, 31 octubre de 1908.

---

[177] Ginzburg, Carlo, *Mitos, emblemas, indicios*, Barcelona, Gedisa, 1989, p. 158.

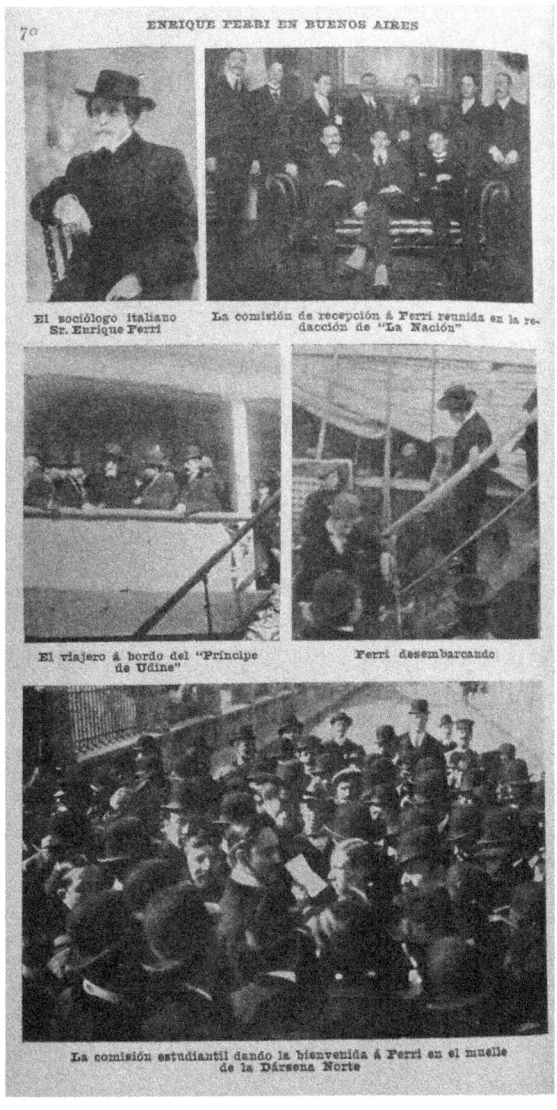

Fig. 7. Enrico Ferri, *PBT*, julio de 1908.

Fig. 8. Obrero leyendo diario anarquista *La Protesta*, Archivo *Caras y Caretas*, AGN.

## "Un pueblo sin pasado", Anatole France

Es "un pueblo sin pasado",[178] opinaba Anatole France sobre la Argentina al recibir la invitación para dictar una serie de conferencias en 1909. Con esta frase hace referencia al corto pasado histórico de la Argentina (comparado con Europa), que junto al fenómeno de incesantes y recientes corrientes inmigratorias significaba para France una falta de pertenencia, de histórica vivencia de lo que Georg Hegel denominaba la "sustancia" de las costumbres. Anatole François Thibault (1844-1924), a sus 65 años, declaraba:

---

[178] Citado por Sáenz, Jimena en la nota "Monstruos sagrados en el Centenario", *Todo es historia*, núm. 68, diciembre de 1972, p. 65.

Un viaje es una aventura y no es malo ver el otro lado de la Tierra antes de morir. Al cambiar de cielo tal vez se cambian los prejuicios.

Este escritor francés compartió junto a Georges Clemenceu y Jean Jaurès el apoyo a Émile Zola con respecto al caso Dreyfus y a la causa de la separación de la Iglesia del Estado. A diferencia de Clemenceau, era profundamente pacifista. En 1921 recibió el Premio Nobel de Literatura. Roberto Giusti recuerda que en la librería de Arnoldo y Balder Moen y en la de Espiasse distintos escritores buscaban las novelas de Anatole France "gustado e imitado por todos sus contemporáneos".[179]

Se conocen los entretelones de su viaje y de su estadía a través de los escritos de su secretario Jean Jacques Brousson, titulados *Anatole France en pantoufles* e *Itineraire de Paris à Buenos Ayres*. En este último libro, Brousson se presenta como el funcionario que, "para ir tirando a su servicio" ha "tenido que realizar las más peligrosas acrobacias intelectuales, traducciones, correcciones de pruebas [...]. He dado lecciones de francés a niños argentinos muy plateados. He hecho tesis para aspirantes a la Sorbona".[180] France, justamente, reclama el acompañamiento de su secretario diciendo:

> No sé quiénes me entrevistarán, me felicitarán, me fotografiarán, solicitarán autógrafos, dedicatorias... Será necesario advertirme, recordarme los nombres, las particularidades.[181]

En distintos apartados del texto, Brousson hace referencia a las postales fotográficas, ya sean "galantes" o

---

[179] Giusti, Roberto, *Visto y vivido*, Buenos Aires, Theoría, 1994, p. 94.
[180] Brousson, Jean Jacques, *Antole France en la Argentina: itinerario de París a Buenos Aires*, Buenos Aires, Excelsior, p. 14.
[181] Ibíd., p. 62.

de paisajes (comprados en los distintos países o en una librería de París que tiene un gran surtido y las vende ya timbradas y con un pequeño texto), e incluso en formato estereoscópico.[182]

En la escala que el barco hace en Río de Janeiro, los brasileños que lo visitan le reprochan no detenerse primero en Río, sugiriéndole además que en vez de elegir "un tema tan académico como Rabelais para sus conferencias debería elegir a [...] Augusto Comte como tópico a tratar".[183]

France llega poco después del 1º de mayo a Buenos Aires. Terribles enfrentamientos habían tenido lugar durante la jornada. Tras la represión policial hubo muertos y heridos y se arrestó a muchos manifestantes. Sin embargo, el visitante comenta:

> Yo no he venido aquí a hacer política sino literatura. Hubo algunos motines el 1º de mayo. También los hubo en Berlín, Roma y Pekín, en todas las ciudades del viejo y del nuevo mundo. ¿Por qué se me quiere complicar a mí? No nos salgamos de nuestro programa. Nuestro programa es Rabelais. Tengo que dar doce conferencias sobre Rabelais; ese es mi compromiso.[184]

Serios incidentes continuaron registrándose también el 4 de mayo mientras se esperaba la entrega de los cadáveres para poder ser llevados al cementerio. Se declaró una huelga general. Este suceso es conocido con el nombre "Semana roja". La revista *Caras y Caretas*, en su número

---

[182] En 1849 Sir David Brewster diseña y construye la primera cámara fotográfica estereoscópica para el registro binocular de dos fotos, logrando así una ilusión de tridimensionalidad. Construye también un visor con lentes para observarlas. Posteriormente, Oliver Wendell Holmes, en 1862, elabora otro modelo de estereoscopio de mano que se hace muy popular a finales del siglo XIX.

[183] Brousson, Jean Jacques, *op. cit.*, p. 153.

[184] Ibíd., p. 154.

del 7 de mayo, publica imágenes del día del trabajador del año siguiente. Las mismas muestran la visita al cementerio de Chacarita de un grupo de obreros para conmemorar a los muertos en el suceso del año anterior.

Brousson registra una "nube de fotógrafos" para recibirlos. También consigna que el arzobispo de Buenos Aires "ha fulminado una orden terminante contra Anatole France. Según este último, el escritor francés ha pasado los mares para venir a predicar el ateísmo. Es el representante viajero de Satanás".[185]

Roberto Fernando Giusti[186] relata que a las conferencias asistieron muy pocas personas en virtud de que "Rabelais" no resultaba un tema convocante, y además a causa de la oposición de la Iglesia. En su libro *Anatole France, el aspecto social de su obra*, publicado en 1920, menciona el escepticismo que ronda en la escritura y en las reflexiones, a veces contradictorias, que transmite el escritor francés. Al respecto, Giusti recuerda las siguientes palabras de France:

> No os acordéis del literato que ha hecho ironías. Acordaos del anciano de sonrisa dulce que ama la justicia y cree en el porvenir.[187]

Con la palabra "competencia" el secretario anuncia la llegada de Vicente Blasco Ibáñez:

> El programa de Blasco Ibáñez nos hace también mucho daño. Es necesario confesarlo, su "menú" es más abundante y más variado que el nuestro.[188]

---

[185] Ibíd., p. 166.
[186] Ensayista (1887-1978). Miembro del Partido Socialista y fundador de la revista *Nosotros*. Presidió la Sociedad Argentina de Escritores y fue miembro de la Academia de Letras. Publicó numerosos ensayos.
[187] Giusti, Roberto F., *Anatole France, el aspecto social de su obra*, Buenos Aires, Ediciones Selectas América, 1920, p. 258.
[188] Brousson, Jean Jacques, *op. cit.*, pp. 182-183.

Precisamente la estancia en Buenos Aires del escritor español Vicente Blasco Ibáñez coincidió con la de Anatole France. Dictó conferencias acerca de filosofía, teatro contemporáneo, ciencia y literatura española, entre otros temas.

Fig. 9. Llegada de Anatole France a Buenos Aires, *PBT*, 29 de mayo de 1909.

Fig. 10. Episodios del 1º de mayo, *PBT*, 12 de mayo de 1909.

## "La París de Sudamérica", Vicente Blasco Ibáñez

Las imágenes de Buenos Aires, que de acuerdo al censo dispuesto en 1909 por el intendente Güiraldes contaba con 1.231.698 habitantes, muestran que la ciudad era presentada al interior y al exterior como un modelo de modernización y progreso. Un modelo a ser imitado por las provincias y un elemento publicitario hacia el mundo para promocionar el país. Trataban de colocar a Buenos Aires en el plano internacional y, de este modo, situar a la Argentina entre una de las grandes naciones del mundo. En base a las imágenes y a los comentarios recibidos, el escritor español aventura decir sobre la capital que es "la París de Sudamérica".[189]

Los distintos álbumes que circularon en ese momento dan cuenta de ello. El ya mencionado álbum *La República Argentina en su primer centenario* de Manuel C. Chueco alerta al respecto:

> ¡París, soberana de las ciudades de la terrestre esfera, tu hermana muy joven aún, hasta hoy recatada, va a presentarse al mundo en mayo de 1910! ¡Puedes sentirte orgullosa! La humanidad al contemplarla absorta ante su soberbia belleza, verá que pertenece a tu misma estirpe. En todo se parece a ti. Sólo os diferencia la edad.[190]

Los álbumes celebratorios permitían así reunir distintos temas y otorgarles una especie de unidad. El escritor Roberto Payró, al identificar a la postal como un formato que posee las mismas características, trazó en el diario

---

[189] Salas, Horacio, "Buenos Aires 1910: capital de la euforia", en Gutman, Margarita y Reese, Thomas (comps.), *Buenos Aires, 1910. El imaginario para una gran capital*, Buenos Aires, Eudeba, 1999, p. 42.

[190] Chueco, Manuel, *La República Argentina en su primer centenario*, Buenos Aires, Compañía Sudamericana de Billetes de Bancos en Buenos Aires, s/f, p. 615.

*La Nación* una columna condenando "el reinado de las postales" por el "falso disfraz de arte e intelectualidad en que se envuelve" (especie de refinada manifestación de decadencia). En la misma nota, continuó manifestando que "la costumbre viene de muy atrás [...]. La colección de postales es hija legítima del álbum".[191]

En 1835, el cronista de costumbres español José de Larra expresaba en torno a este objeto: "¿Qué es la historia sino el álbum donde cada pueblo viene a depositar sus obras?".[192] Los álbumes, como el ya mencionado de Manuel Chueco *Álbum gráfico de la República Argentina en el primer centenario de su independencia*, de los Talleres Gráficos Rosso; el *Álbum Gráfico del Centenario* de J. Caffaro y Cía.; el *Gran panorama Argentino del Centenario* de Ortega y Radaelli, junto al *Estudio histórico la República Argentina en 1910*, realizado por Carlos M. Urien y Ezio Colombo (cuyo caudal de imágenes no es tan grande como los álbumes pero que también contiene fotografías) certifican esta apreciación. Mantienen la misma relación entre las esferas pública y privada, como la ya indicada con respecto a la postal. Su origen se remonta a la aparición en Francia de los retratos fotográficos tipo "carte de visite"[193] que impusiera André Adolphe Disderí alrededor de 1854.

El libro *Argentina y sus grandezas*, publicado por este escritor, periodista y político español nacido en Valencia en 1867 y fallecido en Menton, Francia, en 1928, amigo del pintor valenciano Joaquín Sorolla, se destaca por el caudal de fotografías y bellísimas aguatintas. En el índice

---

[191] Payró, Roberto, *Crónicas*, Buenos Aires, M. Rodríguez Giles, 1909, pp. 244-245.
[192] De Larra, José, *Obras completas*, tomo II, Madrid, Yanes, p. 368.
[193] Crea una cámara de cuatro objetivos de la cual obtenía una serie de ocho fotografías que luego eran montadas sobre cartón. Estas imágenes eran intercambiadas e integraban los álbumes personales.

se aprecia que al igual que muchos otros visitantes realiza un *racconto* de cada provincia visitada.

Tras nombrar y mostrar los retratos de los presidentes de la Cámara de Senadores y de Diputados realiza, además, un paneo por los distintos partidos políticos. A Hipólito Irigoyen lo describe como un "hombre austero, que gusta de vivir retirado, como los conspiradores antiguos, sin prestarse a conferenciar con los periodistas ni a colocarse ante los fotógrafos.[194]

Acompañado de fotos de Juan B. Justo y de Alfredo Palacios con sus bigotes marcadamente peinados hacia arriba, Blasco Ibáñez opina:

> El socialista italiano Ferri, al recorrer la República, cuéntase que abominó de la oportunidad de propagar sus ideas en un país de industrialismo en embrión, que "no ha salido aún del período agropecuario".[195]

Finaliza su análisis comentando: "Buenos Aires es hoy una de las grandes ciudades del mundo. Posee todos los adelantos morales y materiales del presente, lo mismo que Londres, lo mismo que Paris. ¿Por qué en su portentosa asimilación había de liberarse de conocer de cerca el socialismo, una de las manifestaciones del adelanto moderno?".

Con respecto a la educación sostiene que es la función más importante de la vida de la República, y con una foto del Consejo Nacional de Ecuación y otra del Museo Pedagógico, agrega: "Rivadavia y Sarmiento no han muerto".[196] Siguiendo en esta línea establece:

---

[194] Blasco Ibáñez, Vicente, *Argentina y sus grandezas*, Madrid, Española Americana, 1910, p. 344.
[195] Ibíd., p. 344.
[196] Ibíd., pp. 357-358.

> ¡Que aprenda la mujer de todo! [...] Estas mujeres elegantes e instruidas, que siguen la frivolidad de la moda y leen los últimos libros, que charlan de las postreras creaciones en indumentaria y asisten a conferencias científicas, que se enteran con fruición de las noticias de París (¡ah, París!) y pueden tomar las lecciones a sus hijos lo mismo que un maestro, son producto de la escuela moderna. [...] La instrucción de la mujer argentina no toma el carácter de rabioso feminismo que en otras naciones adelantadas.[197]

Sin embargo, junto a otros congresos que sesionaron ese año, el Congreso Femenino Internacional se reunió entre el 18 y el 23 de mayo. La imagen de la revista *Caras y Caretas* del 28 de mayo recoge el momento en que Ernestina López pronuncia su discurso inaugural diciendo que las mujeres "han ido abrazando todas las ocupaciones y penetrando en todas las profesiones, aun en aquellas que reclaman una concentración de que se las había creído incapaces".

Esto nos recuerda las fotografías publicadas por este mismo magazine el 26 de octubre de 1901, donde aparece Ernestina y su hermana Elvira V. López integrando la primera promoción de la Facultad de Filosofía y Letras. Varias notoriedades del exterior asistieron a este congreso como miembros honorarios: la condesa Pardo Bazán, Marie Curie, María Montessori y Helen Key, junto a varias delegadas de América Latina y de países europeos.

Blasco Ibáñez ilustra su comentario sobre el Palacio de la Biblioteca Nacional con la misma foto que se observa en el álbum de Chueco. Aparece publicada, asimismo, una fotografía impactante de Carlos Guido Spano. En ella se aprecia al poeta recostado en su cama, rodeado de sillas con una pila de libros y escritos. Relata que "el anciano, está en la cama desde hace muchos años, vivo

---

[197] Ibíd., pp. 362-364.

en la cima y muerto en la base, con la cabeza en continuo chisporreo de asonancias, como si fuese una colmena de rimas y las extremidades congeladas por el frío de la parálisis [...]".[198]

Recorre, además, las figuras principales de la literatura argentina con diferentes frases elogiosas para cada uno, siempre acompañados de pequeños retratos. También analiza la escultura al nombrar a Rogelio Yrurtia y a "Lola Mora, la escultora tucumana".[199]

Describe la aparición de la prensa argentina desde sus inicios, y sobre el diario *La Prensa* comenta:

> Algunas publicaciones norteamericanas lucen, por medio de la fotografía, palacios que parecen más grandes, pero en estos edificios sólo un piso o dos se hallan dedicados a las instalaciones del periódico [...]. *La Prensa* ocupa por entero su palacio, y todavía posee otro edificio, en el que funciona una fábrica de electricidad para la producción de fuerza.[200]

Publica así imágenes de la fachada, del salón de fiestas, de la "sala de reporteros", de la biblioteca, del consultorio jurídico, del consultorio médico, de la redacción así como los retratos de sus directivos. Realiza el mismo recorrido para los diarios *La Nación*, *El diario*, *La Argentina*, *La Razón* y otros. Se detiene asimismo en las revistas *Caras y Caretas*, *Fray Mocho* y *PBT*. Al mismo tiempo, publica y se refiere a su retrato del fotógrafo don José de Arce, que "ha realizado interesantes trabajos de información en Europa".[201]

---

[198] Ibíd., pp. 386-387.
[199] Ibíd., p. 406.
[200] Ibíd., p. 411.
[201] Ibíd., p. 427.

Analiza, de igual forma, la importancia del ferrocarril y cita a Sáenz Peña: "Nuestra agricultura fue obra del riel antes que del arado",[202] acompañando su estudio de abundantes fotografías. Nada se escapa de su análisis, y mostrando una bulliciosa Avenida de Mayo, escribe sobre la colonia española en la Argentina. Agrega así para ejemplificar una imagen del Hospital Español.

Con la sentencia "Buenos Aires ejerce una influencia fatal sobre los inmigrantes"[203] menciona a los que deciden quedarse en la ciudad y no dirigirse al campo. Muestra pues fotos de "una familia de obreros" en la cual el padre y los hijos se encuentran alrededor de una mesa mientras la madre está sentada, mirándolos, ante su máquina de coser. Otra imagen da cuenta del patio de un conventillo. Esta última ha sido vista también en forma de postal.

Mediante un tondo muestra a un grupo de gauchos jugando a las cartas con el epígrafe "Una partida en La Pampa". En los tres últimos ejemplos se nota un deseo de graficar las costumbres. Así como durante su visita había comparado a Buenos Aires con París, al escribir su libro vuelve a aventurar: "¡Quién sabe si Buenos Aires es la Roma futura de un mundo nuevo!".[204]

---

[202] Ibíd., p. 472.
[203] Ibíd., p. 494.
[204] Ibíd., p. 499.

Fig. 11. Vicente Blasco Ibáñez en el Hotel Español, 10 de julio de 1909, AGN.

Fig. 12. Ernestina y Elvira López, primera promoción de la Facultad de Filosofía y Letras, *Caras y Caretas*, 26 de octubre de 1901.

Fig. 13. Edificio *La Prensa*, SFA de A, AGN.

## La duda de Jules Huret

El periodista Jules Huret (1863-1915), corresponsal de *Le Figaro*, antes de visitar nuestro país se preguntaba si las noticias que circulaban sobre la Argentina no formaban parte de un discurso periodístico al que "ya nos tienen habituados los financieros internacionales. ¿Qué debemos creer de todo lo que de ella nos cuentan? ¿Cómo es que parece descubrírsele hoy?[205]

El ya mencionado visitante, Georges Clemenceau, nos informa acerca de este viajero con observaciones admirativas:

> Huret ha publicado en *Le Figaro* todas las observaciones que ha consignado durante un año de viaje por la Argentina. En esta publicación he aprendido y aprenderé aún ciertamente muchas cosas, por lo que no puedo menos que recomendar a todos la lectura de sus excelentes páginas.[206]

Por su parte, el escritor guatemalteco Enrique Gómez Carrillo, que realizara la traducción del libro *De Buenos Aires al Gran Chaco* escrito por Huret tras su visita a la Argentina, reseña en el prólogo sus características:

> Interviewador de profesión, tiene, en efecto, bien conquistado desde hace veinte años, el cetro del alto reporterismo parisiense.[207]

Planteadas las dudas iniciales, Huret relata en su libro los veintiún días de viaje y su curiosidad hacia los

---

[205] Huret, Jules, *De Buenos Aires al Gran Chaco*, Buenos Aires, Editorial Hyspamérica, 1988, p. 36 y citado por Sáenz, Jimena en la nota "Monstruos sagrados en el Centenario", *Todo es historia*, núm. 68, diciembre de 1972, p. 64.
[206] Clemenceau, Georges, *op. cit.*, p. 152.
[207] Huret, Jules, *op. cit.*, 1988, p. 8.

emigrantes que viajan en el mismo barco. Arriba una mañana del mes de julio de 1909. Sus primeras impresiones tratan sobre los comercios, el tránsito de las calles, los edificios y sus letreros, y realiza, incluso, una comparación con Londres y con Hamburgo:

> Todo eso, visto separadamente o en conjunto, constituye la gran ciudad europea, mezcla de las capitales y metrópolis comerciales de Europa. Nada de indígena típico desvanece esa impresión.[208]

Sigue realizando apreciaciones sobre la ciudad, deteniéndose en que "los tranvías eléctricos, de cables aéreos, llevan la vida y la animación a aquellos barrios lejanos, después de recorrer las estrechas calles del centro". Por este motivo, para la celebración del Centenario, la Municipalidad de Buenos Aires dispuso que durante las fiestas las señoras pudiesen bajar de los tranvías por adelante para evitar "los inconvenientes que se suscitarán cuando la plataforma esté repleta de viajeros".[209] Desde la aparición de este medio de transporte, varias fotografías registraron su paso.[210]

Los carruajes que se observan en las distintas fotografías producidas por la revista *Caras y Caretas* o por la Sociedad Fotográfica Argentina de Aficionados son motivo de comentario de varios visitantes: Huret, Georges Clemenceau y Genaro Bevioni, que afirma:

---

[208] Ibíd., p. 45.
[209] Salas, Horacio, *op. cit.*, p. 91.
[210] El fotógrafo Horacio Coppola (1906) ha tomado varias imágenes de tranvías, especialmente en 1936, mostrando justamente el momento del ascenso y descenso de los pasajeros.

> Los argentinos acostumbran decir que su país es el paraíso de las mujeres, el purgatorio de los hombres y el infierno de los caballos. [211]

Huret indica en varias páginas que el arquitecto paisajista Carlos Thays, como director de paseos, sembró distintas especies arbóreas por parques y plazas entre 1891 y 1914. Así, sobre el barrio y los bosques de Palermo, él comenta acerca de las mujeres y de los carruajes lo mismo que Bevioni:

> Evidentemente, los hombres van para ver a las mujeres, nada más, y las mujeres para mirarse unas a otras. [...] El lujo de las mujeres es extraordinario y su belleza sin igual. Puede preferirse, ciertamente, la ágil elegancia natural de las americanas del Norte o la gracia coqueta de las francesas, pero es imposible ver caras más bonitas que las que se ven en los lujosos coches del parque de Palermo. [212]

Un conjunto de imágenes de esta zona de la ciudad tomadas por la Sociedad Fotográfica Argentina de Aficionados atestigua todos estos comentarios y aporta, asimismo, una sensación de vastedad. Y continúa entrelazando su opinión sobre la zona y sobre las mujeres:

> Su gracia encantadora, la pasión contenida y tímida de sus gestos y, sobre todo, el fuego profundo de aquellas miradas en aquellas fisonomías serias y concentradas, despiertan en el corazón del paseante extranjero, a la hora del *corso* de Palermo, ensueños de voluptuosidad intensa y religiosa, que le será preciso apagar pronto. [213]

---

[211] Bevioni, Genaro, *Argentina 1910, balance y memoria*, Buenos Aires, Editorial Leviatán, 1995, p. 28.
[212] Huret, Jules, *op. cit.*, pp. 94-95.
[213] Ibíd., p. 96.

Tras el viaje, el periodista francés responde del siguiente modo a una encuesta realizada por una revista parisina:

> La porteña es, punto de elegancia, una parisiense más admirable que la misma parisiense. Ahora, en otros sentidos, habría mucho que decir, y la verdad, haciendo comparaciones, saldríamos perdiendo en varios puntos y en especial en lo relativo a la virtud. La mujer argentina, sea cual sea su medio social, es el tipo perfecto de la mujer virtuosa.[214]

El corresponsal de *Le Figaro* recorre también distintos hospitales y asilos. Realiza un prolijo relevamiento de cada uno y comenta acerca del asilo de niños abandonados: "En Buenos Aires son muy numerosos los niños abandonados. Muchas mujeres van allí a trabajar; un hombre las seduce y luego las abandona, cuando van a ser madres".[215]

Huret emprende un viaje por el interior del país y observa: "¡Ah! Para ser sinceros, debemos decir que en cuanto se deja Buenos Aires hay que despedirse de la vida confortable y de Europa".[216] Visita así Tucumán y Jujuy (de la que opina que es una ciudad pequeña y coquetona). Luego de recorrer distintas localidades de esa provincia, de haber visto "indios salvajes", cena escuchando cantar a Caruso y la Melba concluyendo:

> Verdaderamente, tales contrastes en un solo día no son los menores atractivos de esos largos viajes.[217]

Su recorrido continúa por Salta, Santa Fe, Corrientes y Misiones y las Cataratas del Iguazú. Le llaman la atención los quebrachales y los "colosales campos de cereales". Visita, incluso, en la provincia de Entre Ríos, las colonias judías fundadas por el barón Hirsch.

---

[214] Revista *Gustos y gestos*, 15 de agosto de 1910.
[215] Huret, Jules, *op. cit.*, p. 111.
[216] Ibíd., p. 251.
[217] Ibíd., p. 322.

Fig. 14. Inmigrantes comiendo en cubierta, Foto: León J. B. Lacroix.

Fig. 15. Palermo, SFA de A, AGN.

Fig. 16. Hospitales y asilos. Edición especial de *La Nación*, 1910.

## Genaro Bevioni y la inmigración

El periodista italiano Genaro Bevioni visitó la Argentina en 1910 durante dos meses, y al igual que Huret y que Blasco Ibáñez, dejó sus impresiones escrita en un libro titulado *Argentina, 1910. Balance y Memoria*. En él se pueden apreciar sus impresiones sobre distintos temas y lugares. En las primeras páginas comienza su relato sobre la ciudad, y con respecto al puerto opina:

> El puerto de Buenos Aires nunca podrá ser fortificado seriamente. No hace otra cosa que sonreír o extender los brazos, o invitar.[218]

En otro capítulo, le llama la atención que "la insensata política de tierras es la causa principal del lentísimo poblamiento de la Argentina: pero no es la única".[219] En este sentido, muchas de las fotografías, como asimismo las postales publicadas, dan cuenta de la vastedad y de grandes extensiones deshabitadas.

En torno a la inmigración (él prefiere usar la palabra "emigración" para referirse a la partida de sus compatriotas), advierte:

> Esta hostilidad argentina hacia el extranjero es latente, profunda y hace todos los esfuerzos posibles para no revelarse. Hace falta una bacanal del calibre del Centenario para que se llegue a vociferar en la plaza: "¡Abajo los extranjeros!"[220]

La condición de desarraigo y marginación de un importante segmento de los trabajadores de comienzos de siglo, de origen inmigrante o migrante, ocasionaba esta intensa

---

[218] Bevioni, Genaro, *op. cit.*, p. 19.
[219] Ibíd., p. 43.
[220] Ibíd., p. 117.

tensión donde abundaban opiniones y criterios diferentes, evidenciando que hasta el año 1910 existía poca claridad sobre cómo proceder y cómo contener a estas personas que tenían cortados los lazos directos con sus pueblos natales, con sus familias, con sus tradiciones, que habían perdido la contención comunitaria y se encontraban en una sociedad hostil.

El ya mencionado José Ramos Mejía, presidente del Consejo Nacional de Educación, consideraba a la inmigración como un aporte conflictivo pero asimismo necesario para la construcción de la nación moderna. El médico y escritor argentino sostenía que la educación pública iba a ser el medio de inclusión de los extranjeros a la sociedad argentina. Esto se debe a que él interpretaba, a través de su discurso positivista basado en la educación, a la sociedad como un organismo y a la crisis como una enfermedad. Algo similar era el pensamiento de Ricardo Rojas,[221] que concebía a la escuela pública como un instrumento por excelencia para solucionar "la crisis espiritual" desencadenada por la inmigración y la modernización, proyectando que a través de este instrumento se podría arribar a una nueva síntesis que incluiría a los recién llegados.

A propósito de esto podemos apreciar las distintas fotografías tomadas por la Sociedad Fotográfica Argentina de Aficionados en el interior de las escuelas o de sus fachadas.[222] Elocuente en este sentido es también la imagen de *Caras y Caretas* de los alumnos de la escuela Siria, durante el mes de mayo, cantando el himno nacional frente a la pirámide.

El grado de obsesión en torno a las contradicciones que con respecto a la inmigración se producían por aquellos

---

[221] Ricardo, Rojas (1882-1957). Escritor, historiador, ensayista, crítico literario y profesor universitario argentino. Escribió, entre otros, *La restauración nacionalista* (1909), *Blasón de Plata* (1910), *Historia de la literatura argentina* (1917-1922), *La historia en las escuelas* (1930), *El santo de la espada: vida de San Martín* (1933) y *Un profeta de la pampa: vida de Sarmiento* (1945).

[222] Niños de escuela, zona de la Recoleta, y Escuela de varones, Catedral Norte, ambas de la SFA de A.

años se observa incluso dentro un mismo texto. El ya citado estudio histórico *La República Argentina en 1910*, realizado por Carlos M. Urien y Ezio Colombo, se pronunciaba con un absoluto rechazo al "brutal y estúpido odio al extranjero",[223] pero al mismo tiempo, se establecía cuáles eran las mejores y provechosas presencias, y cuáles "no representan un factor deseable para la República".[224] Por todo esto, las fotografías en torno a este tópico han adquirido un valor de mito y de epopeya.

Las tomas nocturnas de la época muestran a la Bolsa de Comercio, el Banco de la Nación y los edificios adyacentes sobre la Av. Rivadavia como así también la entrada a la Av. de Mayo, el Cabildo, la Municipalidad, el edificio del diario *La Prensa* y los diques del puerto totalmente iluminados. Bevioni opina al respecto:

> La noche de la fiesta, los buenos argentinos llenaron las calles, pero, que pasó o qué no pasó, los millones de lamparitas no se encendieron. Una seria polémica sobre las causas y las responsabilidades del desastre duró por semanas en los diarios de la capital. [...] Las lamparitas permanecieron en sus lugares, y durante un par de meses colgaron de los arcos, de las columnas de las iglesias, de las salientes y las concavidades de los edificios públicos y privados.[225]

En las últimas páginas del libro y bajo el título "El caso Ferri" se hace partícipe del debate de la época y expresa su opinión sobre la visita de su conciudadano:

> Porque Enrico Ferri es en esta materia el representante más conspicuo de la tendencia al optimismo ilimitado. [...] Pues

---

[223] Urien, Carlos M. y Colombo, Ezio, *La República Argentina en 1910*, Buenos Aires, Casa Editora Maucci Hermanos, 1910, tomo I, p. 163.
[224] Ibíd., p. 180.
[225] Bevioni, Genaro, *op. cit.*, p. 23.

bien: los juicios y las apreciaciones mías y del diputado Ferri sobre el mismo tema no pueden subsistir juntos.[226]

Con esta frase comienza una serie de consideraciones sobre la visita del citado político italiano recriminándole haber conocido solamente aquellos lugares adonde había sido invitado soslayando la visita "por los espantosos conventillos".

Sin embargo, para un científico de la escuela positivista, para un estudioso de la patología social que se declara convencido socialista, es grave partir de la Argentina sin haber visto un conventillo.[227]

Como ya ha sido mencionado diferentes fotos y postales dan cuenta de esos hábitats. Todas ellas tienen un dejo de mirada distante y romántica a la vez.

Fig. 17. Interior de vivienda de inmigrantes, Estudio Witcomb.

---

[226] Ibíd., p. 155.
[227] Ibíd., p. 157.

IMÁGENES DE LA NACIÓN                                                211

Fig. 18. Alumnos de la escuela Siria cantando el himno frente a la pirámide de mayo, Archivo *Caras y Caretas*, AGN.

## Georges Clemenceau

El apodado "Tigre" realiza a fines de junio de 1910 una gira por Argentina, Uruguay y Brasil para dictar conferencias. Los caricaturistas de la época dibujaban a Georges Clemenceau (1841-1929) como un tigre por la ferocidad con que atacaba a sus adversarios políticos. Fue diputado y senador por el partido republicano radical francés.

El ya citado periodista y escritor Juan José de Soiza Reilly relata en su anteriormente mencionado libro *Cerebros de París* el derrotero político del médico y la invitación a sus sesenta y nueve años de visitar la Argentina. Aprovecha su estancia en Francia para pedirle una entrevista. Con el viaje a la Argentina ya programado, Clemenceau accede, declarando que hace mucho que tenía la intención de visitar este país y en especial a Buenos Aires "por el soplo moderno que viene desde allá". Y añadió: "Anatole France, que es un viejo amigo mío, me ha contado cosas muy lindas y agradables del Río de la Plata".[228] Sin embargo, el periodista y escritor argentino publica como prólogo de sus *Enquête* especialmente diseñadas para la revista *Caras y Caretas* y luego editadas en el ya indicado libro *Cerebros*:

> En Francia son los escritores, los banqueros y las mujeres quienes saben de nosotros algo más que los mismos hombres de Estado. Pongo como prueba a Clemenceau, que nos desconoce amablemente.[229]

Por su parte, Rouquette de Fonvielle firma la nota realizada para la *Ilustración Sudamericana*. En la misma, el entrevistador le ofrece enviarle un fotógrafo al día siguiente para realizar un retrato. Así la nota aparece con una toma realizada por el estudio Witcomb. Fonvielle le solicita unas palabras de puño y letra para reproducirlas en la revista. Clemenceau escribe: "El peor uso que se puede hacer de la escritura es dar un autógrafo".[230]

Desde su juventud, a Clemenceau lo unía una amistad con el pintor impresionista Claude Monet (1840-1926). Ambos compartían el gusto propio de la época por las estampas japonesas y por la construcción de jardines. Cuando Claude Monet se mudó a Giverny en 1883, empezó a cultivar todas las variedades existentes de nenúfares en una especie de jardín de agua atravesado por un puente. Tras el armisticio del 11 de noviembre de 1918 escribió a su amigo Clemenceau:

> Estoy a punto de acabar dos paneles decorativos que me gustaría firmar el día de la victoria y regalárselos al Estado. Es poco, pero es la única forma que tengo de participar en la alegría colectiva.

---

[228] Escales, Vanina, *Crónicas del Centenario, Juan José de Soiza Reilly*, Buenos Aires, Biblioteca Nacional, 2008, pp. 71-72.
[229] Ibíd., pp. 305-306.
[230] *La Ilustración Sudamericana*, revista quincenal del 30 de julio de 1910.

Clemenceau visitó Giverny y propuso a Monet instalar sus Nenúfares en la Orangerie de las Tullerías, a orillas del Sena. Monet trabajó para terminar su regalo histórico a Francia, pero en 1912, con 72 años de edad, empezó a sentir los primeros ataques de cataratas. Aconsejado por su amigo accede a operarse recién en 1923. Clemenceau declaraba que Monet lo había ayudado a comprender la luz.

Tal vez sea por esta inclinación hacia el paisajismo que reconoce al ya mencionado Carlos Thays como "el genial" que "sobresale en el arte francés de jardinería, se complace en poner todos sus pensamientos y toda su vida al servicio de sus árboles y de sus flores".[231]

No faltó la ya reiterada mención a los carruajes y al paseo de los bosques de Palermo. Al respecto, el "Tigre" escribió: "Si no fuera por las espesuras de árboles exóticos, nos creeríamos en el Bosque de Boulogne. Palermo se anuncia en belleza".[232] Debido a su interés por la naturaleza, entró en relación también con Clemente Onelli, director en ese momento del Jardín Zoológico.

El amigo de Émile Zola, que publicó en 1863 su carta sobre el caso Dreyfus con el título *J'accuse* en su periódico denominado *L'Aurore*, visitó también la localidad de Tigre y su relato hace gala de una poética capacidad descriptiva, como así también lo realizan las fotos de la SFA de A:

> Remontando la corriente del agua, después de largos kilómetros entre los árboles centenarios y las flores acuáticas, se llega a tierras mucho más pintorescas aún, puesto que el hombre apenas si ha puesto en ellas la mano y se entra a la ventura por canales obstruidos de ramas floridas, que a veces dejan el paso libre hasta el Paraná [...] cargados de naranjas y cuyo puente resplandece al sol como un fantástico palacio de oro.[233]

---

[231] Clemenceau, Georges, *op. cit.*, p. 32.
[232] Ibíd., p. 39.
[233] Ibíd., p. 102.

Como los anteriores visitantes motivo de esta investigación, Clemenceau hizo referencia a la Sociedad Rural como "el extraordinario establecimiento donde la Sociedad Rural organiza sus exposiciones anuales de ganado".[234] Tanto para el archivo de *Caras y Caretas* como para el conjunto de fotografías de la Sociedad Fotográfica Argentina de Aficionados la actividad de esa sociedad resultó muy seductora para las cámaras.

Durante su estadía visitó, además, la maternidad de los hospitales Alvear y Rivadavia como así también la Colonia Nacional Psiquiátrica Domingo Cabred en la localidad de Luján, denominada *Open Door*. Clemenceau, al igual que lo hiciera Jules Huret, elogia la posibilidad que le da el Dr. Cabred a los internados de un "trabajo en libertad". De su visita cuenta:

> Nuestra visita al *Open Door* no duró menos de un día entero y ciertamente no lo hemos visto todo. Desde el primer minuto hasta el último estuvimos acompañados por un loco fotógrafo que no cesó de tomar clisés a su conveniencia, y aún nos amonestó severamente hacia el fin del almuerzo, cuando pudo creer que nos levantaríamos de la mesa sin haber consentido servir de modelo. Cuatro días después de mi visita, recibí una serie de fotografías reproduciendo los diversos incidentes de nuestro paseo al *Open Door*, encuadernadas en álbum por un loco, naturalmente, y expedidas por otro loco a un destinatario lo bastante loco para suponerse dotado de razón. Por las muestras que le ponen ante la vista, el lector podrá juzgar de la medida en que una expresión de arte se puede acomodar con el desatino.[235]

Es interesante destacar el atisbo detectado por el político francés de los efectos que una inminente globalización produce sobre una ciudad:[236]

---

[234] Ibíd., p. 51.
[235] Ibíd., p. 79.
[236] Ibíd., p. 42.

No hablo del barrio de los negocios, que es cada vez más idéntico en todos los países. El hombre suspendido al telégrafo, al teléfono y que espera de todas partes del mundo las últimas cifras en las que fundará sus combinaciones, es sobre todo un internacional cuyas relaciones permanentes con todos los continentes de la tierra atenuarán cada vez más los rasgos originales para constituir un tipo universal de traficante.[237]

Además de apreciar el progreso de diversos sectores, al que fuera primer ministro francés entre 1917 y 1919 no se le escaparon los conflictos imperantes:

Una enojosa huelga, ultramoderna, la retardó en primer término, hasta el punto que, en la fecha aniversaria del 25 de Mayo, no se pudo abrir más que la exposición de la ganadería.[238]

Las tomas que se encuentran en *Caras y Caretas* del 9 de abril de 1910 completan este comentario, ya que muestran a un grupo de personalidades, entre los que se encuentra el intendente de la ciudad Manuel J. Güiraldes, recorriendo las instalaciones que serían sede de las distintas exposiciones internacionales. En el número del 23 de abril se pueden observar las imágenes correspondientes a "los efectos de la huelga, estados de los trabajos" en la construcción de los pabellones. Las mismas hacen un exhaustivo relevamiento de lo que todavía no se había realizado, informando que la

---

[237] Este aspecto común de las actividades mercantiles es descripto por la fotógrafa y ensayista Gisèle Freund al relatar que tras tomar unas fotos de un agente de bolsa que gesticulaba enfáticamente en la zona de la Plaza de la Bolsa de París las envió a distintos periódicos europeos con el título "Instantáneas en la Bolsa de París". Poco tiempo después descubre que la imagen fue utilizada por un diario belga con el título "Alza en la bolsa de París" y "Las acciones alcanzan un precio fabuloso". Días más tarde, encuentra la misma foto en un periódico alemán con el epígrafe: "Pánico en la Bolsa de París. Se desmoronan fortunas, miles de personas arruinadas". En Freund, Gisèle, *El mundo y mi cámara*, Madrid, Editorial Ariel, 2008, pp. 29-30.
[238] Clemenceau, Georges, *op. cit.*, p. 46.

huelga de los "galponistas" ya llevaba un mes de duración. El director técnico de la exposición declaraba que "los expositores europeos traían sus propios obreros con buenos jornales, los cuales no se iban a declarar en huelga". En una foto aparecen "las garitas en que habitan los obreros alemanes en la exposición ferroviaria". Simpática es también la imagen que en el número del 14 de mayo muestra una huelga de sastres y modistas que, por supuesto, hacían gala de su elegancia. Los epígrafes relatan: "Entre huelguistas rusos"; "Una huelguista elegante con toca a la *derniere*"; y debajo de una foto grupal, "Grupo de sastres, modistas, cadetes y *pompiers*". El comienzo de la nota demuestra la preocupación:

> Suman muchos centenares los sastres y modistas que abandonaron la tijera y la aguja. Esta huelga, en vísperas de las fiestas del Centenario, deja a medio hilvanar buen número de trajes y de *smokings* sobre medida, así como de vestidos *"tailleur"* y otras variantes de la moda en el exterior femenino.

Bajo el título "La argentinización", el político que formó parte de las negociaciones de la Conferencia de Paz de París en 1919 da cuenta de su sorpresa por el "extremado argentinismo" encontrado, y realiza un análisis por colectividades:

> El italiano, en particular, se argentiniza mucho antes de ser argentado. [...]
> No puedo escapar a la obligación de convenir que nuestros mismos franceses marchan delante del contagio argentino con una sorprendente facilidad. [...] ¡Cuántos hijos de franceses encontramos a cada paso, y que la Argentina ha conquistado, cabeza y corazón, sin posibilidad de retorno![239]

A través de este recorrido, llega a la figura de su compatriota Paul Groussac, cuya trayectoria describe con

---

[239] Ibíd., pp. 59-60.

gran admiración, deteniéndose en su rol de director de la Biblioteca Nacional, de la cual cuenta con bastante información para comentar:

> Si estoy bien informado, tendremos el gusto de ver próximamente a M. Paul Groussac en París. Habiendo sido creada en la Sorbona una cátedra de historia de la República Argentina, se me dice que se ha pensado en él para ocuparla. Con seguridad que nadie podría ser mejor calificado. Pero me sorprendería mucho que las múltiples ocupaciones que retienen a M. Paul Groussac en la Argentina pudieran romperse de la noche a la mañana.[240]

Continuando con su análisis sobre la sociedad realiza el siguiente contraste:

> En la familia es donde se muestra más patente la diferencia entre las concepciones sociales de la América del Norte y la del Sur. El lazo de familia parece mucho más estrecho en la Argentina que en otra parte. [...] Por todas partes se hacen fiestas familiares de aniversarios a las que todos acuden con verdadero placer.[241]

Las fotografías de los distintos estudios, como la de Witcomb, dan cuenta de la importancia que estos tenían. Acudir a un estudio para ser retratado implicaba una búsqueda de representación. En esta búsqueda encontramos un escenario particularmente montado que daba origen a una escenificación ficcional donde se decidían las posturas, la vestimenta, el encuadre y la iluminación. A menudo, los retratos recogían una cierta "ilusión social", que proporcionaba un testimonio sobre las modificaciones que se iban produciendo en el ideario de las distintas épocas. Era, asimismo, una forma de solemnizar la cotidianeidad. Las

---

[240] Ibíd., p. 66.
[241] Ibíd., pp. 91-92.

distintas poses eran indicadoras de roles e interacciones dentro de la estructura familiar. Con el correr de los años, la variada escenografía disponible en los estudios reforzaba el interés del retratado por afirmarse personal y socialmente. La seriedad y solemnidad presentes en la mayoría de los retratos ratifican este deseo de construcción de una imagen personal, de una enunciación de una nueva condición. Por otra parte, a pesar de que el contenido aparente de los distintos retratos de diversas ciudades nos parezca similar, no debemos olvidar que el significado, para cada ciudad, era una forma de autorreconocimiento y pertenencia. La vida de un pueblo o de una ciudad, además de sus atributos urbanos y geográficos, es la suma de las relaciones personales y del entramado social que lo vincula con el mundo. La sumatoria de cada uno de los retratos otorga un retrato comunal.

Y sobre las mujeres de la época, tras algunas consideraciones, llega a la siguiente conclusión:

> En fin, con toda sinceridad puedo decir que si la cultura intelectual de la juventud femenina no es uno de esos puntos en que la República Argentina nos haya adelantado, no es por eso menos cierto que he tenido la fortuna de encontrar encantadoras personas para las que una conversación parisiense, sostenida de una información general, no tendría secretos. Añadiré que a esta conversación se mezcla un encanto de amenidad profunda y de verdadera sencillez que no encontramos corrientemente en las orillas del Sena.[242]

En los retratos encontrados en el álbum *La República Argentina en su primer centenario* ya mencionado, la estética de los retratos respondía a los parámetros arriba señalados. Los epígrafes que acompañan los retratos de las damas de sociedad indican el nombre de la persona y la aclaración: "Señorita metropolitana de la penúltima década", o "Flor

---

[242] Ibíd., p. 93.

argentina de la última década", según sea el caso. Los fotógrafos que aparecen consignados en el álbum son: Garro y Merlino, Federico Santa Coloma, Caffaro, Chandler, Freitas, N. Zuretti (retratado en el fascículo) y Foresti. También se encuentran imágenes del estudio Witcomb, del archivo de *Caras y Caretas* y de la Sociedad Fotográfica Argentina de Aficionados.

En los *Enquêtes* arriba citados, realizados por Soiza Reilly, la escritora francesa Gabriele Réval hace un llamado a las mujeres argentinas por buscar "un poco de mayor cultura literaria y artística", comentando: "Las francesas [son] en este orden de ideas las Reinas Madres. ¡Cuántas de esas caras hermosas que publica *Caras y Caretas* pudieran, sin duda, ser 'Princesas Reales'!".[243]

A través de los retratos se observa un traslado metonímico del deseo de compartir una imagen de crecimiento pujante entre las naciones nacientes. Por otra parte, la búsqueda identitaria siempre conlleva el reconocimiento de la alteridad y es un lugar de enunciación donde se pone de manifiesto la subjetividad propia de cada lugar.

En sus notas, nuestro visitante realiza un recorrido por los distintos medios de prensa argentinos en ese momento y destaca:

> Por último, no puedo dejar en silencio los periódicos fotográficos *PBT* y *Caras y Caretas* que reemplazan la palabra escrita por la imagen, según una fórmula que acaba de hacer su primera aparición en Francia. Gran circulación.
> [...] Y en cuanto al testimonio irrecusable de la fotografía (cuando esta no está trucada) y de la cinematografía que le da el movimiento a falta de vida, cada cual puede encontrar también en este caso una apreciable lección de cosas.[244]

---

[243] Escales, Vanina, *op. cit.*, p. 370.
[244] Ibíd., pp. 117-118.

Y a continuación cita la frase que le da título a esta indagación. Además del reconocimiento de Clemenceau a la fotografía y al cine (con mayor o menor molestia) es interesante detenerse en la aclaración sobre el "trucaje". En varias investigaciones históricas ya se encuentran tratamientos que alteran el valor de verdad que conlleva el lenguaje fotográfico desde su nacimiento, ratificando así que esta no es solamente una característica de la actual posmodernidad.

Una anécdota y una fotografía rozan el ámbito del teatro. Durante su estadía, Clemenceau se entera de que su obra de teatro "El velo de la felicidad" había sido representada. Reclama entonces el pago de los derechos de autor desatando una polémica que finaliza con la sanción de la Ley 7092, la primera que legisla sobre la propiedad científica, literaria y artística. El 11 de septiembre de 1910 se funda la Sociedad Argentina de Autores Dramáticos de la Argentina. Una fotografía muestra a la Comisión Directiva reunida alrededor de un pequeño escritorio y presidida por Enrique García Velloso.

En su viaje a la provincia de Tucumán se detiene en Rosario, donde conoce a Lisandro de la Torre, quien en ese momento era presidente de la Sociedad Rural de Rosario, la Comisión local de la Defensa Agrícola, y que luego fuera integrante del directorio del primer Mercado de Hacienda. Con respecto al político argentino comenta:

> Gracias a la benevolencia del presidente de la Sociedad Agrícola, que es uno de los hombres políticos más distinguidos, no solamente de la provincia, sino de la misma República [...] Lisandro de la Torre era el jefe de un partido vigorosamente lanzado al salto de la mayoría presente, cuyo poder se funda, según me afirmó, en las malas costumbres administrativas que ya he señalado, como por ejemplo la tendencia a usar y a abusar de la autoridad para "hacer marchar" a la masa electoral inhábil a fin de organizar la defensa del interés general contra las coaliciones de intereses particulares.[245]

---

[245] Ibíd., p. 153.

Clemenceau resumía en la siguiente frase el propósito de las imágenes que ponderaban la actividad industrial / comercial: "No se puede negar sin embargo que tienen hermosas iniciativas y que se encaminan con paso resuelto hacia el progreso".

Sin embargo, la siguiente expresión del diputado y senador francés resume la situación de conflicto subyacente al clima de algarabía festiva, ya que, tras su visita al ingenio de su compatriota francés Edmond Hilleret en Tucumán, formula:

> Las aglomeraciones de las casas obreras son indescriptibles. A ambos lados de una ancha avenida se alinean pequeñas casas bajas donde toda noción de higiene y hasta de la más rudimentaria comodidad parece sin piedad desterrada. Son guaridas de refugio más que viviendas propiamente dichas. [...] Nos será permitido imaginar para ellos un porvenir de civilización superior por medio de una mayor remuneración en la obra que contribuyen a edificar con su labor. Las leyes de protección obreras son desconocidas en la Argentina. [...] No puedo creer que grandes fábricas como las que he visto, puedan subsistir largo tiempo sin que la cuestión obrera sea planeada ante los legisladores.[246]

De estas expresiones se puede inferir que las fotos que se convirtieron en el paradigma de las contradicciones sociales que se imponían alrededor de ese año, son las del atentado al Teatro Colón del 26 de junio, a casi un mes de los intensos festejos, por ser las que resumen el conflicto que subyacía por esos días. Este atentado dio pie a la Ley de Defensa Social tras una sesión extraordinaria de la Cámara de Diputados, a detenciones y allanamientos en casas de militantes y simpatizantes anarquistas, y a la presentación de restricciones a la entrada de extranjeros, entre otras medidas.

---

[246] Ibíd., p. 154.

Una de las imágenes muestra, por ejemplo, los desgarros del traje de la señorita Susana Escalada como si mostrara el desgarro que producía semejante atentado tras la compartida ilusión durante los festejos. La función correspondía a la duodécima del abono de ese momento. Se representaba *Manón* de Massenet. Tras la generalizada confusión se pudo establecer que la bomba había sido colocada bajo los asientos desocupados que correspondían a los números 422 y 424 de la fila 14. Varias fotografías ilustran esa fila dañada como así también la pérdida de los respaldos de la fila anterior. La revista *Caras y Caretas* mostró fotos de las distintas protestas que se realizaron en contra del atentado, como así también imágenes de las prendas abandonadas por la concurrencia y recogidas por la comisaría tercera.

De todos modos, a los pocos días, el teatro reabrió sus puertas para una función de *El barbero de Sevilla*, cumpliendo totalmente con sus expectativas de asistencia. Clemenceau, que ya se había manifestado impresionado por la grandeza y la belleza del teatro, al respecto expresó:

> Ni una señora faltó a la representación de aquella noche. Este es un bello rasgo de carácter que hace honor particularmente al elemento femenino de la nación argentina. No tengo completa seguridad de que en París, en un caso igual, se hubiera llenado la sala.[247]

El siguiente visitante también hizo referencia al teatro y a lo acontecido esa noche de junio.

---

[247] Ibíd., p. 56.

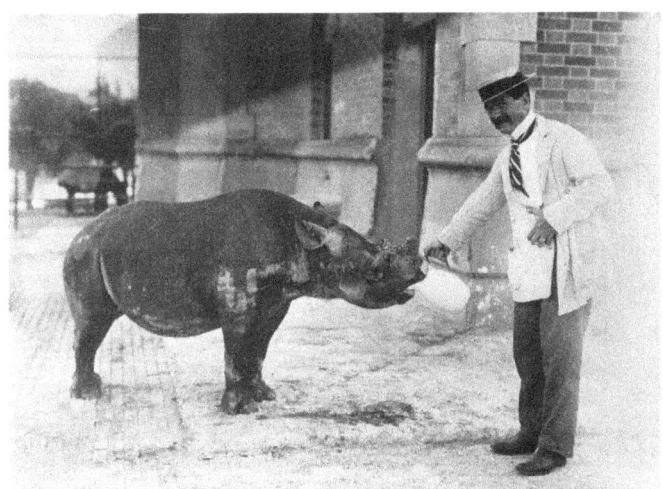

Fig. 19. Clemente Onelli, AGN.

Fig. 20. Remate de animales en la Sociedad Rural de Palermo, SFA de A., AGN.

Fig. 21. *Open Door*, AGN.

Fig. 22. Tigre, SFA de A, AGN.

Fig. 23. Huelga de sastres y modistas, *Caras y Caretas*, 14 de mayo de 1910.

Fig. 24. Autor desconocido, Colección Alejandra Niedermaier.

Fig. 25. Tucumán, álbum *La Nación*, 1910.

Fig. 26. Atentado Teatro Colón, *Caras y Caretas*, junio de 1910.

## Adolfo Posada

Adolfo Posada (1860-1944) jurista, sociólogo y escritor español visitó Argentina, Uruguay, Paraguay y Chile publicando distintos libros sobre las estancias en cada país. En el prólogo de *La República Argentina, impresiones y comentarios*, editado en 1912, aclara que escribe sobre lo que él ha visto, vivido y sentido durante su visita en 1910 intensificado por las impresiones recogidas en distintas lecturas. Por ello, sus pensamientos aparecen cruzados con el ideario de los políticos e intelectuales de la época.

Al igual que Jules Huret comienza relatando sobre el contacto que estableció durante el viaje con los emigrantes. La tapa del libro de Posada publicada por Hyspamérica muestra justamente una escena tomada por la Sociedad Fotográfica Argentina de Aficionados.

> Y la visión de la colosal corriente emigratoria que deja a Europa y puebla a América surgía allí, sobre cubierta, con vivísimos colores de realidad tangible. Aquellas gentes huían de un presente de lucha y de hambre, en busca de un mejor porvenir en tierra libre, en ambiente de optimismo, solicitador de toda clase de energías.[248]

Abundando en estadísticas, el visitante español se pregunta cómo imaginarse Buenos Aires en una Argentina de "ochenta millones de habitantes", producto de capas inmigratorias cruzadas y fundidas.

Describe su llegada de noche al puerto de Buenos Aires destacando las luces del edificio de La Prensa y del Hotel Majestic. En otro párrafo hace referencia a las comparaciones realizadas por Clemenceau y otros visitantes con respecto a Buenos Aires y distintas ciudades europeas, haciendo hincapié en que la Argentina y su ciudad capital eran motivo de orgullo para los españoles.

Posada relata su encuentro con el Dr. Repetto y con el Dr. Justo del siguiente modo:

> Era aquel un núcleo de gentes activas, de orientación culta, de anhelos regeneradores [...] muy especialmente en la labor de solidaridad que simboliza la Cooperativa El Hogar Obrero.[249]

Bajo el subtítulo "Las mujeres" relata sobre el seminario de política que dictó en la Universidad de La Plata ("que llena todo con un influjo elevador") y de cómo pudo observar allí el interés del género femenino por los acontecimientos

---

[248] Posada, Adolfo, *La República Argentina, impresiones y comentarios*, Buenos Aires, Hyspamérica, 1986, pp. 21-22.
[249] Ibíd., p. 109.

sociopolíticos y culturales de su país, así como su deseo permanente de avanzar en su educación. Recuerda que en aquellos días se abrió un debate por el ejercicio de la señorita Barreda como abogada ante los tribunales, quien ya ejercía su profesión en la asociación feminista "Unión y Labor".

Menciona la visita de Enrico Ferri en 1908 y las repercusiones que esta tuvo dentro del ámbito del socialismo local. Por ello, Posada concluye:

> Naturalmente, tales declaraciones produjeron dos enormes efectos: uno, de protesta de los socialistas argentinos, y otro, en la 'burguesía criolla', de satisfacción como de quien se quita un peso de encima.[250]

Adolfo Posada es, entre todos los visitantes, el que describe con mayor detalle el movimiento socialista bajo el título "Estética socialista", no solo detallando todas sus organizaciones (entre ellas, la "Sociedad Luz", una universidad popular fundada en 1899 donde se dictaban conferencias), sino también observando los distintos actores sociales. Por ello, opina:

> ¿Cómo imaginar una gran ciudad moderna [...] donde necesariamente tienen que germinar una a una las preocupaciones todas de las ciudades contemporáneas?[251]

El sociólogo español observa, por lo tanto:

> Hay que recorrer las cercanías del puerto y de otros barrios y penetrar por las viviendas llamadas conventillos y por los centros de promiscuidad, de estrecheces y de mugre, para formarse la idea de la nota plomiza que sombrea las grandezas de la capital del Plata. Allí hay escalones del vivir que

---

[250] Ibíd., pp. 217-218.
[251] Ibíd., p. 235.

tocan en lo profundo de las capas más bajas y que piden a gritos una ráfaga de luz, de claridad, de política social intensiva más, más mucho más que esto que de intervención dura y sin contemplaciones de la policía.[252]

Las fotografías y postales sobre conventillos ya han sido más arriba analizadas y ya se mencionó su mirada distante, que por otra parte, acompaña a la estética de la época. Resume así:

> Por una parte, una burguesía espléndida, en su inmensa mayoría laboriosa, rica, triunfante, abierta, y en ella, como en su centro, un núcleo gobernante, oligárquico, con realidades políticas de efectivo poder presidencial y de otra, enfrente o por debajo, una enorme masa obrera.[253]

Fig. 27. Foto utilizada para la tapa del libro de Adolfo Posada, SFA de A.

---

[252] Citado por Salas, Horacio, *op. cit.*, p. 52.
[253] Posada, Adolfo, *op. cit.*, p. 238.

Fig. 28. Primer casa colectiva, El Hogar Obrero, 1914.

## La comisión del Ateneo y Jean Jaurès

"Esta comisión invita mediante un aviso a los obreros a reunirse a las 5.50 de la mañana en la calle Pedro de Mendoza y Lamadrid para salir desde un pequeño vapor en el riachuelo a recibir a Jaurès que llega el 12 de septiembre de 1911".

Auguste Marie Joseph Jean Léon Jaurès (1859-1914) llegó para dictar conferencias en el Teatro Odeón tal como lo hicieran Anatole France y Georges Clemenceau. El político socialista francés, presidente de la Cámara de Diputados en 1903, recorrió el Museo de Bellas Artes (junto al Dr. Juan B. Justo), el diario *La Nación* y el Congreso Nacional.

La revista *PBT* del 16 de septiembre muestra una fotografía del momento en que Carolina Muzilli le entrega a Jaurès un ramo de flores en el muelle. Carolina era hija de inmigrantes italianos, costurera de oficio y fundamentalmente escritora. Muere en 1917 a los veintiocho años, víctima de tuberculosis. Poco antes de morir, expone sus ideas en cuatro artículos para *La Vanguardia*. Uno de ellos, publicado el 26 de septiembre de 1910, se titula "La emancipación de la mujer", y en él manifiesta: "Llevar nuestra sabiduría hasta la nublada inteligencia de la mujer de los talleres y las fábricas, descender hasta la clase social a que ellas pertenecen y elevarlas moralmente [...] Además debe dejar de ser sólo una lucha de sexos para integrarse en el fecundo campo de la lucha de clases".[254]

Roberto Giusti, tras realizar una semblanza de Justo, relata sobre el "asombro y el susto con que Justo y su discípulo Nicolás Repetto [...] contemplaron a Jean Jaurès cuando estuvo en Buenos Aires, en 1911, comer y beber una noche a la medida de su corpulencia y salud campesina,

---

[254] Niedermaier, Alejandra, *La mujer y la fotografía, una imagen espejada de construcción y autoconstrucción de la historia*, Buenos Aires, Editorial Leviatán, 2008, p. 174.

hasta osando pedir un coñac, antes de encaminarse a dar una de sus muy recordadas conferencias. La cual, aseguran, fue de las más hermosas que se le escucharon".[255]

En su segunda conferencia, el 22 de septiembre, a la que asiste el General Roca, Jaurès expresa:

> Las Bases de Alberdi son tan importantes que le dan un sitio entre Tocqueville y Laboulaye y se acercan a Mostesquieu.[256]

A partir de estas palabras destaca aciertos y desaciertos del pensador argentino. Y agrega:

> A medida que trato de comprender mejor vuestra tradición y de prever vuestro porvenir, me persuado de que ha habido en este noble país un admirable despliegue de fuerzas intelectuales y morales. La historia argentina aparece al espíritu cuando se ha penetrado en ella, como un drama clásico de impresionante belleza.[257]

Joaquín de Vedia (1877-1936), periodista de *La Nación* en ese momento, recoge sus impresiones –cuyos avances ya habían sido dados a la luz por el matutino– en su libro denominado *Como los vi yo*, publicado por primera vez en 1922 y reeditado por Manuel Gleizer en 1954. Destaca, pues, "la imponderable hermosura del ropaje verbal" de Jaurès.[258] Con respecto a las visitas anteriores, de Vedia comenta:

> Habíamos oído en la misma sala las deslavadas lecturas de Ferrero, y las que de sus estudios rabelesianos nos hiciera en 1909 Anatole France; habíamos escuchado las erupciones orales de Blasco Ibáñez [...]; habíamos oído las relampa-

---

[255] Giusti, Roberto, *op. cit.*, p. 190.
[256] Citado por Sáenz, Jimena en la nota "Monstruos sagrados en el Centenario", *Todo es historia*, núm. 68, diciembre de 1972, p. 75.
[257] Ibíd., p. 75.
[258] De Vedia, Joaquín, *Como los vi yo*, Buenos Aires, Manuel Gleizer Editor, 1954, p. 77.

gueantes disertaciones de Enrico Ferri y las *causeries* en que con tanto interés y chispeante facilidad diera Clemenceau, un año antes, austeras lecciones de idealismo a la juventud argentina.[259]

De Vedia, que era por esos años también empleado de la Biblioteca del Congreso, recibe la visita de Jaurès, y durante el recorrido el político francés le pregunta por la cantidad de volúmenes. Ante la respuesta, considera: "Es, por lo demás, la característica general del país; una enorme capacidad y poco contenido".[260]

En otro momento, el periodista argentino le pregunta si había asistido a una sesión de la Cámara Alta del Congreso. El pensador que realizó su tesis doctoral sobre los orígenes del pensamiento socialista alemán responde: "Una reunión de gentes muy bien educadas, pero no quieren contradecirse recíprocamente".[261]

Absolutamente pacifista, fue asesinado el 31 de julio de 1914 en vísperas de la Primera Guerra Mundial. La noticia tuvo gran repercusión en Buenos Aires y los socialistas realizaron un encuentro en su memoria. Al respecto, De Vedia escribió:

> Jaurès, que abominaba de cuanto importa un derramamiento de sangre, había elegido tal vez, soldado al fin y apóstol, la muerte que le ha correspondido, si hubiera podido prever que ella ejerciera una influencia benéfica en pro de la causa amada y del ideal perseguido incansablemente.[262]

---

[259] Ibíd., pp. 78-79.
[260] Ibíd., p. 87.
[261] Ibíd., p. 88.
[262] Ibíd., p. 91.

Fig 29. Carolina Muzilli le entrega flores en el muelle, *PBT*, 16 de septiembre 1910.

## Finalmente, las imágenes como síntesis de las vivencias

Es interesante observar cómo se repiten los tópicos en los que se enfocaron los distintos visitantes. Lugares y costumbres se reiteran en sus relatos y sus miradas descriptivas no difieren mucho entre sí. Temas como la educación, la economía, la organización política, los distintos medios periodísticos se suceden de este modo. Por ello, las fotografías, así hayan sido publicadas en álbumes, en magazines o en diarios, también muestran estos aspectos recurrentes.

El uso de las mismas imágenes también resulta reiterado. Los distintos álbumes, los magazines y los libros de Urien y Colombo y de Blasco Ibáñez repiten algunas fotografías, en especial, las correspondientes a edificios públicos.

La fotografía posibilita pues la realización de un proceso hermenéutico de lo perceptible al tornar visible el instante pasado y su resplandor en virtud de que es un elemento que une lo disperso y lo discontinuo. Viabiliza, por tanto, la comprensión de la estructura que subyace en distintos acontecimientos. A su vez, los textos visuales, incluyendo los que conllevan intención artística, contienen un "*Ethos* cultural"[263] que convoca a su interpretación y ayuda a la profundización de esta última. Forman parte, por ello, de los documentos que permiten reconocer una época.

De este modo, así como las vivencias de cada uno de los visitantes presentaron rasgos dicotómicos que formaban parte del panorama real, las fotografías que datan del período hasta aquí analizado muestran esta misma dialéctica y conforman, además, una síntesis acabada de las distintas visiones y experiencias existentes en la época del Centenario.

Por último, si tomamos en consideración el concepto de R. Collingwood de que la "prueba histórica" es la que responde a las inquietudes y preguntas que un investigador se plantea, se puede concluir que en el caso de la presente pesquisa la fotografía se ha comportado como tal.[264]

---

[263] Eduardo Grüner alude a que la estética de un texto artístico está impregnado de la ética y la política de su momento histórico en la "Introducción" de *Michel Foucault: Nietzsche, Freud, Marx*, Buenos Aires, Ediciones El cielo por asalto, p. 11.

[264] Collingwood, Robin George, "Epilegómenos", *Idea de la historia*, México, Fondo de Cultura Económica, 1984, p. 270.

Fig. 30. Foto utilizada para la tapa del libro de Georges Clemenceau, 25 de mayo de 1910, Archivo *Caras y Caretas*, AGN.

## Bibliografía

AA.VV., *Revista Ñ*, núm. 363, 11 de septiembre de 2010.

Alabarces, Pablo, "Sobre las formas populares de narrar la patria", en Nun, José y Grimson, Alejandro (comp.), *Debates de Mayo*, Buenos Aires, Editorial Gedisa, 2005.

Altamirano, Carlos y Beatriz Sarlo, *Ensayos argentinos, de Sarmiento a la vanguardia*, Buenos Aires, Ariel, 1997.

Baczko, Bronislaw, *Los imaginarios sociales, memorias y esperanzas colectivas*, Buenos Aires, Ediciones Nueva Visión, 2005.

Benjamin, Walter, "Pequeña historia de la fotografía", en *Conceptos de filosofía de la historia*, Buenos Aires, Terramar Ediciones, 2007.

Bevioni, Genaro, *Argentina, 1910. Balance y Memoria*, Buenos Aires, Editorial Leviatán, 1995.

Blasco Ibáñez, Vicente, *Argentina y sus grandezas*, Madrid, Española Americana, 1910.

Brousson, Jean Jacques, *Antole France en la Argentina: itinerario de París a Buenos Aires*, Buenos Aires, Excelsior, 1928.

Burke, Peter, *Historia y teoría social*, Buenos Aires, Amorrortu Editores, 2007.

Chueco, Manuel, *La República Argentina en su primer centenario*, editado especialmente por la Compañía Sudamericana de Billetes de Bancos en Buenos Aires.

Clemenceau, Georges, *Notas de viaje por América del Sur*, Buenos Aires, Hyspamérica, 1986.

De Vedia, Joaquín, *Como los vi yo*, Buenos Aires, Manuel Gleizer Editor, 1954.

Devoto, Fernando, "Imágenes del Centenario de 1910: nacionalismo y república", en Nun, José y Grimson, Alejandro (comp.), *Debates de Mayo*, Buenos Aires, Editorial Gedisa, 2005.

Devoto, Fernando, *El país del primer centenario*, Buenos Aires, Capital Intelectual, 2010.

Dubois, Philippe, "Máquinas de imágenes: una cuestión de línea general", en *Video, Cine, Godard*, Libros del Rojas, UBA, 2000.

Elissalde, Roberto, "La vida cotidiana en el Centenario", en AA.VV., *Los días del Centenario de Mayo*, Buenos Aires, Academia de Ciencias y Artes de San Isidro, 2000.

Escales, Vanina, *Crónicas del Centenario, Juan José de Soiza Reilly*, Buenos Aires, Biblioteca Nacional, 2008.

Giusti, Roberto F., *Anatole France. El aspecto social de su obra*, Buenos Aires, Ediciones Selectas América, 1920.

Giusti, Roberto F., *Visto y vivido*, Buenos Aires, Teoría, 1994.

Grüner, Eduardo, *El fin de las pequeñas historias*, Buenos Aires, Paidós, 2003.

Gutman, Margarita y Reese, Thomas (comp.), *Buenos Aires, 1910. El imaginario para una gran capital*, Buenos Aires, Eudeba, 1999.

Gutman, Margarita, "1910 Nación y futuro", en Nun, José y Grimson, Alejandro (comp.), *Debates de Mayo*, Buenos Aires, Editorial Gedisa, 2005.

Hobsbawm, Eric, "La invención de tradiciones", Hobsbawm, Eric y Ranger, Terence, *La invención de la tradición*, Madrid, Crítica, 2002. Hallado en *Revista Uruguaya de Ciencia Política*.

Huret, Jules, *De Buenos Aires al Gran Chaco*, Buenos Aires, Editorial Hyspamérica, 1988.

Joly, Martine, *La interpretación de la imagen: entre memoria, estereotipo y seducción*, Barcelona, Paidós Comunicación, 2002.

Masotta, Carlos, *Álbum postal*, Buenos Aires, La Marca Editora, 2008.

Niedermaier, Alejandra, "La fotografía un modo de visualizar la historia", ponencia para las Jornadas Interescuelas, Departamento de Historia de la Universidad del Comahue, octubre de 2009. ISBN 978.987.604.153.9.

Niedermaier, Alejandra, "La memoria fotográfica de un acontecimiento", en Gutman, Margarita y Molinos, Rita (ed.), *Construir Bicentenarios Latinoamericanos en la Era de la Globalización*, Buenos Aires, Infinito, 2011.

Niedermaier, Alejandra, *La mujer y la fotografía: una imagen espejada de autoconstrucción y construcción de la historia*, Buenos Aires, Editorial Leviatán, 2008.

Pierini, Margarita, "Viajeros europeos en la Buenos Aires del Centenario", en AA.VV., *Derroteros Del viaje en la cultura: mito, historia y discurso*, Rosario, Prohistoria Ediciones, 2008.

Posada, Adolfo, *La República Argentina, impresiones y comentarios*, Buenos Aires, Hyspamérica, 1986.

Rinesi, Eduardo, "Proyecto Nacional, Democracia y Estado", en Nun, José y Grimson, Alejandro (comp.), *Debates de Mayo*, Buenos Aires, Editorial Gedisa, 2005.
Sáenz, Jimena, "Monstruos sagrados en el Centenario", *Todo es historia*, núm. 68, diciembre de 1972.
Sáenz, Jimena, *Entre dos centenarios*, Buenos Aires, Ediciones La Bastilla, 1976,
Salas, Horacio, "La bomba en el Colón", en Gutman Margarita (comp.), *Buenos Aires 1910*, CD interactivo, Fundación Epson.
Salas, Horacio, *El Centenario*, Buenos Aires, Editorial Planeta, 1996.
Suriano, Juan, *Anarquistas, cultura y política libertaria en Buenos Aires, 1890-1910*, Buenos Aires, Manantial, 2004.
Tagg, John, *El peso de la representación*, Barcelona, Gustavo Gilli, 2005.
Terán, Oscar, *Historia de las ideas en la Argentina*, Buenos Aires, Siglo XXI, 2009.
Terán, Oscar, *Vida intelectual en el Buenos Aires fin de siglo (1880-1910)*, Buenos Aires, Fondo de Cultura Económica, 2000.
Urien, Carlos M. y Colombo, Ezio, *La República Argentina en 1910*, Buenos Aires, Casa Editora Maucci Hermanos, 1910.
Zizek, Slajov, "Multiculturalismo o la lógica cultural del capitalismo multinacional", en Frederic Jameson y Slavoj Zizek, *Estudios culturales, reflexiones sobre el multiculturalismo*, Buenos Aires, Paidós, 1998.

## Agradecimientos

Ante todo, quiero agradecer a la Biblioteca Nacional por el otorgamiento de la beca, ya que me permitió continuar con la investigación iniciada para el ensayo "La memoria fotográfica de un acontecimiento", que recibiera uno de los cinco premios de la convocatoria internacional realizada en el año 2008 por la Facultad de Arquitectura y Urbanismo de Buenos Aires (FADU-UBA), el *Observatory on Latin America* (OLA) de *New School University*, Nueva York, y el Centro de Estudios del Patrimonio (CEPAT) de la Facultad de Arquitectura, Urbanismo y Paisaje de la Universidad Central de Chile. Ese ensayo fue publicado en el libro *Construir Bicentenarios Latinoamericanos en la Era de la Globalización*, Ediciones Infinito.

También agradezco por su asistencia a Leticia Sahagún y Mario Guzmán, y por su corrección de estilo a Milena Matschke. Además, a las siguientes bibliotecas y museos consultados: Archivo General de la Nación, Biblioteca Nacional, Biblioteca Nacional de Maestros, Centro de Documentación e Investigación de la Cultura de Izquierdas en Argentina, Museo de la Ciudad y Museo Sarmiento.

## DEL CENTENARIO AL BICENTENARIO: EL CONCEPTO DE NACIÓN EN AVISOS INSTITUCIONALES SOBRE EL 25 DE MAYO

*Beatriz E. Sznaider*

"Eres más que tu largo territorio."[265]

En este artículo nos proponemos realizar un recorrido histórico a través de avisos institucionales de empresas, organizaciones y gobiernos publicados en diarios, teniendo en cuenta el lugar articulador de todo género discursivo como fragmento material en el que se procesan diferentes registros de la totalidad espacio-temporal en que el género transcurre, muchas veces en forma desplazada respecto de su funcionalidad.

La serie diacrónica va del Centenario, con su imaginario de fastos e inauguraciones, a este Bicentenario que terminamos de atravesar y cuyo signo distintivo fue la apropiación popular del espacio público. Al dar cuenta de la palabra de las instituciones a través de sus avisos, entendemos que estamos reconstruyendo un cierto tipo de racionalidad: una forma de autoafirmación política del Estado y de las instituciones y organizaciones en general; un modo por el cual, "como formas de lo público, [estas] poseen un régimen para el desarrollo de las propias relaciones sociales que se cumplen bajo su luz [...], un régimen de comunicación para la construcción de lo común" (Caletti 2001: 47).

Como señala Chartier (1992: V), la materialidad del libro y, por extensión, de todos los objetos escritos –objetos que Chartier reconoce como "legítimos, fundamentales y

---

[265] Borges, Jorge Luis, "Oda compuesta en 1960", *El hacedor*, Madrid, Alianza Editorial, 2003.

articulados" para ser utilizados como fuentes primarias en el camino hacia una historia cultural- supone el reconocimiento del mundo del texto como un mundo de formas, cuyas convenciones y dispositivos permiten y limitan a la vez la construcción de sentido. En la palabra publicitaria "hay un decir que la excede" (Traversa 1997: 23), y es en ese desborde donde se pueden rastrear representaciones posiblemente no asumidas por otros discursos.

Por lo que entre los procesos de decisión institucional, las determinaciones que generan los dispositivos técnicomediáticos, las restricciones y posibilidades que habilitan los géneros y los automatismos del discurso, surge una forma de visibilidad históricamente fundada que se manifiesta en las diversas maneras de constituir lo público. Los avisos institucionales reeditan con sus juegos materiales de figuración, argumentación y construcción enunciativa, una relación particular con su lector. Lo hacen a través de estrategias conscientes, deliberadas y políticas cuyo límite productivo está puesto en las restricciones del género y en los mecanismos automáticos del discurso, que se ponen en juego en los estilos.

El concepto de género discursivo será central para pensar aspectos vinculados a los intercambios sociales, en tanto "una sociedad se institucionaliza (cuando) la recurrencia de ciertas propiedades discursivas y los textos individuales son producidos y percibidos en relación con la norma que constituye esa codificación. Un género, literario o no, no es otra cosa que esa codificación de propiedades discursivas" (Todorov 1996: 31-48). Es ese carácter convencionalizado (aunque histórico) lo que define su condición de articulador de la vida en sociedad: porque la existencia y el dominio de los géneros es requisito fundante de la comunicación, al construir previsibilidad respecto de los desempeños semióticos y los intercambios sociales (Bajtín 1982: 268; Steimberg 1993: 45).

La categoría del estilo, ese "modo de hacer" que opera tanto sobre la discursividad como sobre las prácticas sociales, no solo nos permitirá entender ciertas previsibilidades productivas que sirven para describir "condiciones de unidad de objetos o comportamientos", sino asimismo, más fuertemente, "nos remite a la consideración del cambio histórico y el carácter original de cada momento de producción discursiva" (Steimberg 1993: 48-64). Por eso, el estilo es el lugar de la distinción y de la diferencia interdiscursiva, y entendido como categoría sociológica, funciona como un campo de disputa por la hegemonía del sentido (Fernández: 1995).

Al hablar de avisos institucionales respecto de este corpus, hacemos un uso extensivo de la definición del género, ya no a partir de la situación tautológica de circunscribirlo a la condición de un emisor empírico institucional. Atenderemos más bien particularmente a un registro enunciativo[266] en el que la *dimensión institucional* aparece como una cierta condición actancial que puede o no estar soportada en el lugar de la institución; como una fuerza promotora *supra* que activa vínculos y es portadora de valores, muchas veces al margen o en tensión con la propia definición o con el hacer de la institución objetiva.

A la vez, trabajar con el concepto de *dimensión institucional* nos permite vincular no solo aquellas piezas que canónicamente forman parte de dicha comunicación. Sino que incluimos además un conjunto de avisos publicitarios de gran presencia dentro del corpus: aquellos destinados centralmente a vender un producto pero que, a la vez, hacen referencia a elementos pertenecientes a otra serie discursiva, la del discurso histórico. A partir de este recorte

---

[266] Enunciación como 'efecto de sentido' por el que "en un texto se *construye* una situación comunicacional" a través de dispositivos de carácter lingüístico o no lingüístico (Steimberg: ibíd.).

colocamos bajo la misma perspectiva un conjunto de textos –el de los avisos publicitarios y el de los avisos institucionales, propiamente dichos– que comportan desempeños semióticos diversos, a veces excluyentes, pero que dentro del conjunto analizado conforman una serie novedosa: la que incorpora el motivo celebratorio como registro propio para constituir el subgénero del *aviso celebratorio*. Por lo que más que oponer avisos publicitarios e institucionales, los analizaremos en sus derivas y solapamientos, respecto a los modos y las maneras de presentar y de referir a los tópicos sobre el 25 de Mayo.

Por otra parte, referirnos a la *dimensión institucional* como producto de procesos de significación que construyen diversos actores sociales nos permite recuperar la noción de Castoriadis de *institución* (2007), no solo como entidad empírica sino también como red simbólica, como institución del hacer social y del representar / decir social.

Para pensar el discurso histórico partimos de Dosse (2009: 39), quien lo sitúa como una reconfiguración del tiempo por medio de conectores específicos, y desde Ricoeur, completa Dosse, en una tensión que le es propia entre "la identidad narrativa y la ambición por la verdad". Al describir y analizar el desarrollo y la expansión de una forma de la comunicación institucional, en su cruce con el discurso celebratorio sobre el 25 de Mayo, buscamos reconstruir a lo largo del siglo las huellas de una actualización del pasado reeditadas en cada aviso a través de procedimientos heterogéneos y sumamente activos, cuya ambición de verdad colocamos en el campo de una verosimilitud. Esa verosimilitud es el efecto discursivo de una verdad posible, la que cada sociedad acepta como verdadera en ciertos momentos. Por lo tanto, no es única ni inmutable (Metz: 19-20).

Nuestras lecturas respecto de lo nacional se asientan en aquellas definiciones que remarcan su carácter contingente o imaginario, tal como proponen Gellner (1993) o Anderson (2007), o de las tradiciones que lo sostienen, con una persistencia que excede el tiempo de las condiciones políticas y económicas que le dieron origen (Hobsbawm: 2002). A la vez, los desarrollos de autores sobre la Argentina como nación permitirán leer las marcas textuales presentes en los avisos institucionales, como material de lo que Palti define como "las ficciones de la identidad" (2002). Entre otras referencias: la de Palti mismo y sus preocupaciones respecto de la preexistencia de la nación o la nacionalidad en América Latina y sus debates con Anderson; Cavaleri (2004) y su tesis sobre el temprano mito de las pérdidas territoriales que alimentaron la idea de una "Gran Argentina" desposeída; la perspectiva de Funes (2006), donde lo nacional aparece como respuesta a una crisis gestada en el cruce entre los efectos de la Primera Guerra Mundial y las políticas de la oligarquía hacia el año 1920 (es en esa década desde donde debemos mirar el Centenario); las relaciones entre positivismo y nación y el rol de las élites como depositarias de un programa de intervención teórica y práctica en Terán (1987); o la investigación dirigida por Romero (2004) sobre los modos en que los textos escolares en la escuela argentina forjaron una idea de nación y alimentaron una ritualidad patriótica, así como la necesidad de expandir el repertorio de lugares expresivos de la identidad nacional.

Sobre el corpus: en la organización de los avisos sobre el 25 de Mayo publicados en los principales diarios nacionales, tomamos como punto de partida el año inicial de las diez décadas que van del Centenario al Bicentenario, y lo acompañamos con búsquedas complementarias pero parciales en algunos años intermedios, tendientes a explorar la reverberación que tuvieron ciertos hechos públicos, o contrastar algunas observaciones.

¿Cómo se articuló la publicación de avisos en la prensa con el clima expansivo y fundante que impregnó los festejos del 1910? En el Centenario apareció una docena de piezas. Para ponderar si se trató de un número relevante debemos tener en cuenta tendencias de la época respecto de la expansión del sistema de la publicidad en los diarios, así como el balance de avisos destinados a homenajear a la fecha patria publicados a lo largo del siglo. En el primer caso, nos encontramos en un momento de consolidación del sistema de avisos como mecanismo de financiamiento de la prensa masiva, independiente y profesional. Respecto del número de piezas publicadas en homenaje a la Revolución de Mayo hubo un crecimiento estable y muy gradual a lo largo de las décadas estudiadas, siendo que el volumen general de avisos en diarios creció de manera exponencial. El dato destaca el conjunto aparecido para el Centenario.[267]

La estabilidad a la que referimos –que en términos ponderados implica una cierta caída–, se rompe de manera evidente en dos momentos: en el Sesquicentenario y en el Bicentenario, cuando se multiplican los homenajes a través de las piezas publicitarias. Alrededor de 1950, la desbordante comunicación del gobierno peronista pero también el protagonismo de actores privados generaron la presencia de un número muy importante de avisos. Mientras que en los años 90, en cambio, se publicaron en

---

[267] Si en cambio comparamos la cantidad de avisos publicados durante el Centenario en algunas de las principales revistas (*Caras y Caretas, PBT, La Vida Moderna* en Gringauz: 2010; *Caras y Caretas* del 21 y 28 de mayo de 1910) encontramos un defasaje muy importante. Es probable que el privilegio de la cantidad (y en el caso de *Caras y Caretas*, en particular, de la calidad) se deba tanto a diferencias productivas (edición periódica en lugar de diaria, cantidad de páginas, uso del color, presencia de ilustradores, etc.) como al carácter transicional del pasaje de prensa facciosa a prensa independiente y comercial, condición de origen de diarios como por ejemplo *La Nación* y *La Capital* de Rosario (Pagni y Cesaretti: 2009; Ojeda: 2009). Otra referencia: la fundación de *El Mundo*, en 1928, junto con *Crítica*, el espacio donde se consolidó el periodismo profesional con la aparición de las especializaciones (Fernández y otros: 1996; Saítta: 1996).

un número casi insignificante. La superposición de fuentes primarias consultadas permitió organizar un corpus que contiene cerca de seiscientas piezas que, consideramos, abarca casi la totalidad de avisos producidos en los años investigados[268] y de los que recorreremos solo una parte representativa.

La mayoría de las piezas citadas pertenece al diario *La Nación*. Esto se vincula tanto con la cantidad de avisos que recogió el diario desde sus inicios –en búsqueda de ese lector cuya condición económica y social lo constituía en un receptor ideal–, como con razones de accesibilidad a sus archivos. Por otra parte, salvo que el dato sea significativo para explicar alguna línea argumentativa, no explicitaremos en este trabajo la condición de aquellos avisos que aparecieron de manera exclusiva en un diario o, de forma simultánea, en varios. Desde nuestro punto de vista, se trata de un tema muy interesante respecto a los modos en los que el desarrollo y la expansión del sistema publicitario articuló con condiciones del diario como empresa, del diario como órgano de información y opinión, y del diario como productor de realidad (Steimberg: 1985),

---

[268] Año 1910: *La Nación, La Prensa, El País, El Diario, Tribuna, El Tiempo.* Año 1920: *La Nación, La Prensa, Crítica y La Época.* Año 1930: *La Nación, La Prensa, Crítica y La Época.* Año 1940: *La Nación, Noticias Gráficas, La Prensa, Clarín, Democracia.* Año 1950: *La Nación, La Prensa, Clarín, El Mundo.* Año 1960: *La Nación, Clarín, El Mundo.* Año 1970: *La Nación, Clarín, La Opinión.* Año 1980: *La Nación, La Prensa, Clarín, Página, 12.* Año 1990: *La Nación, La Prensa, Clarín, Página 12.* Año 2000*: La Nación, Clarín.* Año 2010: *La Nación, Clarín, Página 12, Perfil, Crónica, Ámbito Financiero, El Cronista.* Período: entre el 21 y el 27 de mayo. No se mencionan los años intermedios porque las búsquedas fueron parciales. Materiales extraídos del fondo de la Hemeroteca de la Biblioteca Nacional y, complementariamente, de las hemerotecas del Congreso de la Nación, de la Legislatura de la Ciudad de Buenos Aires, del Banco Central de la República Argentina y del Diario *La Nación*. Consultados entre julio de 2009 y junio de 2010. Las imágenes fueron retocadas solo al efecto de eliminar marcas del proceso de reproducción.

pero que excede el objetivo de este trabajo, centrado en la búsqueda de las dominancias en los *modos de decir* lo nacional en cada época.

## 1910

Para el Centenario, el discurso publicitario habilitó preponderantemente el forjamiento de un sujeto en público: festejar era vestirse, surtiendo de ropa a los niños "para el gran desfile infantil del Centenario argentino" (Tienda El palacio de Cristal, *La Nación*, 18 de mayo, p. 4). O invitar a la "distinguida clientela a ver expuestas nuestras elegantes vidrieras" con confecciones destinadas a las "Fiestas Mayas y la temporada de ópera en el Colón" (Tienda El Progreso, *La Nación*, 23 de mayo, p. 14*)*. La ritualidad del consumo y la de la vida en sociedad se entrecruzaban con la ritualidad de la conmemoración patria.

Pero en la trama discursiva entre consumo y festejo aparecían también otros registros celebratorios más ostensivos que ponían en la superficie motivos gráficos que remitían tanto a una estatuaria, como a la construcción de un panteón de héroes.

Casa Escasany (*La Nación*, 24 de mayo, p. 18) ofrecía recuerdos del Centenario –gemelos, pulseras de dijes, cigarreras, ceniceros– con imágenes de Rivadavia y San Martín; álbumes con vistas fotográficas, cortaplumas con la inscripción "Centenario" y joyas en general.[269] El carácter del

---

[269] *Casa Escasany*, inaugurada en 1892, fue durante mucho tiempo la joyería más importante del país, con sucursales en el Interior y en toda América del Sur y miles de empleados. Fuente: miguelescasany.com.ar. En 1940 la empresa ofreció productos similares a los de 1910. Pero los grabados de los próceres habían sido reemplazados por motivos militares: dijes enchapados en oro con las figuras de cadetes navales, militares, de la marinería o la infantería (*La Nación*, 22 de mayo de 1940, p. 4).

festejo fragua a partir de una práctica de investimiento que impone, a la par de una intangibilidad a una tangibilidad, una diferenciación social que puede ser leída como modelo de los intercambios en espacios específicos simbólicamente estructurados (Bourdieu: 1988).

En el caso de la Tienda A la Ciudad de Londres (*El País*, 19 de mayo, p. 8), aparecía una referencia ordinaria acerca de precios, ofertas, surtido, pero enmarcada en un registro gráfico por el que anunciante, producto, público, consumo y festejo quedaban construidos discursivamente en un mismo nivel. El conjunto del texto descriptivo aparecía en los huecos que habilitaban las formas de la imagen: una diosa alada de la victoria, envuelta por un chal a los hombros que llevaba inscripto el nombre de la tienda. Personificación divinizada de la *vox populi*, anunciaba la buena nueva a través del añafil.[270]

El aviso de Tienda A. Muro y Cía. (*La Nación*, 23 de mayo, p. 18) abría a otro estilo de comunicación en el que predominaba la figura patriótica: un Belgrano "héroe de la Independencia Argentina" rodeado de laureles aparecía inscripto dentro de un contorno que apoyaba sobre el paño de la bandera argentina; un efecto de lupa que prefigura

---

[270] La imagen de esta trompeta larga y recta había sido evocada por Rubén Darío en el poema épico "Marcha Triunfal", escrito para la celebración del 85º aniversario de la Revolución de Mayo:
¡Ya viene el cortejo!
¡Ya viene el cortejo! Ya se oyen los claros clarines.
¡La espada se anuncia con vivo reflejo;
ya viene, oro y hierro, el cortejo de los paladines!
Luego, para el Centenario, el diario *La Nación* –con quien el poeta mantuvo un vínculo estrecho–, le encargó la producción de una obra en homenaje: "Canto a la Argentina", publicada en el álbum especial que el diario puso en circulación para la fecha.

un procedimiento que utilizará la fotografía periodística a partir del año 1940, aproximadamente.[271]

Un aviso de Cigarrillos Centenario (*La Nación*, 27 de mayo, p. 4) presentará la única fotografía que registramos dentro del conjunto de materiales de la década. Como marca transicional entre pintura y fotografía, la imagen de un carro alegórico alusivo aparecerá enmarcada por un borde doble, ancho y con volutas. La fotografía impondrá también su condición de existencia respecto al momento en que fue capturada, por lo que no solo describe, sino también testimonia. En esta operación, esencialmente narrativa, la recepción de la imagen "trata de volver a situar la impresión instantánea en la unidad de una secuencia de acontecimientos", por lo que se construye una escena de lo público para el tiempo de la expectación (Schaeffer 1990: 97-101). Y dando cuenta de los "tempranos" temores de la sociedad acerca de los efectos del deslizamiento entre discurso institucional y discurso publicitario, el anunciante alertaba que "el carro no contiene palabra alguna de *reclame*[272] y sí solamente la inscripción CENTENARIO ARGENTINO 1810-1910".

---

[271] Un aviso de la misma tienda con la misma factura visual, pero con la imagen de San Martín, en la revista *La vida moderna*, 11 de mayo de 1910, p. s/r (en Gringauz: 2010).

[272] Tal el nombre que se le daba a los anuncios publicitarios entre fines del siglo XIX y principios del XX.

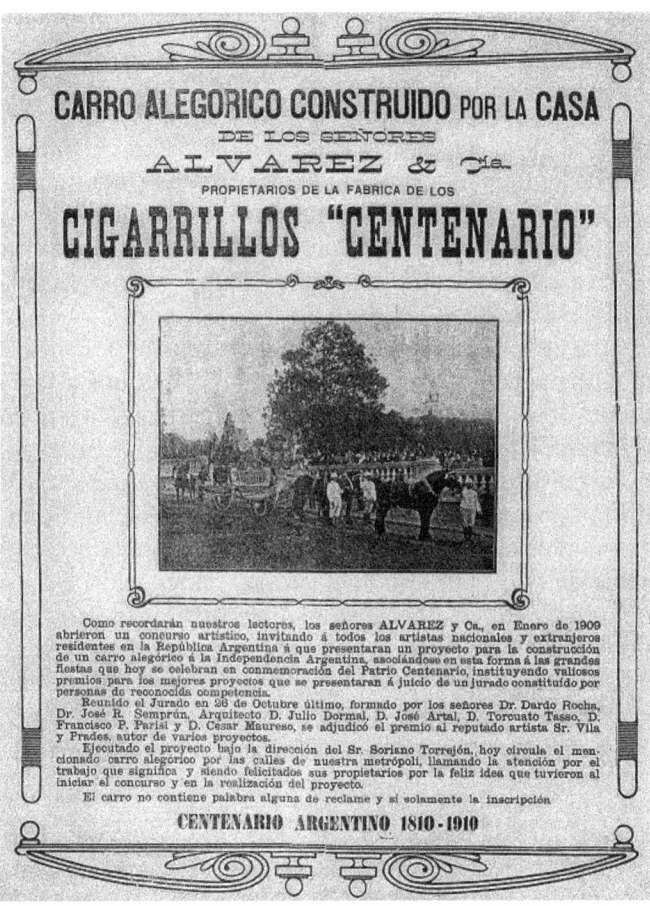

Fig. 1. Cigarrillos Centenario, 1910.

En cuanto a los avisos que no poseían ilustraciones, los entrejuegos entre consumo y festejo estuvieron soportados en un conjunto de procedimientos textuales tributarios de los modos en los que el lenguaje de los avisos fue ganando espacio dentro de la página del diario. La posibilidad de visitar los "nuevos salones de muebles" de la Casa Maplce (*La Nación*, 24 de mayo, p. 5) era presentada a través de un formato gráfico y un tipo de interlocución que apelaba a todos los registros formales de la *invitación en mano*, con sus formas de cortesía, su manera de distanciar al emisor real del enunciador construido, ese otro que "tiene el honor de invitar al público". No había nexo entre los motivos explicitados –"fiestas del Centenario"; "inspeccionar los nuevos salones"–, más que la construcción sintagmática por la que un texto seguía al otro.[273]

Dentro de la página del diario se pueden reconocer otras marcas que daban cuenta del todavía inestable sistema publicitario como lenguaje. El aviso de Cervecería Argentina "Quilmes" para Cerveza Quilmes Centenario (*El Tiempo*, 24 de mayo, p. 3), presentaba un conjunto de frases a través de una gran variedad de tipografías y métricas. Enunciados vinculados al producto y a la empresa se alternaban con otros de corte patriótico; la falta de concepción gráfica definida habilitaba una lectura de recorrido aleatorio que debilitaba la orientación hacia el receptor.

El diseño (o la falta del mismo) del aviso de Quilmes Centenario replicaba las formas en las que la mayoría de los diarios de la época podían titular. Esa indiferenciación

---

[273] Esas operaciones de referenciación se irán reeditando a lo largo del siglo y se convertirán en uno de los procedimientos figurativos tradicionales entre los que van a vincular celebración y consumo. Otras operaciones básicas son: las de *inserción*, que pueden articular un motivo gráfico con otro textual, o dos textuales; la presencia, por ejemplo, de una cinta celeste y blanca en un vértice o una leyenda superior, "25 de Mayo de 1810", en un aviso cuyo contenido refiere exclusivamente a la oferta publicitaria. Si bien definimos estas operaciones como una especie de *grado 0* en los modos de figuración de la combinatoria entre discurso publicitario y discurso patriótico, tenemos en cuenta la dificultad que supone plantear condiciones de *desvío* respecto a un decir "directo", "poco figurado, etc." (Fernández-Tobi: 2009: 41-71; Todorov: 1970; Grupo μ: 1987).

entre discurso periodístico y discurso publicitario aparecía también en la construcción del aviso de Cigarrillos Centenario, ya presentado.[274] Es probable que la presencia de fotografía en esta pieza se vincule entonces a su registro periodístico, siendo que la fotografía dentro de los avisos publicitarios se va a consolidar recién a partir de la década del 60. El texto describía, a modo de crónica, las características del concurso organizado para conmemorar el Centenario. Además, el mismo aviso publicado en días y diarios diferentes presentaba un diseño disímil, seguramente a cargo del propio diario (*El Diario*, 26 de junio, p. 2 y *La Nación*, 27 de mayo, p. 4).

Las causas y consecuencias de esos procedimientos de diferenciación entre la institución periodística y las instituciones en general se vinculan a procesos de construcción discursiva de formas de *identidad* de empresas, gobiernos y organizaciones respecto de la prensa. Estas instituciones comenzarán a instalarse paulatinamente a través de un espacio propio y pago, con procedimientos que en gran parte abrevarán en géneros discursivos preexistentes como la carta, el balance, la proclama, etc. Se configurarán desde modelos gráfico-textuales similares a los de la página del diario para ir desarrollando, paulatinamente, formas propias de diferenciación textual y argumentativa. Ya no será la palabra del medio la única que podrá intervenir para dar cuenta de la acción de las instituciones; por lo que se establecerá un corrimiento que implicará un enorme cambio de posición en la relación del medio, de la empresa

---

[274] Como se observa, el lanzamiento de nuevos productos llamados *Centenario* o su combinación con el nombre tradicional formó parte de las estrategias comerciales e institucionales de distintas empresas. También en 1936, la empresa *Nueva Cervecería Argentina* publicará un aviso anunciando el lanzamiento de la cerveza "Mayo".

y del gobierno, respecto al lector ciudadano, usuario o consumidor.[275]

Con los mismos recursos de pobre diferenciación gráfica respecto del dispositivo del diario y en páginas internas, se publicó la Convocatoria al Pueblo de la Comisión Nacional del Centenario[276] (*La Nación*, 23 de mayo, p.13). Se trató de la única "publicación oficial" que registramos durante los días previos y posteriores al festejo del Centenario.[277] El aviso abarcaba tres columnas a un cuarto de página y estaba organizado en dos párrafos extensos. El primero, en tipografía más grande, argumentaba respecto de los motivos patrióticos que convocaban a la "Gran Procesión Cívica", una especie de oxímoron que al interior del texto adquiriría la forma militar de "columna". El tono era solemne; convocaba a honrar "la memoria de nuestros padres" fijando una marca de origen, a la vez que construía un espacio ideal de consenso: "gobernantes y gobernados, como expresión del pueblo todo". Imposición sobre el pasado de una lectura ejemplar que debía orientar el tiempo presente pero que no aludía al concepto de Nación, sino

---

[275] Antecedentes de estos temas en: "La Autonomía de la Ciudad de Buenos Aires en su Comunicación Institucional", 1998/1999 (UBACyT AS 07); "Estilos de Comunicación Institucional en Medios Gráficos", 1995/1997 (UBACyT CS 036). Dir.: Dr. José L. Fernández.

[276] La Comisión fue el órgano que se encargó de convocar y organizar desde el Estado todas las actividades vinculadas al Centenario: exposiciones, desfiles, concursos, publicaciones, etc. La integraban artistas, profesionales, científicos, militares y representantes del Congreso de la Nación. La presidencia la ejerció el Ministro del Interior, Dr. Marco Avellaneda; la vicepresidencia primera, Manuel Güiraldes, Intendente de la Ciudad. Y las tareas del Comité Ejecutivo, Francisco P. Moreno, Carlos A. Estrada y Brígido Terán, Adolfo Carranza y el general José Ignacio Garmendia. Fuente: Archivo General de la Nación, Libro de Resoluciones del Comité Ejecutivo de la Comisión Nacional del Centenario. Libro de Actas: Primera Sesión de 26 de febrero de l909 (en Magaz: 2006).

[277] Dentro del corpus analizado (nota 269), la registramos además de *La Nación*, en *El Tribuno* (27 de mayo, p. 3).

al más amplio de Patria. En cambio, sí refería a esencialidades como el "alma nacional" o a su personificación: la nacionalidad "acunada". Y con la elipsis que vinculaba las "glorias alcanzadas" con un "venturoso porvenir", el texto también hacía honor a los inmigrantes, pero con una marca de secesión de un otro respecto del nativo: "hijos de todos los países de la tierra que *nos ayudan*[278] con su trabajo y en la elaboración de nuestro progreso".

El segundo párrafo describía pormenorizadamente los aspectos organizativos y los modos de participación de la población a través de formas verbales que más que proponer, imponían: "El himno será cantado por toda la columna".

Finalmente, destaca el anuncio que el diario *La Nación* (25 de mayo, p. 3) publicó para difundir su edición homenaje, el *Álbum Gráfico de la República Argentina en el Primer Centenario de su Independencia*, volumen de 335 páginas a cuatro columnas, tamaño sábana. La obra hacía un recorrido, entre otros temas, por la historia argentina, su arte, las costumbres, sus bellezas naturales o el clero. Aparecían textos alusivos en varios idiomas con sus respectivas traducciones y contenía además aspectos vinculados a la vida productiva, con estadísticas y referencias sobre los principales actores económicos de la época. También incluía gran cantidad de fotografías que ilustraban, entre otros aspectos, la modernidad de Buenos Aires a través de sus edificios. Más allá de su contenido destacaba, junto con el carácter celebratorio que asumía protagónicamente el mismo medio, el impulso comercial para ofrecerlo a sus lectores: cita del artículo de presentación del álbum en el propio diario y en diarios de la competencia; referencia a su carácter de oferta; publicación de un cupón de envío

---

[278] El resaltado es nuestro.

para reserva del ejemplar, etc.[279] El carácter majestuoso de la publicación del Centenario "en papel glacé y con varias láminas cromolitografiadas" y portada del dibujante Federico Sartori (1865-1938), en la que aparecía la ilustración de un efebo en puntas de pie sobre una roca, sosteniendo el escudo argentino, contrastaba fuertemente con la ilustración en la retiración de tapa: un aviso de Cigarrillos 43, con una mujer entregada al placer del fumar. La retiración de contratapa aparecerá como una negociación discursiva por la que producto y conmemoración quedarán mixturados: la bandera argentina en el reverso, con la marca Centenario en el anverso, es clavada triunfante por el efebo. La alegoría impone la figura femenina de la libertad, junto a hombres y mujeres de la tierra y del trabajo que contemplan anhelantes la escena.

---

[279] Durante el Sesquicentenario también se realizó una edición extraordinaria, con textos de Larreta, Borges, Bernárdez, Romero, Pinedo, Del Carril, De Vedia y otros autores. Para el Bicentenario, el diario generó un material alusivo, *Enfoques especial*, de la misma factura que el suplemento dominical regular. Su contenido fue presentado como posibilidad de reflexión sobre los últimos cien años y para imaginar "lo que vendrá" respecto de un "proyecto inconcluso". La firma principal es la de Natalio Botana (21 de mayo de 2010, p. 19) en diálogo con el texto ensayístico "crítico-histórico" que produjo Joaquín V. González para el Centenario, "El juicio del siglo", y que también se publicó en *La Nación*. El artículo de Botana titulado "Bajo el signo de la discordia" condensa la mirada sobre la vida política argentina durante el último siglo en el período que va de 1930 a 1983. El reduccionismo temporal construye una visión que por un lado quita entidad a la experiencia democrática más larga de la vida argentina. A la vez, recoge como continuidad de las "discordias civiles" que denunciaba J. V. González para el Centenario, la "participación popular" que alentó el primer peronismo, sin el necesario *corset* del republicanismo y la representación plural.

## 1920

En el año 1920 aparece un conjunto de novedades. El cambio tecnológico habilitó el pasaje de la escucha musical colectiva en vivo, en un espacio público, a la posibilidad de su consumo privado e individual. La audición de "himnos y aires de la Patria" en la intimidad del hogar (Casa América, *La Nación*, 20 de mayo, p. 8), más allá de configurar una escena hipotética, parecía articularse con la llegada del folclore a la ciudad y con el desarrollo del tango, por la existencia de los medios masivos, en general, y de los medios de sonido, en particular. El cambio de escala espacio-temporal que habilitaron las nuevas tecnologías permitió procesos de percepción y de cognición originales que construyeron nuevas identidades y espacios "de encuentro" entre sujetos (Verón: 2001). Desde lo musical, no se trató de la eclosión de una "esencialidad nacionalista", sino de una especie de campo en pugna en el que convivieron para ese momento del siglo géneros y ritmos de origen diverso como el tango, la mazurca, el vals o el fox-trot y los ritmos criollos.[280] Pero no se trataba solo de la construcción de una música nacional, sino también de artistas nacionales y de un repertorio nacional. Esas trayectorias y reenvíos de lo nacional generaron, seguramente, intercambio, comunicación, sentido colectivo y vida en común.

---

[280] Modos en que los metadiscursos sobre el consumo de discos fueron organizando una clasificación de los ritmos musicales dentro de categorías nacionalizantes, en Jáuregui, J. (2009).

Fig. 2. Casa América, 1920.

Otra novedad que impusieron los años 20 fue la estabilización de una iconografía patriótica que apareció inscripta, al menos, desde dos procedimientos gráficos-expresivos: desde un registro estatuario y desde otro pictórico. No se trataba de posiciones excluyentes, sino más bien de una deriva. El registro estatuario connotaba inmovilidad, la rigidez del mármol, la sustracción del contexto, y es desde ese carácter recortado, ciego, donde cobraba fuerza la dimensión simbólica de la imagen, en general asociada a la figura masculina. El registro pictórico, en cambio, era blando y situado. Mostraba a la Patria como mujer; una mujer joven que interrogaba desde la mirada y la sonrisa. Había algo deseante y voluptuoso en la manera de ofrecer el cuerpo-patrio; algo que se escapaba de la imagen y parecía generar una forma de contacto que convocaba e interpelaba.[281]

Así, el año 1920 parece iniciar un proceso de cambio: de la presentación de una imagen patriótica como modélica, pero a la vez externa y no humana, hacia otra más romántica, donde la personalidad es más cercana, no necesariamente imitable, pero sí sustantiva, por lo que puede despertar interés y admiración. Ese movimiento puede leerse como posible efecto de un cambio vinculado a cierta "secularización cultural" (Campione y Mazzeo 2002: 31) que comenzó a atenuar las rígidas políticas de "educación y formación patriótica" elaboradas, entre otros, por el Dr. José María Ramos Mejía, Presidente del Consejo Nacional de Educación (1908-1912), movimiento que reforzó el compromiso del Estado en la construcción de una ciudadanía.

En ese mismo registro humanizado aparece por primera vez una ilustración de la Primera Junta de Gobierno, con

---

[281] La Mujer-Patria remite a las pinturas neoclásicas, al estilo de Jacques-Louis David –quizás el primer propagandista de gobierno de la historia– y a la simbología patriótica de diversos países, como la Marianne que encarna a la República francesa (Roberts: 1989).

rostros indiferenciados, genéricos, pero de rasgos comunes. En el aviso (*La Nación*, 25 de mayo, p. 10) se exponían motivos que asociaban por comparación los atributos de los "padres de la Patria" con los del anunciante: el Banco de Boston, que había sido fundado apenas tres años antes. Los efectos de la acción del Banco se solaparán respecto de los atribuidos a los patriotas; pero el Banco, además, aportará una determinación: ya no solo la "independencia y grandeza del país", sino también la "independencia económica de cada cuál". El discurso se construye con pretensión de verdad a través de una forma argumentativa seudológica, con un deslizamiento de lo político a lo económico, y de lo colectivo a lo individual.

Un tercer elemento, central en la constitución de la comunicación de avisos sobre el 25 de Mayo durante el año 1920, es la consolidación de lo institucional como género. Junto con los formatos que combinaron de diversas maneras el registro patriótico con la comunicación de producto, aparecieron un conjunto de piezas donde los únicos motivos tematizados referían a la celebración. Destacamos el aviso de la empresa Cinzano (*La Época*, 23 de mayo, p. 2), el de Noël (*La Época*, 24 de mayo, p. 21) y el de la Casa A. Cabezas (*La Nación*, 25 de mayo, p. 22).

El primero presentaba rasgos de síntesis productiva que lo despegaba de los estilos propios de la época, cuando todavía el texto publicitario se orientaba a la construcción de un consumidor: no había mostración del producto y lo que prevalecía era la imagen central de la marca.[282] En el segundo caso aparecía nuevamente la indiferenciación

---

[282] La marca funciona como un signo identificador básico (Chaves 1994: 41) que impone relevancia, credibilidad y continuidad en el tiempo, a la promesa de valor asociada a un producto, servicio u organización. Sznaider B.: "La Construcción de la Marca SIAM". En *Estrategias globales: Publicidad, marcas y semiocapitalismo. DESIGNIS Nº 17*. La Crujía/FELS, Buenos Aires, 2011.

en la nominación, que ya había estado presente en el año 1910: *Independencia* para nombrar el 25 de Mayo.[283] Esta vez, la determinación va a ser hacia la "independencia industrial" y el homenaje, "laborar empeñosamente". La apelación parecía articular con la condición expansiva de la industria argentina y con la propia historia de la marca, en la Argentina desde 1890 y con fabricación nacional recién a partir de 1925.

El tercer ejemplo es paradigmático: el aviso de Casa A. Cabezas, como ejemplo puro de comunicación institucional, funcionaba con un grado superlativo de presuposición; no aparecía ninguna mención al producto o asociatividad respeto a la actividad de la empresa, sólo discurso celebratorio. En relación con el conocimiento que nos impone, por ejemplo, la pervivencia hasta nuestros días de las marcas Noël o Cinzano, no sabemos quién es A. Cabezas,[284] aunque sí, seguramente, muchos de sus contemporáneos. En esa línea, la comunicación institucional funciona como refuerzo, pero a la vez, como comprobación de la potencia marcaria y de alojamiento de actores sociales y económicos emergentes, por condición de sus prácticas comunicativas.

Otra operación figurativa que funcionó como procedimiento en el vínculo entre institución y festejo estuvo dada por el gesto autocelebratorio. Aparece en 1920 y seguirá funcionando hasta nuestros días. La autorreferencialidad respecto a la fecha de inicio de un emprendimiento, empresa o institución impone un valor respecto al paralelismo construido con el aniversario patrio. La institución, a la vez

---

[283] La dificultad de estabilizar la denominación del acontecimiento del 25 de Mayo puede ser leída como puja por la definición de su propio contenido. El término "Independencia" respecto de la celebración de mayo se mantuvo, al menos, hasta 1940, y reaparece en 1973, pero con un contenido "revisionista".

[284] A través de un aviso en *Caras y Caretas* (1901) nos enteramos de que *A. Cabezas* comercializaba prendas de vestir para toda la familia.

que se inviste de cierta condición modélica por la que *algo* de lo patriótico le derrama, introduce una argumentación: "ser es hacer". Ser patria, ser nación, ser argentino supone partir de la premisa constructivista por la que no existe una esencialidad –o si existe, queda resignificada–, sino que se trata de una condición que se determina cada vez, en relación con prácticas concretas y situadas.

Finalmente, un aviso de Eugenio C. Noé & Cía. Fabricantes e Importadores de Artículos Rurales (*La Nación*, 25 de mayo, p. 9), impone casi un registro programático: elogio a las riquezas materiales y espirituales del país, alabanza a la agricultura y a la ganadería, defensa de lo nacional, de lo "nuestro", de la "genuina producción indígena". Esto en tensión con lo importado y lo extranjero, que no debe ser "despreciado" *si*[285] contribuye al perfeccionamiento general de todas las actividades del país.[286] El tono lugoniano del Centenario en su "Oda a los ganados y las mieses" parecía seguir vigente.

## 1930

Radio Mitre (*La Nación*, 25 de mayo, p. 13) publica su "programación extraordinaria" para la fecha: una extensa nómina de artistas y disertantes en conciertos, audiciones y conferencias que abarcarán casi todo el día de transmisión.[287] El programa es abrumador en cantidad y variedad, y lo nacional aparece como una recurrencia que impregna todo el texto: se habla de "dúo nacional", "cancionista nacio-

---

[285] El destacado es nuestro.
[286] La misma advocación aparecía en la convocatoria de la Comisión Oficial del Centenario.
[287] Números musicales a cargo de cantantes de tango como Carlos Gardel, Rosita Quiroga o Agustín Magaldi aparecerán intercalados con conferencias; entre otras, "Cómo alcanzar nuestra independencia económica".

nal", "canciones nacionales" o "transmisión patriótica"; se diserta sobre la "Misión Patriótica de la Marina Argentina", o "Cultivar el suelo, (que) es servir a la Patria" a cargo de la Sociedad Rural Argentina. La institución radial aparece construyendo un espacio enunciativo propio en el que conviven géneros radiales que para la época se encontraban en plena consolidación, como el show radiofónico y el radioteatro, con géneros y prácticas sociales *extrarradiales*, del afuera mediático, como las conferencias o la ejecución del Himno Nacional Argentino.[288] En ese movimiento, la institución radial parece abarcar toda la magnitud simbólica de la celebración: no solo la construye, sino además se construye a sí misma como articuladora de un nuevo espacio de lo público, en complemento o en tensión con el propio Estado.

El año 1930 impone también el privilegio del libro para acompañar la celebración: "Libros argentinos que afirmen el sentimiento de nuestra nacionalidad". La librería A. García Santos (*La Nación*, 25 de mayo, p. 3, 2ª secc.) ofrecía distintas obras de escritores nacionalistas (Eizaguirre, Urien) y obsequiaba un ejemplar de la obra de teatro de Juan B. Alberdi, "La Revolución de Mayo". Por su parte, la librería El libro barato (*La Nación*, 25 de mayo, p. 4, 2ª secc.) ofrecía bibliografía sobre San Martín y memorias de Lamadrid e incluía en su catálogo versiones de la historia americana del siglo XVIII, los estudios psiquiátricos de Ramos Mejía sobre Rosas y un diccionario de argentinismos, neologismos, barbarismos, con un apéndice de voces extranjeras.[289]

---

[288] Sobre la construcción de una discursividad radiofónica y los vínculos entre vida social y medios de comunicación masiva, Fernández: 2008.

[289] Probablemente se trata de la obra de Lisandro Segovia (1911), Imprenta de Coni Hermanos, Buenos Aires, editada por la Comisión Nacional del Centenario, 1.091 pp. (Fuente: Red de Contenidos Digitales del Patrimonio Cultural, www.acceder.gob.ar. Ministerio de Cultura. GCABA). Sobre literatura nacionalista en los años 1930, Aguado (2006: 95-105)

De regalo –como nuevo deslizamiento entre celebración de Mayo e Independencia– ofrecía "una magnífica lámina en colores de la Casa Histórica de Tucumán".

Otra novedad que atravesó toda la década fue la aparición de la figura del soldado. No poseemos una explicación superadora respecto del vínculo obvio entre expansión de una iconografía militar y el inminente golpe de Estado que derrocaría a Yrigoyen, menos de cuatro meses después. Por lo tanto, optaremos por plantear posibles efectos de sentido respecto a la circulación de este tipo de imágenes, con sus textos concomitantes.

En la pieza de Victor Talking Machine Company (*La Nación*, 24 de mayo, p. 14), la imagen de granaderos en batalla queda asociada casi naturalmente a la oferta de discos de himnos y marchas que recuerdan "la gesta épica que culminó con la independencia argentina". A la vez, la mixtura entre música patriótica y registros folclóricos impone nuevos sentidos respecto de la música nacional.

La revista semanal de *La Nación* (25 de mayo) publica en su tapa una pintura de Juan Peláez,[290] con la figura marcial de un granadero presentado de medio cuerpo. Pero en un registro más forzado, en su última página aparece la figura completa del soldado, ahora en un gesto mundano: lleva del brazo a una dama. La ilustración aparece en una pieza publicitaria de las galletitas "Té para Dos", de la firma Terrabusi. Aunque el famoso film de Doris Day es del año 1950, su tema musical central es de 1924: *Tea for Two*.[291]

---

destaca la "Biblioteca Argentina". La autora refiere, en particular, la vocación de Ricardo Rojas y de José Ingenieros para favorecer la oferta de libros baratos y de buena calidad de impresión, lo que lee como una respuesta a la demanda de nacionalismo que provenía del Estado y de sectores dominantes de la sociedad.

[290] Junto con C. Ripamonte y C. Carnacini, es considerado como hacedor del arte nacional en los inicios del siglo XX (Tristezza: 2002).

[291] Fuente: www.dorisday.net.

La cita en un aviso local muestra la fuerza y la sinergia entre sistema productivo y sistema de medios en el país. Respecto a la presencia de la figura del granadero, quizá pueda leerse como la emergencia de ese militar joven al que la carrera castrense le otorgaba la posibilidad de movilidad social (Badaró: 2009), por lo que se convertía en un "buen partido" para jóvenes casamenteras. Pero es solo una especulación.

Otra referencia militar, también con granaderos en batalla, es el aviso de la Corporación Fabril de Calzado Titán (*La Nación*, 23 de mayo, p. 16). La ilustración dialoga con el título, "La gran avanzada de la Corporación...". El registro castrense se reitera en la bajada, "De conquista en conquista". Otra vez el juego comparativo homologa la acción patriótica (conquista de libertades) con la iniciativa privada: hacer funcionar las grandes fábricas.

En 1935, cuando un militar como Agustín P. Justo ya presidía el país, la figura del soldado que aparece en un aviso firmado por la Junta Reguladora de la Industria Lechera subsume la ejemplaridad del cuerpo viril (*El Mundo*, 13 de mayo, p. s/r). De ese cuerpo emanan la energía y la claridad intelectual de las que depende la "grandeza de una nación". La fuerza persuasiva se dirige a la responsabilidad del padre consigo mismo, con su familia y con el país. Por fuera quedan otros hijos, los soldados, que son "hijos vigorosos de la Patria...". El aviso está destinado a promover el "consumo de manteca". Un recuadro saluda la llegada de Getulio Vargas, presidente del Brasil, y recuerda el próximo aniversario de la patria.

Fig. 3. Junta Reguladora de la Industria Lechera, 1935.

En *La Prensa* (28 de noviembre de 1937, p. s/r) la empresa metal-mecánica SIAM publica un aviso con el título "Una razón patriótica". El enunciado impone un móvil pragmático para comprar sus productos, generados con capital argentino: las ganancias quedarán en el país.

Para 1938, la figura del soldado es recuperada en un aviso de YPF, pero esta vez desde la imagen fotográfica del teniente general Pablo Ricchieri, creador de la Ley de Servicio Militar Obligatorio en 1901, y bajo cuyos efectos se reorganizó el Ejército Argentino. El aviso aparece publicado el 25 de mayo en homenaje al "Día de la Patria", y será la primera vez que se registre esa denominación dentro de las piezas analizadas. El sentido de "argentinidad" es reivindicado en la palabra de Ricchieri y legitimado por su firma en facsímil, a la vez que se recupera a un Ejército comprometido con un modelo de Estado productivo. La fecha coincide, además, con la inauguración del edificio de arquitectura monumentalista de la sede de YPF en la Av. Roque Sáenz Peña 788 (Diagonal Norte).[292] Doble imposición de sentido: por un lado, desde lo que Fanlo (2009) define como construcción de un "cuerpo argentino" de matriz militar. Por el otro, trabajos sobre el espacio urbano desde una dimensión simbólica que deviene de la continuidad de fachadas que unirán constructivamente dos de las sedes del andamiaje político-institucional de la República: el Poder Ejecutivo Nacional en la Casa Rosada, frente a la Plaza de Mayo, y el Poder Judicial, frente a la plaza Lavalle.

De esta misma empresa YPF, un año antes, en el diario *El Mundo* (25 de mayo de 1937, p. 17) un aviso celebratorio retomaba una frase del Himno Nacional Argentino ("ruido de rotas cadenas") como reenvío que materializaba la composición de la independencia económica: "Engranajes de las industrias fuertes". Una ilustración de registro futurista traía una modulación del lenguaje de la vanguardia respecto del mundo del trabajo. Había singularidad productiva y por lo tanto novedad respecto de otros avisos de la época. Pero también universalidad respecto de la figura de trabajador construida.[293] El juego gráfico-textual

---

[292] El dato no figura en el aviso. Extraído de: Declaración de Monumento Histórico, Decreto 71/2010, Boletín Oficial del 22 de enero de 2010.

[293] Las estéticas futuristas surgieron como un estilo de época desde el que se postulaba la destrucción de las tradiciones, el cuestionamiento a las instituciones y la reivindicación del espíritu moderno con una apología del maquinismo, la velocidad y el dinamismo de la vida urbana. Como

terminaba engarzando *patria e industria* como factores que se definen mutuamente.

En la década de 1930 también aparece por primera vez la figura del "pueblo (que) quiere saber de qué se trata" (Tapicería Goya, *La Nación*, 20 de mayo, p. 17). Dos ilustraciones acompañan a derecha e izquierda el texto principal, a modo de tres columnas, con "el pueblo" frente al Cabildo, y "el pueblo" frente a la tapicería "Goya". Extrañamente, esta última imagen aparece a la izquierda, y la del Cabildo, a la derecha. El recorrido de lectura, no obligatorio pero sí previsible, organiza una relación de presente a pasado de compleja interpretación.

Para el año 1935 (25 de mayo, p. s/r), el aviso de Tienda Los Gobelinos, en un registro vinculado a la experiencia de la memoria antes que a la distancia de la historia, construye una línea que va de 1810 a 1935: "El más grato recuerdo: apoteosis de la Independencia Argentina. La positiva realidad del momento: la realización total de Los Gobelinos". En el mismo aviso, otra vez una salutación por la visita de Getulio Vargas funciona como puente para hermanar retóricamente los destinos americanos.

Hacia fines de la década aparece por primera vez como emisor una institución política. El 23 de mayo de 1938 se publica en el diario *La Nación* (p. s/r) un aviso de la Alianza de la Juventud Nacionalista que convoca, para ese mismo día, al gran mitin en conmemoración del Día de la Patria. Destacan dos aspectos: por un lado, la construcción gráfica secundariza la referencia al 25 de Mayo y, en cambio, destaca como argumento central la recuperación de las

---

estilo pictórico atravesó fuertemente el lenguaje de la propaganda política. Como ejemplo, un conjunto de afiches realizados ese mismo año para nacionalistas y republicanos por los españoles Sainz de Tejada, Monleón, Goñi o Martí Bas (Carulla y Carulla: 1996).

Malvinas para la "soberanía nacional", a la vez construida sobre una permutación: "Reintegrar las Islas Malvinas a la soberanía". Por el otro, si bien la firma institucional y la lista de oradores componen un referencia objetiva respecto a los responsables de la comunicación, la convocatoria "la juventud argentina reafirmará su voluntad de reintegrar las Islas", utiliza un colectivo de identificación y también un motivo que la excede. El efecto general del texto es de determinismo y, casi, de predestinación. Mitin y aviso suponen dos modos de construcción espacial: una territorial y la otra mediática, que operan en tiempos y –obviamente– en escalas diferentes, pero que suponen dos maneras de estar en público.[294]

## 1940

En 1940 aparecen remisiones y algunos motivos novedosos, entre otros, la construcción imaginaria de la ciudad. En la pieza de Cera Brillante Royal (*La Nación*, 25 de mayo, p. 3), Pirámide de Mayo y Obelisco –que había sido inaugurado en 1936– funcionan como dimensiones actanciales de una parábola gráfico-textual que vincula pasado, presente y futuro.[295] A la vez, son marca localizante respecto de una modernidad urbana, anónima y maquetada de rascacielos y automóviles.

---

[294] El 1º de mayo de ese mismo año, la Alianza de la Juventud Nacionalista había convocado a la Marcha de la Libertad, "una expresión argentina, en la fecha del trabajo, por la justicia social y contra el marxismo internacional". Rubinzal (2008: 262) define a la Alianza como el grupo nacionalista más importante del período, que ese día desfiló por la Av. Santa Fe ataviado con camisas pardas, correas y símbolos patrióticos movilizando a decenas de miles de personas.

[295] Desde Greimas (1966), las figuras actanciales son unidades independientes que activan el relato y que pueden estar depositadas en un elemento lexicalizado o no, un actor o una abstracción.

La ciudad aparece nuevamente en otra pieza publicitaria, pero en oposición a la imagen del campo. La figura del gaucho –un motivo que no había tenido presencia hasta este año– se metamorfosea con el campesino labriego cuya acción sobre la tierra aparece como basamento y raíz del crecimiento de la ciudad (Imparciales, *La Nación*, 25 de mayo, p. 13). Además, se reconocen tres marcas singulares: la remisión hacia una esencialidad del ser argentino a partir de la existencia, tal como postula el aviso de un "legítimo paladar argentino"; la definición de la celebración como "Día de la Argentinidad";[296] y por último, la configuración de un territorio nacional como patria. Para Cavaleri (2004: 12-13), "el territorio, y sus inmensas riquezas, resultó más relevante que la ciudadanía" como mito fundacional, con sus consecuencias respecto al vínculo con los países vecinos, así como por la percepción de una país inmensamente rico, que conspiró contra la iniciativa o la creación individual.

---

[296] Más allá de los debates respecto de si fueron Unamuno o Rojas quienes primero acuñaron el término (Berg y Schäffauer: 1999), y si relativizamos –o al menos, postergamos– la idea de un uso intencional dentro del aviso analizado (en el sentido de elegido desde una posición ideológica), su mención puede ser leída más que nada como fragua del concepto respecto de su circulación social. Esta operación no significa en sí misma un "triunfo" en relación con la posición que nombra, pero sí una "publicidad" en el sentido que plantea Habermas (1984).

Fig. 4. Imparciales, 1940.

Otro aviso, el de Aliviol (*Noticias Gráficas*, 25 de mayo, p. 5) recurre también a la ilustración del gaucho como afirmación de lo argentino, valor que extiende a la propia empresa. La pieza parece entrar en diálogo con otra publicada en *La Nación* (p. 3) el mismo día, la del producto Geniol, que captura como eslogan una frase del Himno Nacional

Argentino: "¡Al gran pueblo Argentino, salud!"[297] Por denominación marcaria y producto (aspirina), entendíamos que se trataba de una ostensión de la primera empresa sobre la segunda. Sin embargo, dado que la empresa que fabricaba Geniol era argentina,[298] es probable que el contenido estuviera aludiendo al producto homónimo y de la misma clase que se fabricaba en Chile, y que en 1938 pasó a manos de la alemana Bayer.[299] Más allá de los vínculos contextuales entre los avisos, se trata de paradas argumentativas que remiten a campos semánticos complementarios.

La frase del Himno Nacional aparece ya en la década anterior y seguirá siendo utilizada hasta la actualidad como referencia directa y como juego de palabras que introduce la polisemia del término *salud*. De esta manera, la solemnidad del himno es puesta entre paréntesis tempranamente por procedimientos publicitarios de bebidas y medicamentos.

La década de 1940 se puede mencionar, también, como momento fundacional de la comunicación de gobierno. Los avisos de gobierno van a entrar al diario de manera tardía respecto de los publicitarios. Aunque el sistema estaba maduro para resolver materialmente la realización de avisos, tanto desde el punto de vista productivo como creativo,[300] recién en 1940

---

[297] El mismo aviso fue hallado en 1935, en el mismo diario, pero en conmemoración del 9 de julio de 1816.

[298] Se trata del Laboratorio Suarry, fundado en 1927, líder nacional en el mercado de las aspirinas durante varias décadas. En los años 1950 pasó a manos de empresas norteamericanas. Por otra parte, en 1940 Geniol se convirtió en un caso testigo cuando la Justicia argentina falló a favor de la exclusividad en el registro y uso de la marca, reconociendo en ella "valor de renombre excepcional". Fuente: Bendorus (2008): "Reseña Sobre Derecho Marcario", en www.derecho-marcario.com

[299] En Argentina, Bayer venía fabricando desde 1911 aspirina, bajo la forma comercial *Cafiaspirina*, y compartía el mercado con *Geniol* y *Aliviol*. Fuentes: www.bayer.com.ar y www.recalcine.cl

[300] Respecto de la importancia del sistema publicitario en nuestro país, la Asociación Argentina de Agencias de Publicidad se había creado en 1933, cuando ya existían importantes agencias nacionales, pero

apareció en el diario *La Nación* una solicitada de dos páginas y media, con formato "periodístico", en el que se informaba sobre los resultados de la intervención federal en Santiago del Estero.[301] Se trataba de una propaganda, en forma pura, con "pie de agencia" –el nombre de la agencia publicitaria en el orillo del aviso–, que mixturaba desde lo formal un diseño de tipo periodístico pero cuyo objetivo central era manifestar los "logros" de su política. El aviso podía presuponer falta de información de la población respecto de las acciones oficiales, o falta de ponderación del diario sobre su importancia. Pero en todo caso, el gesto gráfico del gobierno se construía en una relación de autonomía respecto de la palabra del diario, y de protagonismo y exposición hacia la población.

El recurso no parece haber tenido continuidad. Al menos en los diarios recorridos –*La Razón*, *Crítica* y *El Mundo*–, entre 1943 y 1946 no se publicó propaganda de gobierno, y se conoce además a través del discurso de despedida del general Edelmiro J. Farrell que las autoridades tenían como norma no publicar propaganda.[302]

En cambio, en 1940 toman la palabra instituciones y empresas públicas como la Unión Telefónica (*La Nación*, 25 de mayo, p. 3) y la Junta Reguladora de Vinos, Ministerio de Agricultura de la Nación (*La Nación*, 25 de mayo, p. 10).[303] En

---

también extranjeras como J. Walter Thompson, en la Argentina desde 1929 (Borrini: 2006).

[301] Material relevado en el UBACyT CS 036. Dir.: Doctor José L. Fernández.

[302] El 3 de junio de 1946, *El Mundo* (p. s/r) transcribe el mensaje de despedida del presidente Farrell, que fue transmitido por radio: "El resto de la obra realizada no es menos importante. Oportunamente será hecha conocer en toda su amplitud. Si alguien la desconoce, estando como está sobre la tierra patria, se debe al sistemático silencio de los que moralmente están obligados a informar y, por otra parte, a nuestro propósito de trabajar sin anuncios ni propaganda". Material relevado: ibíd.

[303] Ciertas formas de expansión de lo público que de manera compleja se dieron durante los gobiernos militares de la primera mitad del siglo XX pueden entenderse como "respuesta parcial" a las inquietudes nacionalistas, cívicas o militares que reclamaban "la expansión de un Estado

el primer caso, el pensamiento y la figura de Alberdi sirven para imponer una interpretación sobre la Revolución de Mayo, reivindicando su carácter a la vez pacífico y progresivo. Y en una operación de encabalgamiento, la empresa, fundada en 1886, recupera el ímpetu republicano de esa etapa del país para exaltar su propio aporte al modelo de nación.

El otro aviso construye su proyección en temporalidades y dimensiones diversas: en el nivel gráfico la elipsis vincula dos familias, una de la colonia y otra contemporánea, ambas tomando vino, en un tiempo lineal y repetitivo en el que las prácticas cotidianas construyen tradición. En lo textual, se propende a su consumo en el tiempo presente (en ese tiempo presente), para obtener la independencia económica argentina. La acción privada e individual aparece como inducción para la obtención de un fin superior, a la vez que impone un móvil ético.

Otra pieza publicitaria que titula "Todos los festejos de la fecha patria [...] el Te-Deum, los desfiles, las concentraciones escolares, las reuniones deportivas, fíjelos para siempre con su *Kodak*" (*La Nación*, 19 de mayo, p. 4) habilita distintas lecturas. Por un lado, como asunto, aparece la expansión de las posibilidades de los dispositivos técnico-mediáticos de uso personal, como la cámara fotográfica y la cámara filmadora doméstica para la captura de la imagen. La promesa de la tecnología de "fijar para siempre" las imágenes supone un modo de captura simbólica del tiempo y de la vida, para el recuerdo y la rememoración, ligada a esa función reflexiva de la imagen fotográfica en relación con el receptor (Schaeffer 1990: 48-55).

Desde la composición del aviso las imágenes son exhibidas en su estatuto de fotografía como resultado de la emergencia de una discursividad social específica. Ya

---

mínimo organizado bajo los cánones de un liberalismo decimonónico" (Forte 2005: 400).

no procedimiento profesional, sino práctica individual y amateur que dará expansión a la fotografía de familia como género, en su atributo de registro y memoria. La imagen de niños marchando junto a la imagen de soldados marchando remite a un espacio escolar signado por prácticas de disciplinamiento que actúan sobre el cuerpo. Por otra parte, mientras la contigüidad en el espacio gráfico del aviso construye asociatividad entre el mundo de la escuela, el del Ejército y el de la Iglesia, y reenvía hacia esas instituciones como dispositivos de normalización social, la apropiación privada de una escena pública por el uso de las tecnologías parece poner en acto, como forma de la experiencia, un mecanismo de individuación propio del sujeto moderno (Legros 2006: 65-80).

Otro aviso de YPF (*La Nación*, 25 de mayo, p. 9) aparece también con un registro fotográfico que se despega de la comunicación predominante durante la década. A modo de sello, un detalle de la fachada del edificio de la empresa deja en el centro de la imagen al escudo nacional. El texto del aviso funciona como elucidador del sentido de la imagen: "no tenemos otro sello". La *impresión* de "lo argentino", dice, se manifiesta también en el himno y la bandera. El fin primero y último es "el pueblo". Pero ahora es la imagen la que impone su fuerza documental sobre el registro simbólico de la palabra: la fotografía como "puro indicio del tiempo", grabado "bajo la forma de un despliegue espacial" es "*imagen del tiempo*" (Schaeffer: ibíd.), de un tiempo presente, real y concreto. De ese "hoy" que encarna YPF como condensación de "lo argentino en la industria".

## 1950

El discurso celebratorio del gobierno peronista y de otras instituciones estatales se caracterizó por la utilización de un conjunto de procedimientos gráfico-argumentativos en cuyas ilustraciones se pueden rastrear diversas tradiciones y estilos. No pretendemos agotar en este capítulo la descripción de todas las estrategias discursivas del sistema de comunicación durante el peronismo, descripción que por otra parte excede largamente el material de avisos que recorrimos. Apenas esbozaremos algunas observaciones parciales para dar cuenta de las novedades y rupturas respecto de los discursos celebratorios previos.

En la serie trabajada registramos dibujos de gran artisticidad, con fuerte detalle, que reenvían al volumen del bronce y a la expresividad monumental, con figuras de gesto expresivo que imponen dinamismo y vitalidad, pero también cierto dramatismo. A la vez, aparece el registro fotográfico con un componente de escenificación y juego de planos que parece funcionar como intertexto de la potente industria cinematográfica nacional emergente (Aerolíneas Argentinas, *Democracia*, 25 de mayo de 1949, p. 4).[304]

También aparecían ilustraciones convencionalizadas, verdaderos "motivos" estereotipados de significado primario que permiten recortar el campo conceptual (Segre 1985: 8-18) y que remiten a un conjunto de tópicos de Mayo: Cabildo, personajes coloniales, Pirámide (Ministerio de Transportes de la Nación, *El Mundo*, 25 de mayo de 1950, p. 16) junto con "unidades de expresión patrióticas" como laureles o el escudo nacional. Por otro lado, aparecen diversas formas de esquematismo, tanto en el nivel de las ilustraciones como de la organización de espacio gráfico, sin línea de base ni jerarquía respecto de la distribución de los elementos dentro del aviso (Ministerio de Economía de la Nación, *El Mundo*, 25 de mayo de 1950, p. 17); una

---

[304] Sobre estos temas, Sznaider-Koldobsky, "Imágenes del Peronismo: la fotografía en un caso de comunicación institucional de gobierno" (2005).

falta de diseño o de criterio general del aviso propio del lenguaje gráfico publicitario de comienzos del siglo.

No se trató de procedimientos recogidos exclusivamente por los avisos del peronismo sino que, en general, estaban presentes en todos los materiales de la época. Pero como posible efecto de sentido, se trató de una heterogeneidad compositiva del peronismo que debe haber articulado con el gusto de distintos públicos, por lo que a la vez que construía vínculo, la comunicación redefinía al público mismo.

Otros anuncios dieron cuenta de la fuerza del sistema de medios de comunicación masiva y de la articulación entre "lo argentino" y la institución cinematográfica nacional: el conjunto de actores sociales vinculados a la industria cinematográfica informa sobre "la cantidad de películas argentinas que por primera vez ocupan simultáneamente las principales salas de estreno de la Capital Federal" (*La Nación*, 25 de mayo de 1950, p. 7). También aparece la referencia a lo cinematográfico como cita a una pantalla sobre la que se proyecta un esbozo de la imagen del Cabildo (Ministerio de Finanzas I, *El Mundo*, 25 de mayo de 1950, p. 2).

Por otra parte, el aviso de Radio Argentina y su cadena de emisoras (*Clarín*, 25 de mayo, p. 17) construye el festejo como la posibilidad de unir territorios a través de la radio. La transmisión en *toma directa* desde Galliate, Italia, supone un orden del contacto en el que la simultaneidad de los tiempos de la emisión y la recepción articula una temporalidad individual y una social del tiempo de la escucha, por ese espacio radial que construye el dispositivo técnico-mediático y que habilita la institución radial (Fernández; Fraticelli: 2008). Simultáneamente, las instantáneas fotográficas de Fangio o Froilán González y la de los relatores, los hermanos Sojit, imponen un orden existencial que refuerza el sentido del festejo como algo extraordinario pero compartido.

"Lo peronista" como sinónimo de nacionalidad se construyó también por procedimientos de serialización que inscribían la figura del líder sobre la imagen del Cabildo (Banco de la Provincia de Buenos Aires I, *Democracia*, 25 de mayo, p. 2). E incluso, la destacaban respecto de las figuras de la Primera Junta del Gobierno Patrio (Banco de la Provincia de Buenos Aires II, *Clarín*, 25 de mayo, p. 9).

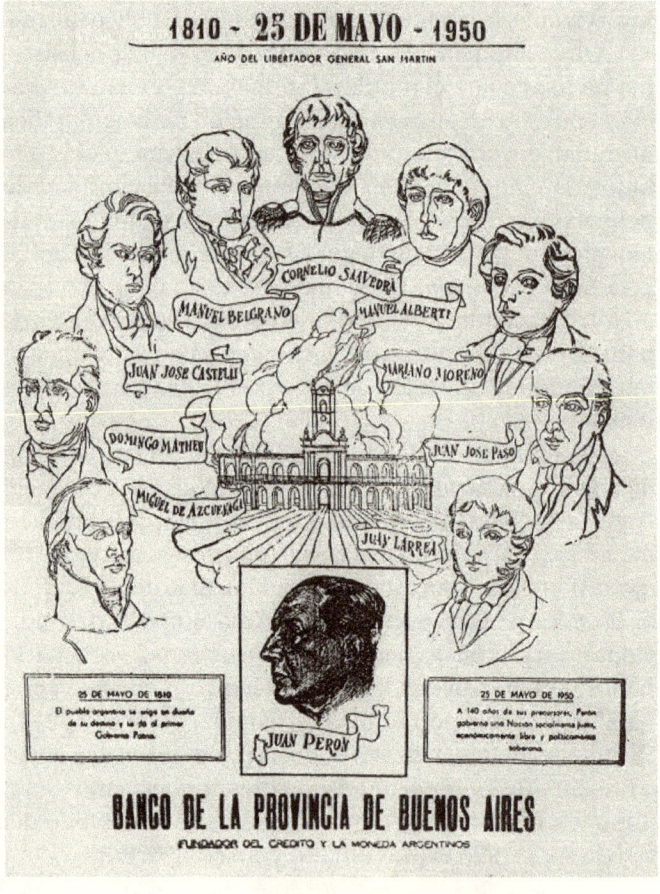

Fig. 5. Banco de la Provincia de Buenos Aires, 1950.

Otro motivo gráfico que destacamos es el de la imagen maquinística en los avisos de la fábrica de motores para máquinas cosechadoras Ripamonti, Falcón & Cía. (*Democracia*, 25 de mayo de 1950, p. 5) y en el de "la primera máquina de coser industrial fabricada en el país", Riarmo (*El Mundo*, 25 de mayo de 1950, p. 6). Las ilustraciones aparecen como objetos autónomos, de vida propia, dibujados en todos sus detalles como si su perfección mostrase su condición, a prueba de cualquier tipo de fallo. A la vez, respecto del resto de los elementos del anuncio, tienen una escala monumental. Inscriptos en el espacio gráfico del aviso celebratorio, aparecen como tributo a la fecha patria.

Hay dos avisos que nos interesa destacar, ambos del diario *Democracia*. El primero (25 de mayo de 1949, p. 2) es una pieza sin firma que combina gráficamente la presencia de una ilustración pequeña de un grupo de patriotas con una imagen fotográfica en contrapicado de la torre central del Cabildo. El otro aviso, perteneciente al Ministerio de Finanzas II (25 de mayo de 1952, p. 3), superpone una visión lateral en picado del Cabildo con personas "pegadas" a la fachada (en una perspectiva extraña y original respecto de la tradicional que impone la visión frontal del Cabildo y "el pueblo" de espaldas). Más allá de los juegos figurativos entre ilustración e imagen fotográfica, se trata de un momento de transición productiva en el que la ilustración "no se termina de ir y la fotografía no termina de llegar".[305] Sus consecuencias respecto de los modos de *traer al presente* los motivos de la historia serán importantes. La declinación de la ilustración como reservorio de motivos altamente convencionalizados pero de fuerte carga simbólica –declinación que todavía deberá atravesar el Sesquicentenario de Mayo– dejará paso a la fotografía que, como registro de la historia, guarda un límite: el que le impone el momento de

---

[305] La observación surgió de un diálogo con Daniela Koldobsky.

encuentro entre la captura fotográfica y el tiempo histórico que le pertenece al referente (Schaeffer: 1990).

Respecto de los muchos motivos textuales que organizaron la discursividad peronista, destacaremos algunos presentes en los avisos analizados que se diferencian de los de otros períodos visitados. Aparece la figura de un líder ubicuo, a veces trabajador (Banco de la Provincia de Buenos Aires I), a veces prócer (Banco de la Provincia de Buenos Aires II), a veces compañero (Ministerio de Transportes I, *Democracia*, 25 de mayo, p. 4), a veces cercano a la divinidad (Aerolíneas Argentinas).

Cuando no aparece el líder surge como actante la figura del pueblo, protagonista de su propia revolución y puesto en el espacio público de la plaza (aviso sin título). El pueblo puede aparecer también como enunciador que toma la palabra y se construye, no como pueblo mítico, sino como integrado por hombres de carne y hueso (Ministerio de Transportes II, *El Mundo*, 25 de mayo, p. 16).

En la discursividad peronista aparece también el motivo del enemigo: registramos el concepto de *imperialismo* por primera vez dentro del conjunto de piezas trabajadas (Ministerio de Finanzas I).[306] Alude a un imperialismo económico que existía desde los días de Mayo y que se

---

[306] La figura del enemigo formó parte de los tópicos del peronismo, como una posición que suponía la construcción de un adversario para un destinatario negativo, como en el caso del diario *La Época*. Pero la complejidad discursiva del peronismo se manifestó de maneras diversas. En otro diario oficialista, *Democracia*, donde se publicó la mayoría de los avisos que generó el peronismo en esa etapa –en el resto de los diarios la inclusión era parcial–, el texto construía un destinatario positivo, un receptor que adhería a las mismas ideas y valores y perseguía los mismos objetivos del enunciador, antes que nada un partidario, y al que por lo tanto se lo interpelaba desde un "nosotros inclusivo". Desde registros disímiles, el discurso peronista parece convocar siempre a posiciones antitéticas; lo que Verón (1987) llamó el "desdoblamiento" que toda enunciación política construye y que se sitúa en la destinación. Sznaider (2008).

resuelve con "la Independencia Económica formulada por el General Perón". En esa línea, el período peronista se instala como un momento de realización de la promesa de Mayo. La asertividad de su discurso, que impone una interpretación del mundo, se refuerza con el peso performativo de la fórmula: "socialmente justa, económicamente libre y políticamente soberana", que además de la fuerza del concepto, guarda la elegancia de su expresión.

Otros elementos: el recorte generacional como marca de identificación entre pasado y presente, y la referencia a la figura de San Martín por el Centenario de su fallecimiento como factor de atravesamiento, de concurso.

*1955*: la edición del diario *La Nación*, de solo seis páginas, no tuvo avisos alusivos al 25 de mayo.

*1956*: A través de un aviso de YPF (*La Prensa*, 25 de mayo, p. s/r) se señala la importancia de haber "retornado al añorado clima de libertad que (nos) legaron los hombres de Mayo...". El mismo día y en el mismo diario, Gas del Estado reivindica mayo como el mes de la "Democracia, el Progreso y la Libertad" y el pensamiento de Echeverría.

*1957*: la fábrica de puertas y ventanas Viggiano Hnos. Soc. Anón. (*La Prensa*, p. s/r) "comparte la jubilosa celebración de la fecha patria" y la ilustra con la fotografía de una formación militar en la Plaza de Mayo.

## 1960

La comunicación oficial de los festejos del Sesquicentenario estuvo organizada en dos series.[307] La primera estaba integrada por dos avisos publicados los días 22 (p. 32) y 24 (p. 30) con ilustraciones, sin tex-

---

[307] Se trata en todos los casos de avisos a página completa extraídos del diario *La Nación*.

to, con el título "Celebración del 150º Aniversario de la Revolución de Mayo" y la firma de la Comisión Nacional Ejecutiva.[308] La segunda serie estaba formada por tres avisos que aparecieron los días 23 (p. 18), 26 (p. 28) y 27 (p. 20) y contenía el programa de actividades. Todos los avisos presentaban un texto introductorio con una breve definición sobre el carácter del festejo y de la organización; pero el aviso del día 26 especificaba que se trataba de las actividades lanzadas por la Dirección General de Cultura del Ministerio de Educación y Justicia.

Respecto de sus características compositivas, las series se reorganizan: los avisos de los días 23 y 26 estaban trabajados desde gráficas futuristas que combinaban motivos patrios con otros que remitían al mundo del trabajo y de la ciudad moderna. No hay gratuidad: el efecto es el de un mundo hecho y organizado por el hombre; un mundo *atravesado* por su acción civilizadora, homogeneizado y quieto.

Ese sueño de un cierto orden regulador de lo social estaba soportado y reforzado compositivamente por la organización de la página: más allá de ciertos juegos desviantes, la relación entre texto e imagen construía un recorrido de lectura continuo que avanzaba a través de las cuatro columnas de la página del diario.[309] Desde una tradición gráfica la prensa, como institución significante, aparecía instituyendo un vínculo con lo moderno.

En el aviso de la Dirección General de Cultura, en cambio, aparecían dos ilustraciones. Una más pequeña, en la que un cabildo maquetado funcionaba como metáfora

---

[308] La Comisión estuvo presidida por el Ing. Alberto Constantini. Como la Comisión del Centenario, la de 1960 fue la encargada de planificar y organizar toda la serie de actos, congresos, exposiciones, homenajes y publicaciones que se realizaron. Fuente: Academia Nacional de Educación.

[309] Ese diseño propio de la prensa de fines del siglo XIX, que *La Nación* mantuvo con pequeñas variantes hasta bien entrados los años 1960.

de la semilla cuya energía alienta desde el fondo de la tierra el crecimiento de la ciudad moderna a través de la sinécdoque del "brote" de edificios y torres, símbolo de la proyección del espíritu de Mayo. La otra ilustración, mayor, presentaba desde una estética cubista un conjunto de motivos patrios (la Patria, la bandera, la paloma y los laureles) que se imponían sobre un fondo de chimeneas, campos y edificios.

Aparece una tensión entre el orden conservador, estático, sin rupturas visuales en la organización del texto del aviso, cuya distribución replica la página del diario maquetada a cuatro columnas, y las ilustraciones tributarias de las vanguardias históricas que buscaban contemplar el mundo de una manera nueva, que complejizaban el sentido de lo espacial a través de una mirada "simultaneísta".

La convocatoria a los festejos propiamente dichos aparece formalizada en un texto en el que la Comisión Nacional Ejecutiva asume la organización de los actos "con adhesión de instituciones oficiales y particulares", pero en la que el protagonismo lo tiene el "programa oficial" mismo: las actividades vienen a dar cuenta de "los adelantos logrados por todo un pueblo en el mundo del espíritu y de las creaciones materiales", a modo de balance y reforzamiento.

Por otro lado, el aviso del día 24 propone un *collage* en el que aparecen motivos que articulan nación y modernidad, y la imagen de un Cabildo rodeado de un pueblo entusiasta y protagonista. Sobre la ilustración, que remite gráficamente a la sencillez del trazado a mano, aparecen fotografías de los rostros recortados de un niño y una niña, cuya mirada busca un punto de fuga que está fuera de la página y que connota el futuro.

Respecto de las cadencias entre pasado, presente y futuro, motivo recurrente en la mayoría de los avisos institucionales sobre el 25 de Mayo, esta década pareció mantener todo el repertorio de significaciones que emergió con el

Centenario, sin el actante que construyó el peronismo, y con la particularidad de que *lo nuevo* no estuvo dado en el marco de una definición de país, sino más bien de un mundo. Una reconfiguración de lo nacional en clave global que seguramente implicó la imposición de un espacio más complejo y fragmentado.

Así, conviven el atavismo de la mujer reconfinada al espacio doméstico para "hacer patria" con un logo racionalista que actualiza la imagen de la dama y del caballero de la colonia (Gardini, *La Nación*, 25 de mayo de 1960, p. 6). Hay una expansión creativa de los motivos patrióticos: la *gran idea* que surge en la "humildad" de la jabonería de Vieytes (Jabón Guereño, *La Nación*, 24 de mayo, p. 11) o la agitación popular de los "chisperos" de French y Beruti (Federación Argentina de Industrias Textiles, *La Nación*, 25 de mayo, p. 12). Aparece también una reconfiguración del relato canónico del 25 de Mayo a través de la reivindicación del inmigrante italiano en la figura del padre de Manuel Belgrano (*La Nación*, 24 de mayo, p. 3).

También, el aviso de Mercedes Benz (*La Nación*, 24 de mayo, p. 13) homenajeaba a los hombres de Mayo a través de una ilustración en la que a un globo terráqueo se le superponía, proyectado sobre el horizonte, el logo de la empresa. La pieza de Aerolíneas Argentinas (*El Mundo*, 25 de mayo, p. 46) construía una secuencia gráfica que tornaba coherente y progresivo el pasaje del pueblo frente al Cabildo a una pareja a punto de abordar un avión.

Ese sujeto mundano y global al que interpelaban los textos tenía su correlato en la consolidación de la representación de una ciudad anónima, de escala no humana, por lo que ya no se podía mirar la historia y el pasado si no era desde la perspectiva de la ciudad moderna. Así, el aviso de Sniafa SACIC (*La Nación*, 25 de mayo, p. 2) propone la imagen de la/una ciudad contenida dentro de la silueta de la Pirámide de Mayo.

Fig. 6. Sniafa S.A.C.I.C., 1960.

Pero también en el aviso de la empresa constructora Socha SA (*La Nación*, 25 de mayo, p. 3, 3ª secc.) el Cabildo, en una proyección espacio-temporal, se convierte en "la ciudad colosal que es hoy Buenos Aires". La empresa asume su protagonismo respecto de lo que define como muestra de la transformación de Buenos Aires: "Gigantesca selva de cemento y hierro que forman sus edificios". El sentido laudatorio del texto solo puede leerse en relación con un cierto verosímil que reformuló el lugar de las clases medias, una de cuyas manifestaciones fue el surgimiento de edificios especializados que crecieron en los barrios de Belgrano, Recoleta, Palermo, Barrio Norte y Caballito (Aboy: 2010).

Otro espacio de articulación en el nivel gráfico entre pasado y presente aparece en una cantidad muy importante de piezas que reiteran el recurso de oponer la tipografía de 1810 en letra gótica a la de 1960, de palo seco o sin remates (Lufthansa, *El Mundo*, 25 de mayo, p. 6; lapiceras Waterman's, *La Nación*, 25 de mayo, p. 25 y otras).

## 1970

Se trata de un año en el aparecen pocos avisos. Destaca una pieza (*Clarín*, 22 de mayo, p. 15) por una paradójica condición polisémica que se reconoce sólo si la podemos ubicar en relación con otro campo de discursos. La pieza pertenece al supermercado Minimax y presenta un listado de precios en formato de pizarra. En el ángulo superior derecho aparece una ilustración con rasgos de historieta de registro infantil: una pareja de niños ataviados a la usanza colonial, en la que el niño empuja un "changuito" lleno de mercadería. El texto que ancla la ilustración: *"La revolución de los precios estalló en Minimax. Y las ofertas están en libertad para que usted las aproveche jubilosamente"*, parece tematizar el vínculo entre celebración patria y consumo desde procedimientos figurales ya descriptos. Pero además, el 26 de junio de 1969 el supermercado

Minimax, de capitales norteamericanos, había sufrido un atentado incendiario simultáneo en más de una decena de sus sucursales. La oportunidad se vinculaba a la llegada de Nelson Rockefeller a Buenos Aires, como enviado especial del presidente norteamericano Richard Nixon. El atentado fue adjudicado a las proto-FAR, Fuerzas Armadas Revolucionarias (Chama, Canosa: 2001), que pocos años después confluyeron con la formación armada de origen peronista Montoneros. Desde otro interpretante, el artilugio del lenguaje por el que "en una broma se puede decir hasta la verdad" (Freud: 1991), parecía facilitar la formulación de la desmesura que estaba acechando.

Del 25 de mayo es el aviso de Sidra La Victoria (*La Nación*, p. 9). La pieza puede ser leída como marca de época sobre la historia de la comunicación de la empresa. De comunicar el producto en una relación de preeminencia respecto de la celebración (*Democracia*, 25 de mayo de 1950, p. 18: "Rumor de canción patria… en las jubilosas burbujas de Sidra La Victoria"), a un texto que cita al género de la solicitada y a través del que propone una forma reflexiva sobre el carácter del feriado, sostenida en un nosotros colectivo por el que construye una apelación de gran fuerza interlocutiva.

*1971*: el año destaca por la preeminencia de avisos de instituciones públicas, gubernamentales o asociaciones. El único perteneciente a una firma comercial (Magnasco, *La Nación*, 25 de mayo, p. 2) se construye desde una gráfica racional que también aparece en el resto de las piezas y que es la marca predominante de la época.

En la misma línea, la Municipalidad de la Ciudad de Buenos Aires (*La Nación*, 24 de mayo, p. 6); Ferrocarriles Argentinos (*La Nación*, 25 de mayo, p. 11) y la Asociación Argentina de Agencias de Publicidad (*La Nación*, 25 de mayo, p. 18) comunican a través de un espacio ordenado y limpio, donde el vacío funciona como un elemento más del aviso. Hay economía de recursos, ausencia de ornamentación, módulos recortados, uniformidad tipográfica. Como condición configurante de un paradigma de época, el dispositivo funciona normalizando, quitando cualquier marca de trabajo humano; la fuerza invisible de la grilla impone un orden objetivo, universal, de máxima síntesis, que parece postular la confianza en la racionalidad moderna.

Fig. 7. Ferrocarriles Argentinos, 1971.

*1973*: en los avisos sobre la fecha patria y en los de la asunción a la presidencia de Héctor J. Cámpora el mismo

25 de mayo –la mayoría a cargo de instituciones públicas u organizaciones sociales–, se construye un efecto de equivalencia. Motivos vinculados al balance histórico, a la recuperación de la argentinidad como condición teleológica, al progreso como meta, a la reivindicación del lugar del trabajo y del rol del trabajador, a la grandeza nacional como destino, podían aparecer de manera indistinta en uno u otro tipo de aviso. Mientras que la condición de "hito" de cada una de las fechas, era resumido en un eslogan que vinculaba ambos eventos: "Alegoría de los comienzos" Inverco (*La Opinión*, 25 de mayo, p. 17).

Por otra parte, aun en aquellos textos en los que no aparecía ninguna mención explícita a la celebración, la sola mención de la fecha reenviaba hacia un tipo de asociación que en algún nivel vinculaba ambos eventos. Por ejemplo, los sintagmas "25 de Mayo de 1973. Fecha clave para el reencuentro de todos los argentinos hacia un destino de grandeza" (Sindicato del Seguro de la República Argentina, *Clarín*, p. 17) o "25 de Mayo de 1973. Argentina Liberada" (CGT, *La Opinión*, p. 15). Retomamos a Verón cuando señala que el signo induce hacia una compulsión a la interpretación.

La imagen también propone un registro lábil e inestable: contornos de los rostros de Perón, de Evita y de Cámpora, muchas veces de perfil, aparecen soportados en un espacio gráfico sin organización estructurada, como un efecto de adosado que se potencia por la condición diferenciada del grano fotográfico que, además, remite a temporalidades diversas (Asociación Obrera Textil, *Clarín*, 25 de mayo, p. 8, Supl. Esp.).

*1976*: no aparecen avisos sobre el 25 de Mayo.

## 1980

Destaca la comunicación de la Municipalidad de Vicente López (*La Nación*, 25 de mayo, p. 20). En el título aparece un juego constructivo entre el Pueblo que *quiere* saber y el Pueblo que *debe* saber: "El Pueblo debe saber... qué hizo su Comuna y la Intendencia de Vicente López informa". La operación sustrae al pueblo de su protagonismo y de su atribución, para colocar a la propia Municipalidad en el centro de la escena. Ese dominio se construye como sinécdoque en la que el espacio urbano se vuelve un espacio utópico e idealizado: "Ciudad Limpia-Ciudad Ordenada" sobre el que la institución de gobierno puede intervenir.

Aparece también un conjunto de piezas cuyas instituciones volverán a estar presentes en 1982. Esa continuidad, respecto de aquella coyuntura, supone una toma de posición en relación con el orden instituido.

El texto del aviso del Banco Mayo (*La Nación*, 24 de mayo, p. 13) parte del deslizamiento entre su nombre y el mes de la celebración, para inscribirse en una red que vincula todas las fechas patrias, y también el IV Centenario de la Fundación de la Ciudad de Buenos Aires. Hay un exceso en el decir, que performa en la propuesta institucional por la que "jóvenes ataviados a la usanza de 1800 obsequiarán decenas de miles de escarapelas" durante una semana. La iniciativa fue bautizada "Operativo 'Celeste y Blanco'". La referencia discursiva más cercana respecto de la denominación es el Operativo Independencia, en la provincia de Tucumán, que había concluido exactamente cuatro años antes y que es considerado como el "laboratorio de ensayo" de las estrategias de aniquilamiento del terrorismo de Estado en la Argentina (Artese-Rofinelli: 2005).

El aviso "ACA, *nuevo aporte para la creación de una conciencia náutica*"[310] (*La Nación*, 24 de mayo, p. 9, 2ª secc.) solapa "Día de la Armada" y "Gran Fiesta de la Patria" para sostener el engrandecimiento del país en una defensa y ratificación de la soberanía, que no puede ser otra que territorial.

Soda IVESS (*La Nación*, 25 de mayo, p. 15) en *"Voluntad de ser argentinos"*, formula la idea de nacionalidad como motor de la acción política, pero mediada por la intervención y la protección de la Providencia.

*1982*: Malvinas funcionó como entronamiento de la categoría de "lo argentino" bajo diversos procedimientos.

En ese registro más transparente en el que nos coloca el orden de lo publicitario por ser comunicación *acerca de*, aparecen mensajes de los laboratorios Wellcome Argentina (*Clarín*, 20 de mayo, p. 5), del Centro Industrial de Laboratorios Farmacéuticos Argentinos –CILFA– (*La Nación*, 25 de mayo, p. 4) y de Laboratorios Baliarda (*La Nación*, 25 de mayo, p. 13). El primero alude a la posible falta de medicamentos por "razones ajenas a nuestro control", y los otros utilizan poéticas patrióticas para reafirmar la soberanía aunque en el caso de CILFA propone un ideario que remite al debate que propuso la Ley Oñativia.[311]

De las empresas que también comunicaron en los años 1980 para el aniversario patrio, Banco Mayo (*La Nación*, 23 de mayo, p. 7) reitera un aviso que ya había publicado un año atrás, argumentando sobre su plena vigencia. En el texto aparece una fundamentación genérica respecto de categorías que no explicita: su rol en la sociedad, lo que representa el mes de mayo y su creencia acerca de

---

[310] Automóvil Club Argentino, institución fundada en 1904.
[311] Fuente: Bartomeo; Fernández Cid; Giannattasio; Soria; Gatti, "Emergencia sanitaria", en *Revista de la Asociación Médica Argentina*, núm. 4, 2007.

que los hombres pasan, pero las instituciones "sólidas y sanas quedan, como parte del patrimonio fijo del país".[312]

Si la metadiscursividad a través de la que la empresa anuncia que dicho aviso ya fue publicado el año pasado construye un enunciador cómplice que *sale* del texto e interpela de manera directa al lector-enunciatario –en el mismo registro que el del año 1980 "Operativo Celeste y Blaco"–, en cambio el registro celebratorio es elusivo respecto de Malvinas y de la celebración Patria.

El ACA, por su parte (*La Nación*, 20 de mayo, p. 11), publica un texto que remite por su forma y contenido al género solicitada: se hace cargo de la convocatoria, fija posición y construye un espacio simbólico pero localizado de unión entre pares, para alimentar el "patriotismo" y celebrar la "histórica gesta" a través de la entonación del Himno Nacional, ejecutado por la Banda de Regimiento de Patricios.

IVESS (*La Nación*, 25 de mayo, p. 11) también construye una continuidad respecto de su comunicación de 1980, a partir de un registro que define a la Nación –la pasada y la presente– como un ideal con valor divino, del orden de lo "supremo". Respecto de la ilustración que acompaña al texto, se trata de una imagen del pueblo de mayo de 1810, vivando a un conjunto de figuras que saludan desde el balcón del Cabildo, con un ángulo en contrapicado cuya perspectiva destaca la imagen de una figura militar saludando. El conjunto remite genéricamente a un motivo tradicional de la retórica política argentina, el "saludo desde el balcón" y, particularmente, al saludo del general Galtieri el 2 de abril de ese año, cuando anunciaba el desembarco argentino en las Islas Malvinas. El eslogan del producto, "ideal de pureza que se expande por el país", al soportar, constructivamente hablando, el peso gráfico del aviso, parece permear todo el sentido.

---

[312] Sobre el destino final del Banco Mayo, véase *Los judíos y el menemismo*, de Diego Melamed, Buenos Aires, Sudamericana, 2000.

Por otra parte, en el aviso de Pumper Nic (*Clarín*, 20 de mayo, p. 23), la institución se construye como un igual respecto de "los argentinos" en general, en línea con realizar un *esfuerzo* y donar el 50% de la recaudación de su "famoso sándwich 'PUMPER'" al Fondo Patriótico Nacional. El eslogan "Una empresa argentina para los argentinos" y un logo que remite al escudo nacional, con manos enlazadas contenidas en la ondulación de dos cintas argentinas, funcionan como reforzamientos emotivos que apelan a un orden del conmover, pero sostenidos en un registro muy horizontal que imprime humanidad e interpela de manera directa a la figura del "argentino".

MANLIBA (*La Nación*, 25 de mayo, p. 1, 2ª secc.) informa de manera neutra las condiciones de retiro de los residuos domiciliarios durante día feriado. El hipérbaton MANLIBA COMUNICA, respecto del tradicional modismo castrense "Comunicado Nº...", la tipografía mayúscula destacada, y el cierre del texto con la consigna "¡Viva la Patria grande, libre y valerosa!", también resaltada, construyen un registro entre contenido y exaltado, propio de la retórica militar. La pieza cierra con el eslogan institucional "MANTENGA LIMPIA A BUENOS AIRES" y una propuesta *naif* de su logo, rodeado de flores, con el fondo el Obelisco.

Criadero y semillero Morgan (*La Nación*, 22 de mayo, p. 2, 3ª secc.) construye un marco de continuidad sostenido en el origen de la Nación Argentina, nacida de la acción de las armas del Regimiento de Patricios durante las invasiones inglesas, y que liga con el 2 de abril. Como refuerzo, el rostro del soldado, mitad Patricio, mitad soldado coetáneo, "custodia" el texto que define los valores del ser argentino como un rasgo de conducta: "poder de decisión". Y cuyas consecuencias, propone, se deben extender a todo el territorio de la Patria. El enunciador legitima sus premisas y se legitima a sí mismo, subrayando su condición de "empresa totalmente argentina".

Fig. 8. Criadero y semillero Morgan, 1982.

El aviso por el II Congreso Mundial de la Publicidad de la IAA,[313] con el texto "El 25 de Mayo venga a cantar el himno a San Pablo", apela a la significación del momento en el que "los ojos del mundo están puestos en la Argentina", y a la condición destacada de los representantes del país, De Luca, Melnik, Dellacha, Ratto y Ortiz.[314] Esa condición cronotópica del aviso construye una certeza: mientras transcurría la guerra de Malvinas, la vida continuaba. Se trata de una dimensión de lo social que sólo es capturable en los estudios sociales desde un nivel *micro*, y cuyas consecuencias permiten profundizar el análisis de los defasajes entre las diversas series de lo social (individual-social; particular-general; etc.) (Fernández: 2008).

Finalmente, ningún aviso de los revisados para ese año mencionó la palabra *Malvinas*. Como si cierta discursividad de la época se hubiese hecho cargo de la causa, pero no del hecho. De la soberanía, pero no de la guerra. De la nacionalidad, pero no de los muertos.

## 1990

En ese año registramos solo tres avisos que publicitaban el feriado en Mar del Plata. Solo uno, Hotel Nogaró y Crillón Hotel (*La Prensa*, 21 de mayo, p. 3), hacía referencia al motivo patrio con la propuesta de un menú de empanadas y locro para los pasajeros. Un cuarto aviso, en *La Nación* (25 de mayo, p. 3), reproduce el Programa Oficial de Actividades de la Municipalidad de Quilmes.

*1991*: no aparece ningún aviso celebratorio.

---

[313] *International Advertising Association*, fundada en 1938, nuclea a anunciantes, agencias, medios y servicios: www.iaaspain.org.
[314] Se trata de un grupo de publicistas reconocidos, públicamente, como entre los más destacados de la Argentina.

*1992*: se publicó un único aviso en *Clarín*: una solicitada del Instituto Movilizador de Fondos Cooperativos que vinculaba el V Centenario de la Conquista de América con el homenaje a Mayo, como hitos de "identidad" a través de la extrapolación de categorías del pasado en el presente y viceversa.

## 2000

Los anuncios celebratorios por el 25 de mayo de 2000 aparecieron centralmente vinculados a las opciones para el tiempo libre. El registro histórico estuvo ausente en toda la serie, salvo en el aviso de un organismo público y de manera figurada. La pieza del Ente Municipal de Turismo de Mar del Plata (*Clarín*, 22 de mayo, p. 13) aludía al sentido de *libertad*, como una opción personal vinculada al modo de traslado hacia la ciudad. A la vez, el eslogan "25. Revolución de Mayo en Mar del Plata. Estar bien es estar ahí", podía ser leído como paráfrasis de un estado de situación política y social que ya mostraba signos de crisis incontrastables.

En el aviso de Movicom BellSouth (*La Nación*, 21 de mayo, p. 13), a partir de un juego retórico que partía de la leyenda de una de las caras de la moneda de un centavo, se insistía con el deslizamiento de la libertad como valor político, jurídico o de conciencia, a la libertad como práctica individual, asociada a un derecho al consumo. De la leyenda "En Unión y Libertad",[315] como abstracción que intentó orientar un rumbo colectivo, a una formulación que construye un sujeto planetario, en condiciones de

---

[315] Lema del Estado argentino fijado por la Asamblea del Año XIII y representado en los símbolos patrios a través de la pica y el gorro frigio. Fuente: Biblioteca Fundación Telefónica. www.educared.org.ar

comunicarse a cualquier lugar del mundo con su celular, epítome de una tecnología-prótesis que redefine límites, categorías y linealidades.

Las iconografías patrióticas se refugiaron y estabilizaron en el espacio escolar o infantil que proponía, por ejemplo, el aviso de la Revista Genios (*Clarín*, 21 de mayo, p. 51). Se trata de un espacio moderno: aparece un conjunto de procedimientos hipertextuales en los que un niño lee una revista en la que aparece él mismo leyendo la revista y así de seguido. A la vez, el afuera del texto-revista dialoga con el interior del texto-revista, por la mostración, fuera de cuadro, de accesorios de regalo: *stickers*, suplementos, etc.

Por otro lado, los avisos de Radio Mitre (*Clarín*, 25 de mayo, p. 31), de Jorge Lanata (*Página 12*, 25 de mayo, p. 16) y de Mariano Grondona (*Clarín*, 25 de mayo, p. 33) proponían tres modos de articular celebración y programación: en los casos de la radio y del periodista Lanata, a través de una complicidad que se construía desde el humor o desde la ironía, y que culminaba en un encuentro físico: recitales, compartir chocolatada y pastelitos o regalarse escarapelas. En el caso del periodista Grondona, se imponía la reflexión como modo de celebrar el país. El tema, presentado a través de formas interrogativas que buscaban interpelar al receptor, se proponía como un cuestionamiento a la "historia oficial" y construía el 25 de Mayo como hecho aislable y cercano, pasible de ser evaluado como "éxito o fracaso" y del que el periodista podía revelar su "verdadera historia".

La comunicación institucional asociada a la celebración apareció también como una operación de legitimación. La Universidad Torcuato di Tella (*La Nación*, 25 de mayo, p. 6) ponderaba en su aviso que "un 25 de mayo es bueno anunciar que estos profesores enseñan e investigan en Buenos Aires". La extensa lista de investigadores se completaba con las instituciones en las que estos realizaron sus estudios de posgrado, la mayoría de ellas, internacionales. Por otra parte, la letra chica informaba que la Universidad contaba con autorización provisional de funcionamiento.[316]

Encontramos también un grupo de tres avisos de gobierno: Municipalidad de Avellaneda (*Página 12*, 25 de mayo, p. 5); Gobierno de la Ciudad de Buenos Aires (*Clarín*, 27 de mayo, p. 29) y un tercero que firmaban el Gobierno de la Ciudad y la Presidencia de la Nación (*Clarín*, 25 de mayo, p. 25). Este último aparecía contiguo al de la Municipalidad de Avellaneda, que se repetía en ese diario. Se trata de textos que remiten directamente a un estilo de comunicación del radicalismo, con rupturas solo durante la campaña y gestión que llevó a Raúl Alfonsín al gobierno, en 1983. Ese estilo se caracteriza por cierto registro neutro, con disolución del lugar del enunciador, sin marcas interpelativas ni adjetivaciones, con privilegio del lugar de la información. En el aviso de la Municipalidad de Avellaneda aparece una marca diferenciadora que se vincula, seguramente, a la orientación política del acto en el que no solo iba a hablar el Intendente, sino también el propio Alfonsín.[317] Allí, la convocatoria a la plaza y la apelación al pueblo de Avellaneda construían el nexo entre la acción política y la celebración patria.

---

[316] La aprobación definitiva llegó en 2007, Decreto 981. Pero hasta 2001, atravesó un proceso de crisis institucional, efecto de dinámicas internas y de la situación general del país. Informe de Evaluación Externa, CONEAU, 2006.

[317] En ese momento Alfonsín era presidente del Comité Nacional de la UCR. Fuente: www.ucr.org.ar.

Fig. 9. Municipalidad de Avellaneda, 2000.

## 2010

Los avisos por el Bicentenario impusieron algunos cambios respecto de los procesos de figuración que acompañaron al género durante todo el siglo: el uso extendido del color, un trabajo sobre la materialidad fotográfica, una discursividad celebratoria asentada especialmente en juegos sobre la expresión, convivieron con la reaparición de géneros de carácter polémico o vindicativos como la solicitada o la carta pública, que pueden ser considerados además, en sí mismos, una acción.

Insiste el solapamiento entre historia del país e historia de las empresas, por ejemplo, a través de la fotografía-rememoración de Frávega (*La Nación*, 25 de mayo, p. 30, Enfoques), imagen en blanco y negro de un camión de mercaderías de la empresa de 1910. El procedimiento autocelebratorio, en tensión entre el lugar de la institución y el motivo de festejo, viene a construir una línea de continuidad entre la historia y la memoria.

Respecto al tratamiento artístico de la fotografía, como trabajo sobre la materialidad que le restituye cierta dimensión simbólica, aparecen los avisos de Zurich (*La Nación*, 23 de mayo, p. 5, Enfoques) en los que el plano con el detalle de una bandera argentina asocia la textura y el desgaste del paño a un origen histórico. El mismo recurso aparece en UMSA (*La Nación*, 23 de mayo, p. 8, Enfoques).

Por otra parte, la pieza del Hospital Británico (*La Nación*, 23 de mayo, p. 7, Enfoques) construye presencia y continuidad en el tiempo a partir de la yuxtaposición de una fotografía en ocres con otra en colores, con el motivo de una pareja de médicos ataviados con los uniformes de época.

Hubo decenas de avisos que desde un registro básico, a través de alguna marca gráfica o de un texto mínimo, yuxtapuesto, incorporaron el registro celebratorio sin conmover el orden funcional de la pieza. El gobernador de la provincia de Chubut, Mario das Neves, por ejemplo, publicó una serie de propagandas tendientes a proyectarlo como dirigente político nacional, en las que la mención al Bicentenario apareció en una tipografía muy pequeña, la más pequeña dentro del aviso. A la vez, en la forma "Chubut en el Bicentenario", quedaba reforzada la subordinación de la celebración respecto de la importancia que se le concedía a la propia provincia.

Sin embargo, no es el tamaño lo que define necesariamente el peso de una marca material, sino su modo de articular con el conjunto de texto o con otros textos circundantes. *La Nación* (25 de mayo, p. 21) presenta un aviso a página completa con el rostro del actor Ricardo Darín, y a su costado, un micrófono radial profesional. La posición de presentador introduce virtualmente a un ciclo de documentales que cuentan la historia de empresas significativas en la vida del país: Acindar, Andreani, Villavicencio, Peugeot, etc. La única referencia al Bicentenario está dada por una inscripción pequeña, *181:0*, que juega con el año de la Revolución de Mayo, con los 181 segundos que dura cada documental, y con los modos de denominar la evolución de las tecnologías de uso de la Internet. El número aparece inscripto sobre un reloj antiguo, sobre la esquina superior derecha, y está rodeado por pequeños televisores, uno de estos con una bandera argentina ocupando la pantalla. El aviso se completa y completa una serie; reenvío comunicacional hacia el relato "el Bicentenario a través de aquellos emprendedores que dejaron su marca". Gráfica, *spots* radiales, cinematográficos y televisivos proponen, discursivamente hablando, una mirada hojaldrada que vincula a través de diversos procedimientos retorizantes ciclos políticos, económicos y productivos. La serie se quiebra, o al menos se bifurca, respecto del carácter particularizante y "argentino" que impone la figura del actor Ricardo Darín y que celebran los textos. En el sitio que remite a la iniciativa (www.1810.tv), la misma propuesta comunicacional aparece referida a Colombia y Chile. Nuevos vínculos entre naciones por efecto de los lenguajes, que se sobreimprimen sobre otros vínculos territoriales, históricos, culturales para ponerlos en tensión.

El gesto autocelebratorio, propio de todo el recorrido de avisos, presenta matices productivos para el período del Bicentenario. En la pieza de Mercedes Benz (*Clarín*, 25 de mayo, p. 10) aparece una composición gráfica en la que un ómnibus doble de la marca, "intervenido" con los colores celeste, blanco y plata, queda instalado frente al Cabildo. Se construye un ambiente irreal en el que pasado y presente se fusionan a través de una inserción que deja por delante a la empresa respecto del homenaje: "Una multitud frente al Cabildo. Cada Mercedes-Benz pone en marcha una historia". Además, el aviso aparece con la firma y el logo alusivo de la comunidad argentino-alemana en el Bicentenario, expresión de la Embajada de Alemania, la Cámara de Industria y Comercio Argentino-Alemana y la Colectividad Argentino-Alemana, y proyección de un modo sistemático de construcción de lo nacional en un mundo global.

En el caso de *La Nación* (24 de abril, p. 4), la empresa reivindica centralmente sus 140 años junto al país, sustrayendo al Bicentenario de su propia entidad. En un registro similar, en el aviso del Banco Galicia (*Clarín*, 25 de mayo, p. 7) la referencia a su presencia en el Centenario y en el Bicentenario funciona como factor autoexplicativo de su aporte al país.

En la pieza de Aerolíneas Argentinas (*Página 12*, p. 11), el humor parece funcionar como banalización, quitando al mensaje toda capacidad interpelativa porque no hay reenvío, sino puro juego sobre el significante. Allí, el motivo principal es una pintura con la histórica escena del pueblo frente al Cabildo, atravesada por un avión y reforzada con la frase: "Cómo nos hubiera gustado estar ahí". En cambio, el aviso de Radio Del Plata sobre "la voz de pito de Belgrano" (*Página 12*, 23 de mayo, p. 34) busca desde la sorpresa provocar, primero, y llevar a la reflexión, luego.

En un registro que bordea el humor, un aviso de *Clarín* (24 de mayo, p. 20) a través de un acróstico con los nombres de los integrantes de la Primera Junta sobre la palabra *Argentina*, construye un espacio de complicidad, en una relación de horizontalidad entre enunciador y enunciatario. El cierre, además, sirve para sentar posición respecto de la coyuntura: "Que la idea que los unió hace 200 años nos vuelva a unir a todos".

Si la comunicación construye continuidad por presencia, también la construye por fidelidad a su estilo. *Página 12* (24 de abril, p. 13) también fue autocelebratorio, festejando su (Mi) Bicentenario, en coincidencia con los veintitrés años del diario. Y mantuvo su contrato de lectura (Verón: 1985), al proponer una chiste gráfico sobre las figuras de *El nacimiento de Venus* de Boticelli reemplazadas por patriotas e indígenas. El suplemento mismo, publicado el día 26 de mayo, se construye como un espacio poroso en el que conviven las crónicas sobre el Bicentenario con avisos de salutación al diario, y otros de recordación de la fiesta patria.

La repetición estilística aparece también en la revista *Noticias* (*La Nación*, 22 de mayo, p. 3) que sostuvo su estilo de tapa y construyó la figura de Mariano Moreno con procedimientos propios de un personaje de la actualidad, con pasiones, rasgos controvertidos de personalidad y participando de un "ranking" de preferencias respecto de otros patriotas / personajes.

Un corrimiento creativo apareció en la propuesta de Topper (*Clarín*, 25 de mayo, p. 61), que organizó el aviso como espacio de exposición de la intervención de la artista conceptual Nora Iniesta sobre un par de zapatillas, y en el que el eslogan y la bajada del texto construían homenaje y acompañamiento, sin subordinar el motivo patriótico a la lógica persuasiva del aviso.[318] Akiabara (*Clarín*, 22 de mayo, p. 16, suplemento Mujer), por su parte, trabajó lo patriótico como alusión, a través de la presentación de una modelo con ropa que citaba algún detalle de la vestimenta colonial, sin ningún texto, solo con la firma de la institución responsable. Un aviso de Aysa (*La Nación*, 23 de mayo, p. 5, suplemento Esp.) construía una síntesis gráfica de gran fuerza visual en la que aparecían dos ceros dentro de la fórmula H2O que remitían al 200 del Bicentenario. Un fondo azul y las tipografías sombradas reforzaban la significación.

---

[318] La creación de Iniesta acompaña la iniciativa de Topper para declarar al fútbol "nuestro deporte nacional", para lo que ya lleva recolectadas más de 150.000 firmas.

En tanto, el aviso de Abasto Shopping (*Clarín*, 25 de mayo, p. 10, suplemento Esp.) propone, desde la actividad misma y desde la factura a través de la cual la comunica, una versión descentrada de nuestra identidad, en la que la cultura de masas aparece redefiniendo desde el hoy los sentidos del ayer, a la vez que mixtura campos entre la historia, la divulgación y la empresa cultural, en el caso de Felipe Pigna, y entre las bellas artes y los medios masivos, en el caso de Renata Schussheim.

Unos pocos avisos fijaron posición, pero desde registros creativos: Biogénesis Bagó (*Clarín*, 22 de mayo, p. 7, suplemento Rural) tituló su pieza "Viva la Ganadería" y auguró un Bicentenario productivo. ADEPA (*La Nación*, 25 de mayo, p. 14), por su parte, postuló simbióticamente que "La Patria y la Prensa cumplen 200 años".

Otro grupo, en cambio, utilizó la forma más despojada de la solicitada o recreó el género a través de su mixtura con la carta y el aviso, como en el caso de Antonio Caselli (*Clarín*, 25 de mayo, p. 63).[319] La celebración, en coincidencia con un aniversario del club River Plate, habilitó la interpelación al lector. En el caso de la solicitada de la familia de Martínez de Hoz (*Clarín*, 21 de mayo, p. 29), la oportunidad del Bicentenario apareció como condición que resignificó una causa: José Alfredo preso, "trofeo del Bicentenario" por las "políticas persecutorias" y de "odio de los Kirchner". Por otro lado, la Cámara Argentina de Empresarios Mineros (*Clarín*, 25 de mayo, p. 25), en un tono genérico pero que pareció responder a algunos debates en pugna, reivindicó la necesidad de la Argentina de seguir explotando minerales y alentó el federalismo.

La novedad dentro de la serie del avisos del Bicentenario se vinculó quizás a cierta eficacia del logo oficial del Bicentenario Argentino, condensación de bandera con

---

[319] Candidato a la presidencia del club de fútbol River Plate.

el sol y la escarapela, que fue retomado por distintas empresas e instituciones, además de las oficiales. Cuando hablamos de eficacia nos referimos a un efecto general de sentido por el que en su multiplicación le dio presencia al evento, y probablemente construyó una cierta identidad respecto del Bicentenario, en sí mismo, y una proyección institucional respecto del gobierno nacional.

Entre las empresas e instituciones que incorporaron a sus comunicaciones el logo del Bicentenario estuvieron: colchones Simmons y La Cardeusse; Agfa; Oblak PUERTAS Y VENTANAS; Despegar.com; Asociación Fabricantes Artesanales de Helados y Afines; la Fundación Favaloro; Madres de Plaza de Mayo; UOCRA; Aerolíneas Argentinas; COSSPRA (Obras Sociales Provinciales), y la Legislatura de la Ciudad de Buenos Aires. El Municipio de Morón (*La Nación*, 24 de mayo, p. 2, 4ª secc.) capturó un detalle del logo del Bicentenario y reformuló su propio logo desde la estética del oficial, construyendo un campo de coincidencias gráfico-argumentativas. *La Nación*, por su parte, utilizó una cita al logo, de estilo geometrizante, en el anuncio sobre su edición especial por el Bicentenario.

El Gobierno Nacional generó pocas piezas gráficas para comunicar los festejos del Bicentenario en los diarios. Se trató de un aviso base, sobre un fondo blanco que soportaba el logo y el eslogan: "Fuimos capaces. Somos capaces", y un juego de pesos en las tipografías del texto "200 años, Bicentenario Argentino", que replicaba las franjas de la bandera nacional. La pieza se impone por su sobriedad, quietud y organización.

Los otros avisos se proyectaron sobre una estructura modular que se iba modificando en función del programa de actividades o del tipo de anuncio. La serie se caracterizó por la limpieza visual, el orden y la racionalidad compositiva, aunque con cierta rigidez, cierta contención expresiva que surge del carácter normalizado del diseño.

Fig. 10. Presidencia de la Nación, 2010.

En cambio, el registro emotivo estuvo puesto en el contraste cromático con el uso de magenta para el resaltado del texto y cierta ondulación que provenía del logo. El orden del conmover reaparece en el eslogan: "Fuimos capaces. Somos capaces", que busca reivindicar cierto orgullo nacional, cierta valoración por lo propio desde un nosotros inclusivo que genera horizontalidad y acorta la distancia entre el emisor institucional, la Presidencia de la Nación, y el enunciador construido: una voz colectiva que nos interpela desde la motivación.

Frente al disciplinamiento y la subordinación que imponía la convocatoria oficial del Centenario, frente al carácter dado de la comunicación oficial del Sesquicentenario, a la vez balance, mirada sobre el mundo naturalizada, por lo tanto impuesta aunque sin violencia, los avisos del Bicentenario se construyen en una relación de cercanía. De la celebración del Centenario y del Sesquicentenario a la fiesta del Bicentenario en la que la invocación apela al sujeto individual en un registro cotidiano, a partir del tuteo y del humor.

Y sobre todo, hay proporción en la promesa. El eslogan se para en el presente y deja abierta la interrogación sobre el futuro, esa dimensión que atravesó a la mayoría de las piezas celebratorias sobre el 25 de Mayo como sueño, como posibilidad o como determinación. La comunicación de gobierno del Bicentenario guarda un mérito y una deuda. Primero nos dijo que era importante festejar. Ahora nos debe ayudar a comprender por qué.

## Cierre

Desde sus inicios, la comunicación institucional construyó en varios niveles el concepto de *nación*, "esa comunidad política imaginada como inherentemente limitada y soberana" (Anderson 2007: 23). Por un lado, financiando a la prensa moderna, profesional e independiente, ese espacio de ensamble de lo privado en lo público a través del debate de ideas. Luego, porque en el intercambio comunicativo entre las instituciones y sus públicos las instituciones no solo construyeron una imagen de sí mismas, sino que también construyeron a ese otro, lector, consumidor, ciudadano. Además, en su pervivencia, las instituciones propusieron y proponen una memoria, un reenvío indicial que nos instala en un espacio-tiempo de la experiencia.

La imbricación entre discurso institucional y discurso celebratorio impone también una ruptura con el quehacer; un marca excepcional que proyecta la celebración sobre el ritmo cotidiano de la vida. La comunicación institucional nos inscribe en una trama cuya eficacia se asienta en su capacidad de activar relatos. Esos relatos habilitan la posibilidad de aprehensión y de significación de nuestra experiencia temporal. Y en su cruce con otros discursos, las instituciones también recogen el discurso histórico. Los resultados pueden ser empobrecedores. En definitiva, como señaló Eco (1968): "El sistema de consumo, publicitándose en cada producto, no trabaja por los productos concretos, sino que trabaja en cada caso para (reforzarse a) sí mismo". En ese movimiento, la comunicación institucional parece imponer cierta dimensión reificada respecto al carácter reflexivo o movilizante que debería cargar una celebración patriótica. Pero la capacidad interpeladora, la fuerza emancipadora de los discursos, no proviene de una condición inmanentista, sino de su temperamento para hacernos involucrar activamente en los procesos de reflexión sobre las construcciones colectivas.

De la significación de las instituciones da cuenta ejemplarmente una empresa a la que se ha mencionado en varias oportunidades a lo largo de este trabajo: YPF. La empresa apareció comunicando desde la década de 1930. El 25 de mayo de 1956 el gobierno de Aramburu festejó la fecha patria en la puerta de su edificio de Diagonal Norte. Cuando en 1999 Repsol compró la mayoría de las acciones de la empresa, esta pasó a llamarse Repsol-YPF. La página institucional de la empresa, hoy otra vez YPF por un cambio societario –pero además, "porque nunca dejamos de nombrarla como YPF"–, no guarda la historia de la empresa de Mosconi y Savio. Es puro presente. Además de una exacción económica, su privatización implicó una pérdida de identidad y de nuestra historia.

Al develar los procedimientos de producción de sentido sobre los que se asienta la idea de nación, creemos ejercer una función crítica respecto de las operaciones de institucionalización del discurso histórico, de su pretensión objetivista. Pero sobre todo, atendemos a la importancia de estudiar la comunicación de las instituciones para contribuir a la expansión del debate de lo público.

## Bibliografía general

Agosto, Patricia, *Wallerstein y la crisis del Estado-nación*, Madrid, Campo de Ideas, 2002.

Alonso, Paula (comp.), *Construcciones impresas. Panfletos, diarios y revistas en la formación de los estados nacionales en América Latina, 1820-1920*, Buenos Aires, Fondo de Cultura Económica, 2004.

Ansaldi, Waldo, "La invención de los héroes en la construcción de la dimensión simbólica del Estado", en *El Estado*, XII Jornadas de Historia de la Ciudad de Buenos Aires, Buenos Aires, Instituto Histórico de la Ciudad de Buenos Aires, GCABA, 1996.

Barbero, Jesús Martín, *Al sur de la modernidad. Comunicación, globalización y multiculturalidad*, Pittsburgh, Nuevo Siglo, 2001.

Cataruzza, Alejandro, *Los usos del pasado La historia y la política argentina en discusión, 1910-1945*, Buenos Aires, Sudamericana, 2007.

Centocchi, Claudio, "Esquematismo e innovación en la publicidad posmoderna", en *Revista LIS. Letra Imagen*

*Sonido. Ciudad Mediatizada*, año I, núm. 1, Buenos Aires, Edición UBACyT, Ciencias de la Comunicación, FSOC, UBA, 2008.

De Assunção, Nelda Pilia y Ravina, Aurora *et al.* (editoras), *Mayo de 1810. Entre la historia y la ficción discursivas*, Buenos Aires, Biblos, 1999

De Certeau, Michel, *La invención de lo cotidiano*, México DF, Universidad Iberoamericana, Instituto Tecnológico y de Estudios Superiores de Occidente, 2000.

Garabedian, Marcelo; Szir, Sandra y Miranda, Lida, *Prensa argentina siglo XIX. Imágenes, textos y contextos*, Buenos Aires, Ediciones Biblioteca Nacional, Teseo, 2009.

García Canclini, Néstor, *Consumidores y ciudadanos. Conflictos multiculturales de la globalización*, México DF, Grijalbo, 1995.

García Fanlo, Luis, *Genealogía de la argentinidad*, Buenos Aires, Gran Aldea, 2010.

González, Jorge Enrique (ed.), *Nación y nacionalismo en América Latina*, Lecturas CES, Buenos Aires, Clacso, 2007.

Gutiérrez, José María, *La literatura de Mayo y otras páginas críticas*, Buenos Aires, Centro Editor de América Latina, 1979.

Gutman, Margarita (edit.), *Construir Bicentenarios. Argentina*, Buenos Aires, Observatorio Argentino, Fundación Octubre, Caras y Caretas, 2005.

Gutman, Margarita y Reese, Thomas (edit.), *Buenos Aires 1910. El Imaginario para un gran capital*, Buenos Aires, Eudeba, 1999.

Habermas, Jürgen, *Teoría de la acción comunicativa*, Madrid, Taurus, 1984.

Halperín Donghi, Tulio, *Una nación para el desierto argentino*, Buenos Aires, Editores de América Latina, 2004.

Hobsbawm, Erik y Ranger, Terence (eds.) [1983], *La invención de la tradición*, Barcelona, Crítica, 2002.

Ingenieros, José, "La evolución de las ideas argentinas", segunda parte, "La Restauración", en *Obras Completas*, Buenos Aires, Elmer, 1957.
López, Vicente Fidel (comp.), *La semana de mayo de 1810*, Buenos Aires, Atlántida, 1960.
Nun, José (comp.), *Debates de Mayo. Nación, cultura y política*, Buenos Aires, Gedisa, 2005.
Ojeda, Alejandra, "Del reclame a la Publicidad. Transición a la modernidad publicitaria en la prensa periódica argentina. El caso *La Nación* 1862-1885", en *Pensar la Publicidad*, vol. 3, núm. 2, Madrid, UCM, 2009.
Poli Gonzalvo, Alejandro, *Mayo, la Revolución inconclusa. Reinterpretando la historia argentina*, Buenos Aires, Emecé, 2008.
Saítta, Sylvia, "La arena del periodismo", en *Regueros de tinta. El diario Crítica en la década de 1920*, Buenos Aires, Sudamericana, 1996.
Salas, Horacio, *El Centenario. La Argentina en su hora más gloriosa*, Buenos Aires, Planeta, 2009.
Williams, Raymond, *La larga revolución*, Buenos Aires, Nueva Visión, 2003.

## Bibliografía citada

Aboy, Rosa, "Ciudad, espacio doméstico y prácticas de habitar en Buenos Aires en la década de 1950. Una mirada a los departamentos para las clases medias", *Nuevo Mundo*, disponible en línea: nuevomundo.revues.org. 2010.
Anderson, Benedit [1983], *Comunidades imaginadas. Reflexiones sobre el origen y la difusión del Nacionalismo*, México, Fondo de Cultura Económica, 2007.
Artese, Matías y Rofinelli, Gabriela, "Responsabilidad civil y genocidio. Tucumán en años del Operativo

Independencia (1975-1976)", Documentos de Jóvenes Investigadores, núm. 9, Buenos Aires, Instituto de Investigaciones Gino Germani, FSOC, UBA, 2005.

Badaro, Máximo, *Militares o ciudadanos. La formación de los oficiales del Ejército Argentino*, Buenos Aires, Prometeo, 2009.

Bajtin, Mijaíl M. [1992], *Estética de la creación verbal*, México DF, Siglo XXI Editores, 1998.

Berg, Walter y Schäffauer, Markus, *Discursos de oralidad en la literatura rioplatense del siglo XIX al XX*, Alemania, TübingenScriptoralia gnv, 1999.

Borrini, Alberto, *Publicidad, diseño y empresa*, Buenos Aires, Infinito, 2006.

Bourdie, Pierre [1979], *La Distinción. Criterios y bases sociales del gusto*, Madrid, Taurus, 1988.

Caletti, Sergio, "Siete tesis sobre comunicación y política", en *Revista Diálogos de la Comunicación*, Buenos Aires, FELAFACS, núm. 63, 2001.

Carulla, Arnau y Carulla, Jordi, *La guerra civil en 2000 carteles*, Barcelona, edición de los autores, 1996.

Castoriadis, Cornelius, *La institución imaginaria de la sociedad*, Buenos Aires, Tusquets, Colección Ensayo, 2007.

Chartier, Roger, *El mundo como representación. Historia cultural, entre práctica y representación*, Barcelona, Gedisa, 2002.

Dosse, François [2006], *Paul Ricoeur-Michel de Certeau. La historia entre el decir y el hacer*, Buenos Aires, Nueva Visión, 2009.

Eco, Umberto, "Ciò che non sappiamo della pubblicità televisiva", en AA.VV., *Pubblicità e televisione*, Roma, Edizione Radiotelevisione Italiana, 203, 1968.

Fernández, José Luis *et al.* (dir.), *La construcción de lo radiofónico*, Buenos Aires, La Crujía, 2008.

Fernández, José Luis y Tobi, Ximena, "Criminal y contexto, estrategias para su figuración", en *Revista LIS*.

*Letra Imagen Sonido. Ciudad Mediatizada*, año II, núm. 4, Buenos Aires, Edición UBACyT, Ciencias de la Comunicación, FSOC, UBA, 2009.

Fernández, José Luis, "Acumulación y transformación en el surgimiento de los medios de sonido", en *Revista LIS. Letra Imagen Sonido. Ciudad Mediatizada*, año I, núm. 1, Buenos Aires, Edición UBACyT, Ciencias de la Comunicación, FSOC, UBA, 2008.

Fernández, José Luis, "Apuntes sobre los problemas actuales de la investigación social aplicada", en *Cuadernos del CeAgro*, núm. 3, Buenos Aires, Centro de Estudios Agroalimentarios, Facultad de Ciencias Agrarias, UNLZ, 2001.

Fernández, José Luis; López Barros, Claudia y Petris, José, "*El Mundo* condensado/r e ilustrado/r", Noveno Congreso Nacional y Regional de Historia Argentina, Buenos Aires, Academia Nacional de la Historia, 1996.

Forte, Riccardo, "El nacionalismo militar argentino, proyecto y realización entre la Ley Ricchieri de 1901 y el golpe de Estado de 1943", en Ortiz Escamilla, Juan (coord.), *Fuerzas Militares en Iberoamérica Siglos XVIII y XIX*, México DF, El Colegio de México, 2005.

Freud, Sigmund, "Nosotros y la muerte", en *Revista Freudiana. Publicación de la Escuela Europea de Psicoanálisis del Campo Freudiano-Cataluña*, núm. I, Difusiones Ediciones Paidós, Barcelona, 1991.

Funes, Patricia, *Salvar la nación. Intelectuales, cultura y política en los años veinte latinoamericanos*, Buenos Aires, Prometeo, 2006.

García Fanlo, Luis, "Genealogía del cuerpo argentino", en *España, A Parte Rei, Revista de Filosofía*, núm. 64, 2009, disponible en línea: http://serbal.pntic.mec.es/~cmunoz11/fanlo64.pdf

Gellner, Ernest [1988], *Naciones y nacionalismo*, Madrid, Alianza, 2001.

Greimas, Algirdas J., *Semántica estructural*, Madrid, Gredos, 1966.
Grupo µ, *Retórica general*, Barcelona, Piados, 1987.
Jáuregui, Jimena, "La sonoridad mediática del tango. Su presencia gráfica en los años 20" [CD-R, en línea], V Jornadas de Jóvenes Investigadores del IIGG, Buenos Aires, 4 al 6 de noviembre de 2009. ISBN 978-950-29-1180-9. Disponible en línea: http,//www.iigg.fsoc.uba.ar/jovenes_investigadores/5jornadasjovenes/EJE4/Mesa%207/Jauregui.pdf
Legros, Robert, "El nacimiento del individuo moderno", en AA.VV., *El nacimiento del individuo en el arte*, Buenos Aires, Nueva Visión, 2006.
Magaz, María del Carmen, *Buenos Aires 1910, el Centenario y el arte público*, Buenos Aires, Academia de Historia de la Ciudad de Buenos Aires. 2006.
Metz, Christian [1962], "El decir y lo dicho en el cine, ¿hacia la decadencia de un cierto verosímil?", en AA.VV., *Lo verosímil*, Buenos Aires, Editorial Tiempo Contemporáneo, 1978.
Pagni Florencia y Cesaretti Fernando, "De hoja facciosa a empresa periodística moderna. La transformación finisecular del diario *La Capital* de Rosario", en *Revista la memoria de nuestro pueblo*, Rosario, año V, núm. 49, 2009.
Palti, Elías, *La nación como problema. Los historiadores y la "cuestión nacional"*, Buenos Aires, Fondo de Cultura Económica, 2006.
Ricoeur, Paul, *Tiempo y narración, III, El tiempo narrado*, México, Siglo XXI-México, 1996.
Roberts, Warren, *Jacques-Louis David, Revolutionary Artist, Art, Politics, and the French Revolution*, Estados Unidos, The University of North Carolina Press, 1989.
Romero, Luis Alberto (coord.), *La Argentina en la escuela. La ideal de nación en los textos escolares*, Buenos Aires, Siglo XXI, 2004.

Schaeffer Jean-Marie [1987], *La imagen precaria del dispositivo fotográfico*, Madrid, Cátedra, 1990.

Segre, Cesare, "Tema / Motivo, selección de 'Principios de análisis literario'", segunda parte, en *Problemas del texto literario*, Barcelona, Crítica, 1985.

Sennett, Richard, *El declive del hombre público*, Barcelona, Península, 1978.

Steimberg, Oscar y Traversa, Oscar, *Estilo de época y comunicación mediática*, Buenos Aires, Atuel, 1997.

Sznaider, Beatriz y Koldobsky, Daniela, "Imágenes del Peronismo, La fotografía en un caso de comunicación institucional de gobierno", en *Revista Virtual Question*, Buenos Aires, Facultad de Periodismo y Comunicación Social de la UNLP, núm. 8, 2005.

Sznaider, Beatriz, "El barrio peronista", en *Revista LIS. Letra Imagen Sonido. Ciudad Mediatizada*, año I, núm. 1, Buenos Aires, Edición UBACyT, Ciencias de la Comunicación, FSOC, UBA, 2008.

Terán, Oscar, *Positivismo y nación en la Argentina*, Buenos Aires, Punto Sur, 1987.

Todorov, Tzvetan, "Sinécdoques", en *Investigaciones retóricas II*, Barcelona, Ediciones Buenos Aires, 1970.

Traversa, Oscar, *Cuerpos de papel. Figuraciones del cuerpo en la prensa 1918-1940*, Barcelona, Gedisa, 1997.

Verón, Eliseo, "El análisis del 'contrato de lectura'. Un nuevo método para los estudios de posicionamiento de los soportes de los media, en *Les Medias, Experiences, recherches actuelles, aplications*, París, IREP, 1985.

Verón, Eliseo, "La palabra adversativa. Observaciones sobre la enunciación política", en AA.VV., *El discurso político. Lenguajes y acontecimientos*, Buenos Aires, Hachette, 1987.

Verón, Eliseo, *El cuerpo de las imágenes*, Bogotá, Norma, 2001.

Verón, Eliseo, *La semiosis social*, Buenos Aires, Gedisa, 1993.

Agradecimientos: Este trabajo se realizó gracias al apoyo de la Biblioteca Nacional. Asimismo, mi reconocimiento a los alumnos de la Cátedra Fernández de Semiótica, Ciencias de la Comunicación, FSOC, UBA, que acompañaron el proceso de investigación sobre la comunicación institucional en la Argentina. En particular a Ana Salvi, quien colaboró en la organización del archivo de imágenes. Y siempre, a mis colegas de la UBA.

www.ingramcontent.com/pod-product-compliance
Lightning Source LLC
Chambersburg PA
CBHW031309150426
43191CB00005B/136